〈和解〉のリアルポリティクス

ドイツ人とユダヤ人

武井彩佳

みすず書房

〈和解〉のリアルポリティクス——ドイツ人とユダヤ人　目次

はじめに

ヨーロッパで戦争の終った一九四五年、ドイツ人とユダヤ人は最も修復困難な関係の入り口に立っていた。ユダヤ人にとりドイツという場所は人間の地図から消され、ドイツにとりホロコーストは、背中に重くのしかかる永遠の贖罪の十字架となった。両者の間に横たわる屍は、和解へのいかなる試みも挫き、その罪に赦しが与えられることはないと思われた。

それから七〇年以上たった今、ドイツ人とユダヤ人との関係は良好だ。そしてドイツとイスラエルの、国家レベルでの関係はさらに良い。多くの都市が姉妹都市協定を結び、大学など研究機関の学術交流も盛んだ。政治経済のみならず、軍事関係においても両国のつながりは深い。かつてはドイツ人を毛嫌いし、ドイツと名の付くものをことごとく拒絶するユダヤ人が時々いたが、今ではそうした人にはめったに出会わない。ドイツ人は戦後、「変わった」からだという。

負の歴史が残した法的・政治的・社会的負債を処理し、かつての交戦国や犠牲者たちと良好な関係を築くことが戦後国家の目標のひとつであるとするならば、この点においてドイツが成功例であるのは事実だと思われる。ドイツの取り組みは世界中で参照され、負の歴史を克服する「モデル」とされている。

しかし私たち日本人はこの「ドイツ＝モデル論」をあまり歓迎してはこなかった。なぜならそれが語られる時には常に、暗黙裡にも「なぜ日本はそうしないのか」という非難のまなざしが向けられるのを感じてきたからである。また、近隣諸国がドイツを「見習う」よう求めることで、ドイツとの比較には明らかに政治的な意味あいも付されてきた。彼らがドイツを引き合いに出せば出すほど日本人は嫌な気分になり、ドイツは私たちの自己防衛本能を発動させる記号となった。実際、近隣諸国の言説に政治利用の要素がまったくないとも言えなかったが、ではなぜ政治利用を許すような状況が生まれてきたのかと自ら問うことには怠惰であった。

ドイツ＝モデル論に対して、私たちは概して三種の反応を示してきたように思う。

ひとつには、「ドイツ人は偉い」という賞賛である。ドイツが行ってきたことの長いリストを見る限り、これは自然な反応だろう。実際、ナチ犠牲者の補償だけでも、現在まで九兆円近い額を支払っており（一ユーロ＝一二〇円計算）、またドイツの学校における歴史教育の徹底ぶりには驚くべきものがある。ドイツに対する評価は、現在この国がＥＵの盟主として国際社会からも高い信頼を得ていることに反映されており、ドイツの例からはじつに多くの学ぶべき点がある。しかし現実には、ドイツの過去との取り組みは対立と葛藤の長いプロセスであり、最初から賞賛に値することばかりでは決してなかった。

ふたつには、歴史背景の異なる両国を比べることは無意味であるという、比較不可能論による拒否である。実際にヨーロッパとアジアでは戦後の政治環境が大きく異なったゆえ、厳密な比較を試みても結論は出ないという指摘は、ある意味では正しいだろう。ただしこれは、過去の事象に対して現在の社会がどのような姿勢で臨んでいるのかを比較することも無意味であるということを意味しない。

三つめは、ドイツ語で言うところの、シャーデンフロイデ（他人の失敗を喜ぶこと、Schadenfreude）である。ナチ体制の残虐さや、慰安婦制度と似た強制売春の存在、根深い人種主義などをあげつらい、

「日本はそこまで酷くなかった」と日本の相対化を図る姿勢である。これはドイツと比べられることへの嫌悪感から発して、優等生も言われるほど立派ではないと確認することで、自身を肯定する心理を背景としている。

本書では、こうしたスタンスからはどれも距離を置いて、「リアルポリティクス」という視点からドイツ人とユダヤ人の事例を考えてみたい。リアルポリティクスとはドイツ語の「レアルポリティーク（Realpolitik）」から来る言葉で、一九世紀ドイツの自由主義者、アウグスト・ルートヴィヒ・フォン・ロッハウが一八五三年に『レアルポリティークの諸原則』という書物を著し、普及した。一般には理念や倫理より、現実の力関係や利益を重視した政治のことを言うとされ、「現実政治」などと訳される。目標実現のためには策略もいとわず、ばらばらであったドイツを統一し国家建設を成し遂げた一九世紀後半の政治家、ビスマルクがその代表とされる。ただし本来は、何が望ましいのかということより、何が達成可能か問い、そのための政策を求めるという意味での現実主義であり、そこに弱肉強食の権力政治といったニュアンスはなかった。しかし今日では、リアルポリティクスはむしろアメリカ流のパワーポリティクスとほぼ同意義で使われることが多くなっている。

このため、和解を語る文脈の中でリアルポリティクスという言葉が登場することに、抵抗を感じる人もいるかもしれない。それは、われわれのアジア的な感覚からすると、「和解」とは「心」の問題であり、加害者が犠牲者に心より謝罪を続けることにより、赦しが与えられると考えてきたからである。つまり和解とリアルポリティクスは本質的に相容れない、もしくは和解を政治的駆け引きや金銭的打算の対象とすべきではないという理解がある。確かに、犠牲者個人が加害者に対して心の平穏を得ることが、和解の最終的な目標であることに違いはない。しかし、私たちは内的な和解の達成に焦点を当てるあまり、自らの行動の余地を狭めてはこなかっただろうか。政治的和解と、内的和解は、表裏一体であるとは限らない。個人が人間として和解し合うことが、最終的に国家的な和解をもたらすこともあれば、国家が互いの利益に導かれて和解を追求する中で、個人の内面における和解が牽引されることもある。

その点、ホロコースト後のドイツ＝ユダヤ関係史は、まさに加害者と犠牲者の「交渉の歴史」である。互いに妥協可能な地点を模索して交渉を繰り返し、利益・不利益を図り、時にはホロコーストがなかったかのように、時にはホロコーストを前面に押し出して、渡り合ってきた。もちろん道義を忘れ、利益のみに導かれる決断は人の支持を欠き、逆に理想論に拘泥すると打開が阻まれる。したがってバランスを取りながら交渉が繰り返される中で、その継続が徐々にではあるが、両者の関係を新たな次元へと引きあげてきたのである。それはまさに、リアルポリティクスの実践であったように思う。

本書は「加害者」としてのドイツ人と、「犠牲者」としてのユダヤ人の関係性を軸に、両者が克服すべき過去にどうアプローチし、交渉し、関係を結び直したのか、そのプロセスを構造的に明らかにするものである。それぞれ独立したテーマを扱う三部から成り、どこからでも読めるように構成されている。

第1部「ドイツとイスラエルの〈和解〉」は、加害者の国ドイツと、犠牲者の国イスラエルの関係史である。両国関係には、まさに和解のリアルポリティクスが凝縮されているだろう。ホロコースト後、ドイツはユダヤ人にとっての「呪われた土地」であったが、水面下では一九五〇年代から密接な関係が築かれてきた。それは両国の国交樹立に先立つが、こうした決断がなされた背景とはなんだったのだろう。犠牲者への補償と国家的軍事支援という、両国関係の二本の柱を軸に分析する。

ただし、こうした国家主導の和解の追求は、必然的に両国関係のもうひとつの側面を露呈させる。ホロコーストを契機にイスラエルが建国され、これによりパレスチナ難民が発生した歴史的経緯を認めると、ドイツは難民発生の原因をつくったその原因であり、因果関係によってパレスチナ問題とつながっている。パレスチナ問題をドイツの問題でもあるととらえるとき、何が見えてくるだろうか。また、ドイツ＝イスラエル関係を、戦後の西欧世界のあり方を規定した冷戦構図の中に置くとき、指摘できることは何か。

第2部「ユダヤ人マイノリティ社会の復活」は、歴史的な不正により大きな損害を受けたマイノリティの再生と社会統合のためには、国家にはどのような姿勢が求められるのかという問いを出発点とする。終戦時に二万人を切っていたドイツのユダヤ人社会は、現在一〇万人を回復しているが、これはいかに可能となったのか。ユダヤ人がドイツで安定した生活を築くには何が必要であったのか、入国管理や国籍の点から考える。しかし、ドイツにはユダヤ人だけでなく、トルコ人を中心としたイスラム教徒の労働移民というマイノリティ集団も存在する。特殊な歴史背景ゆえに特別な配慮が求められるユダヤ人集団と、純粋に労働力としての価値を基準に計られてきた戦後の労働移民の集団の、国民化と社会統合における差異とは何か。両者を比較分析することで、ドイツ戦後社会の実像が浮かび上がるだろう。

さらに第2部では、国内のユダヤ人マイノリティの再生に決定的に重要であった、刑法によるナチ犯罪者の訴追と、「ナチズムなき後のナチ的犯罪」への対応についても取り上げる。前者は言うまでもなくホロコースト加害者の処罰だが、後者は近年「ヘイトクライム」や「ヘイトスピーチ」と呼ばれる行為の規制のことだ。これと関連して、ヘイトスピーチの一形態とされるホロコースト否定――日本では「歴史修正主義」として知られ、歴史事実の否認や意図的な歪曲を指す――に対する刑事規制のあり方について考える。

第3部「記憶」では、ドイツ人とユダヤ人が、ホロコーストの「記憶」をいかに位置づけ、これと向き合ってきたか、記憶をめぐる政治を検証する。ドイツを訪れる人は、ナチズムやホロコーストに関する慰霊碑やメモリアルが至る所にあることを知って驚き、これはドイツが負の過去と真摯に対峙してきた証であると考える。それは、負の遺産を指し示すことを「自虐的」という文句で一突きにしようとする日本の風潮とは、対照的であるようにも見える。ただし、それらがどのようなプロセスの結果としてそこにあり、現在これらが社会において何を意味するに至っているのか、その深層に分け入ることはなされていない。

じつは、記憶を扱う際には、それが質的にも量的にも実態の見えないものであるがゆえに、数値として把握できる物的な物差しで計ることが重要となる。記憶の維持に必要な物的基盤の創出という意味でも、ここでは記憶と金の問題にもあえて踏み込んでいる。現在、ホロコーストの犠牲者、加害者ともに、誰一人いなくなる日からそれほど遠くはないが、当事者不在の時代にはどのような記憶が伝達されてゆくのか、もしくはつくり出されてゆくのか、「未来の記憶」の形についても考えてみたい。

以上のような考察を踏まえ、本書では、ドイツ人とユダヤ人の戦後史を通した「私たちの歴史」への問いかけとなることも目指した。ただし、ここでは日本との直接的な比較は行っていない。日本やアジアの例についてはこれまで十分な研究の蓄積があり、また筆者は具体的に比較できるような知識を有してない。したがってドイツ人とユダヤ人の例から、日本の現状をいかに解釈し、何を引き出してゆくかは、読者の側に委ねたい。

（本書においては、ドイツとはドイツ連邦共和国を指し、統一前の東ドイツは扱っていない）

第1部　ドイツとイスラエルの〈和解〉

イスラエル建国六〇周年の二〇〇八年に、アンゲラ・メルケルはドイツ首相として初めてイスラエルの国会クネセトでドイツ語の演説を行い、イスラエルとの関係をホロコーストへの反省と責任にもとづく「特別な、他にはない関係」と表現した。さらに、イスラエルの安全保障については次のように語っている。

私の前任者である歴代連邦共和国首相は、誰もがイスラエルの安全保障に対するドイツの歴史的責任を義務として引き受けてきました。このドイツの歴史的責任は、わが国の国是（Staatsräson）のひとつであります。つまり、イスラエルの安全に関しては、連邦共和国首相としての私には、交渉の余地はありません。(1)

ドイツは、国家としてイスラエルの安全と存続に関わってゆくとの立場を表明したのである。アメリカ合衆国がイスラエルの安全保障に深く関与してきたことは知られているが、じつはドイツも、戦後一貫してイスラエルの忠実な支援者であったのだ。

しかし、強制収容所の扉が開き、その光景に世界が言葉を失った時、ドイツ人とユダヤ人の和解が可能になる日が来ると考えた者はいなかった。では何が、加害者の国と犠牲者の国の関係構築を可能としたのか。ドイツ語で「償《つぐな》い」のことをWiedergutmachung《ヴィーダーグートマッフング》と言い、語源はwieder《ヴィーダー》－gut《グート》－machen《マッヘン》、つまり「ふたたび・良く・する」ことを意味する。そこから金銭的な「補償」「弁償」という意味になる。では、どうしたらドイツの名においてなされた巨大な罪を償えるのか。何をすれば「ふたたび良くした」ことになるのだろうか。殺され、埋められ、燃やされてしまった者たち、また破壊され、消えてしまった文化、こういった「元に戻せないもの」に対しては、いかなる「償い」が可能なのか。

第1部では、両国の和解を可能にした要素を、その根幹を成したふたつの側面から分析する。ふたつの柱とは、金銭的な補償と、イスラエルの安全保障である。

第1章　対イスラエル補償

ユダヤ人に対してなされた犯罪の責任を、ドイツに償わせるためには何ができるか。ひとつには、犯罪人を処罰することだ。その犯罪を世界に知らしめ、しかるべき法の裁きを受けさせることだ。しかし戦争が終わった時、ヒトラーはもはやこの世になく、一九四八年にイスラエルが建国された時にはニュルンベルク国際軍事裁判はすでに結審し、主要戦争犯罪人は処刑されていた。ナチ犯罪人の司法訴追は、当人の身柄がある国家との間で引き渡し協定がない限りはその国に任さざるをえないが、一九四九年五月に成立したドイツ連邦共和国（西ドイツ）は、憲法である基本法の一六条二項において、ドイツ人の外国政府への引き渡しを禁じていた(2)。ホロコーストの実行者が偶然にもイスラエル領内に立ち入るような事態はありそうになく、誘拐のような違法な手段に訴えるのでなければ、イスラエルがナチ犯罪者を自ら裁く可能性は極めて低かった。

犯罪人の処罰が難しいならば、犯した罪を物的な手段で償わせることが考えられた。古来より人間は、戦いが終わった後、土地や金品で、時には生身の人間を差し出すことで、争いにより失われた秩序を回復しようとした。物的な手段による損害の補償は、近代以降は国家賠償として、広くは戦後処理という言葉で表される行為によって行われてきた。しかし、犯された犯罪の規模、その性格ともにそれまで例がないと思われる場合、金銭という手段による償いが適切なのかという疑問はあった。もちろん、金を払ったところで死者は帰ってこず、苦しみが帳消しにされるわけではない。しかし、犯罪が巨大すぎるために、これに釣り合う償いは存在しないという理由でドイツが放免されるならば、これは単に犯罪者を利することになる。失われた人命や破壊された伝統など、代替物が存在しないものに対しては、金銭的な手段以外に償う方法がないことは明白だ。

ここにおいては、言葉での謝罪は象徴的な意味以上のものを持たない。実際、ヒトラー後のドイツの政治家は、極端な例外を除くとほぼ誰もがナチズムを断罪し、たいていはユダヤ人虐殺に対する謝罪の意を表明していた。しかしじつは言葉による謝罪など誰にでもできるのであって、これほど安いものはないという考え方もある。「謝る」という行為に対する評価は文化や社会により異なり、平身低頭して謝罪を続けることに社会的制裁の意味も含めた重要性を付与する価値観は、ヨーロッパにおいてはない。むしろ重要なのは、その謝罪が犠牲者の生活の改善や経済的安定など、具体的かつ物質的な結果をもたらすかどうかである。謝罪の有効性は、犠牲者の心身の回復と安定した生活の達成をバロメーターとして測るべきだというのが、金銭による補償の基本的な考えだ。こうした理解にもとづいて締結されたのが、一九五二年のドイツによる対イスラエル補償協定（ルクセンブルク協定）である。

集団的補償とは

ルクセンブルク協定の成立を見る前に、「賠償（Reparationen/reparations）」と「補償（Wiedergutmachung）」の違いを整理しておこう。日本語で「賠償」と「補償」はほとんど区別されておらず、よく使われる「戦後処理」という言葉には、賠償も補償も含まれている。日本で一般的に使われている「賠償」は、通常「国家賠償」を意味し、戦勝国が敗戦国に対して、戦争により生じた物的・人的損害からの回復を求めるものである。賠償は、「国家対国家」の関係において国際法上認められた手続きであり、金銭、物資、労務などにより支払われる。ドイツは連合国に対し、生産物やデモンタージュ（工場・機械設備の接収）などにより賠償を支払っている。終戦後、ドイツ領内の工場が解体され、ソ連などに持ち去られたのはそういった理由である。一方、西側連合国による賠償請求は、一九五二年の「移行条約」により放棄され終了した。

これに対し、現在まで継続されている「補償」は、ドイツの戦後処理に特有のものである。ドイツの補償政策に詳しい佐藤健生は、補償とは、「政治的、経済的側面の強い『賠償』とは異なり、勝敗よりも罪の償い、贖《あがな》いといった道徳的な側面を含む概念である」という。(3) 私法により損害を埋め合わせるという意味での補償（Entschädigung/ compensation）、つまり日本語で言うところの損害賠償とも、同じではない。そして補償の対象者とは、「連邦補償法」（一九五六年）の定義にあるように、基本的には「ナチ体制への政治的敵対・宗教・人種・世界観」を理由に迫害された者だけである（それゆえに同性愛者や障害者は排除され、強制労働も該当しないとされてきた）。このため先に必ず戦争がある賠償とは異なり、補償は必ずしも戦争との関係を前提とせず、自国民に対してもなされうる。なぜならドイツは侵略戦争を始める以前に、すでにユダヤ人や社会主義者など、自国民に対する迫害を行っていたためで、これは通常の賠償の枠組みでは対処不可能だからだ。さらに、犠牲者による補償請求は「権利」の行使である。政府が特別な措置として、恩寵的に一時金を給付するのとは異なる。

さて、ドイツはふたつの次元で補償を行ってきた。ひとつは個人補償である。もうひとつが、犠牲者の総体に対する「集団的」補償である。ドイツとイスラエルの間で問題になるのは、後者である。ただしこれは従来の国家賠償ではない。ホロコーストが発生した当時、国家としてのイスラエルは存在しておらず、したがってドイツと戦争状態にあった事実もないため、国家賠償を要求することは不可能であるからだ。第二次世界大戦のドイツの賠償問題については、一九四六年にパリ賠償協定が成立したが、ここで「ユダヤ人」という民族集団に対して配分された賠償金はもちろんなかった。言うまでもなく、国際法上の主体は国家のみである。たとえ「ユダヤ人」という集団に属すことを理由に抹殺対象となったとしても、民族や人種といったものは国際法上の主体を構成しない。周知のように、ホロコーストで死亡したユダヤ人はさまざまな国籍の人間であったため、従来であれば、彼らの損害に対して賠償を請求するのはその出身国政府ということになる。国籍を最上位の所属の枠組みとして設定する従来の国民国家的発想では、ユダヤ人が「ユダヤ人」として被った損害を償うことはできない。

一九五一年三月にイスラエルは、英米仏ソ連の連合国への親書という形で、ドイツに対する公式な補償請求を突きつけ一五億ドルを要求するが、そこでは自らを「ユダヤ民族を代弁することのできる唯一の国家（State）」と位置づけている。犠牲者は「ユダヤ人」という所属のみを理由に殺されたこと、さらにイスラエルはホロコーストにより難民化したユダヤ人の避難場所として建国されたことがその根拠とされている。(4) 興味深いことに、イスラエルは当初からドイツに対する補償要求をあえて「賠償（reparations）」と呼んできた。それはイスラエルがネーション（民族＝国家）として、殺害された六〇〇万人の名のもとに賠償を求める権利があると考えてきたからで、ここでは「民族」と「国家」は互いに置き換え可能な概念として使われる。

親書では同時に、六〇〇万人の苦しみに満ちた死を「償う」手段は存在せず、金を払うことはドイツの道義的免罪を意味しないという点も明言されている。なぜなら、ホロコーストは「例のない」犯罪であったのであり、その例外的性格が、国際法的常識を不問に付しても、ユダヤ人の要求が認められるべき理由なのである。親書には次のようなくだりがある。

ドイツによりユダヤ民族が被った損害は、歴史上、前代未聞である。ドイツ民族全体によりヨーロッパのユダヤ人に対してなされたような虐殺と強奪は、これまで例を見ない。数年のうちに、一〇〇〇年以上の歴史を誇る共同体が、組織的に破壊された。六〇〇万を超えるユダヤ人が、拷問、飢え、衰弱、大量処刑により殺され、多くは焼かれ、生き埋めにされた。虐殺を止める者は誰もいなかった。[…] ユダヤ人の絶滅は、人類の歴史で最も悲惨な章である。(5)

つまり、例外的な犯罪に対しては、例外的な措置が必要だという主張である。ホロコーストの例外性の是認がドイツ＝イスラエル関係の基本とされ、ドイツはこれに異議をさしはさまないことを加害国としてのマナーだと考えた。こうしてここから多くの特殊な関係が生まれてゆくことになる。

ホロコーストとイスラエル建国

イスラエルにとっては、じつは補償請求の法的な議論は、あくまで二次的な問題にすぎなかった。なぜならまずホロコーストは常識を越える例外的な出来事であるという理解があり、それに加えてイスラエルには、ドイツに対して補償を請求せざるをえない国内的な事情があったのである。

イスラエルはホロコーストを直接の背景として生まれた国家であり、逆にホロコーストがなくてもイスラエルが建国されたかは疑問が残る。一九四七年一一月に国連がパレスチナ分割決議案を採択したのは、パレスチナのユダヤ人による反英闘争もあったが、それにも増してユダヤ人虐殺の衝撃、そして難民化したホロコースト生存者の定住問題があったからである。彼らは、家族が誰一人残されていない故郷への帰還を望まず、新たな受け入れ国を求めたが、終戦当初まだイギリスの委任統治領であったパレスチナも含め多くの国は、ユダヤ人のために移住規制を緩めることをしなかった。このため生存者たちは、シオニスト組織の手引きを受けて、フランスやイタリア、ギリシアなどの港町から海路でパレスチナへの不法移住を試みるようになった。一九四五年から四八年の間に、六五隻もの船が不法移民を乗せてパレスチナへと向かい、こうした不法移民船はほとんどが海上でイギリス海軍に拿捕され、難民はキプロス島の抑留キャンプに送られた[6]。建国以前に、すでに約一五万人のホロコースト生存者がパレスチナに到着している。

パレスチナの門戸がわずかしか開かれていなかったため、ヨーロッパではホロコースト生存者がドイツやオーストリアの難民キャンプで足止めを食い、その数は一九四七年には二四万人にも膨れ上がっていた。ナチの収容所を生き延びた人たちが、ふたたび収容施設で自由のない生活を送る状況に世界の同情が集まり、またシオニスト組織もこうした状況を政治的に利用したため、パレスチナへの移住規制を撤廃しないイギリスに対する批判が強まっていった。またイギリス軍とユダヤ人の間の衝突のみならず、ユダヤ人の増加を嫌ったアラブ人住民との対立も激化し、パレスチナは内戦の様相を呈するに至った。ユダヤ人難民の問題解決への国際的な圧力も高まる中、一九四七年二月、イギリスは当事者として問題解決にあたることを放棄し、国連にパレスチナの将来を託したのである。その結果が、同年一一月のパレスチナ分割案の採択であった。

一九四八年五月一四日に「イスラエル独立宣言」が読み上げられてから一年半の間に、三四万人のユダヤ人がイスラエルに到着した。(7) 一九四八年五月から五一年末までに移住したユダヤ人の数は約六八万七〇〇〇人、もちろんこの中にはホロコースト生存者ではない人——おもに近隣のアラブ諸国出身のユダヤ人も含まれていたが、建国から数年で人口は倍増した。人口全体に占めるホロコースト生存者の数は三六万人であった。つまり、一九五一年の時点でイスラエル国民の二人に一人は移民であり、国民の四人に一人は生存者であった計算になる。(8)

ホロコースト生存者は、まさに身ひとつでイスラエルに流れ着いた者たちであった。身寄りもなく、財産もなく、迫害による健康被害のみならず、深刻な精神的ダメージを受けていた。こうした根なし草のような人びとを受け入れることは、建国されたばかりの国には至難の業である。イスラエルは、日本の四国程度の面積しかない国だが、ここに建国から数年間は、年平均で約一万八〇〇〇人、多い時は三万人ほどの移民が流れ込んだ。それでもイスラエルの門が最大限に開かれていたのは、ユダヤ人の避難所としてつくられた国家であるという大前提に加え、イスラエルは緊急に「人」を必要としていたからである。

一九四八年五月の建国と同時に始まった周辺のアラブ諸国との戦争は（イスラエルでは「独立戦争」と呼ばれている）、ヨーロッパからやって来たばかりのホロコースト生存者の命も奪い、四九年に「グリーンライン」と呼ばれる軍事境界線で休戦が成立し、これがイスラエルと周辺諸国の実質的な「国境」となった。グリーンラインの暫定国境は、国連のパレスチナ分割案より格段に多くの土地をユダヤ人に認めることになったが、イスラエルの問題はこの「暫定的」な国境線を死守する人口が足りないことであった。

中東のように政治体制の転覆が繰り返されてきた場所では、そこに町があり、人が住み、生活があること、つまり実効支配の確立が、国境を定める条約などより格段の重みを持つことは歴史が何度も示してきた。こうしたことを身をもって知るパレスチナのユダヤ人社会にとって、移民とはユダヤ人がそこに「いる」ことを既成事実化する要素であった。したがって移民が国土を埋めるための重要な駒と見なされたのはごく自然とも言え、このため彼らは、にわかにつくられた入植地や、キブツやモシャブといった集団農場、もしくは防衛に重要な国境地帯に振り分けられていった。とくに、戦争中に近隣諸国へ避難していたパレスチナ人が休戦ラインを越えて帰郷を試みることがよくあり、イスラエルはこうしたかつての住民を「不法侵入者」として位置づけ、その帰還を阻むためにも、とくに人口が希薄な地域に早急に人を配備する必要があったのである。したがって移民の受け入れは、歴史的故郷にユダヤ人を呼び戻すという大義に加え、経済的・軍事的観点からも要請されたものであった。

　移民受け入れによる国家建設を支えるものは、端的に金（＝物資）と、国土防衛のための武器である。このふたつがイスラエルの生命線であったが、どちらも満足にはなく、むしろ建国から数年でイスラエル経済は破綻寸前の状態にあった。肉やパン、バターといった基本的な食料も配給制となり、一週間に一度、決められた価格で小さな肉の塊と卵二個が買える程度の欠乏ぶりであった。最も深刻なのが住宅の不足であり、パレスチナ人の脱出と追放で空いた家やイギリス軍が残した兵舎が移民にあてがわれたが足りず、彼らは即席のテント村に収容された。一九五一年初頭の時点で、まだ九万七〇〇〇人がテントで暮らしていた[9]。こうしたテント村は徐々に「マアバロット」と呼ばれる簡易住宅群に取って代わられてゆくが、建設資材もままならない状況が続いた。一九五〇年から五一年にかけての冬は、とうとう衣類までもが配給制となり、同じ頃、工場は原料の不足と電気の節約のため稼働を停止した。イスラエル・ポンドはまさに崩壊寸前であった。

ドイツへの補償要求が具体的に検討され始める背景には、建国以来ますます深刻さを増したイスラエルの経済的逼迫があった。この苦境に対して、各国からの借款など国際的な援助や、おもにアメリカのユダヤ人によるイスラエル国債の購入や個人的な寄付がなされたが、人口が短期間に二倍以上に増える中ではいくら金があっても足りない。ホロコーストによりヨーロッパにおけるユダヤ人の生活基盤が破壊され、ユダヤ人が難民化し、イスラエルが彼らを受け入れたという因果関係を認めると、ドイツは移民の受け入れ費用を支払うべきである。これが一九五一年三月、イスラエルが連合国に対する親書という形で、移民の受け入れコストを一人あたり三〇〇〇ドルとして五〇万人分、計一五億ドル（西ドイツに一〇億ドル、東ドイツに五億ドル）の補償を、賠償請求という名目で突き付けた背景であった。

ドイツ政府の対応

これに対して、イスラエル建国の約一年後に成立した連邦共和国（西ドイツ）では、ユダヤ人に対する補償という考えは必ずしも自明ではなかった。終戦直後のドイツ社会は、政治的にも、社会的にも、そして精神的にもひどく混乱した社会であった。ドイツが失った東部領からの引き揚げ者、何世紀にもわたり暮らしてきた東欧諸国を追放されたドイツ系の人びと、戦争寡婦・孤児、連合軍の爆撃で焼け出された人など、敗戦の結果としてすべてを失った人びとがひしめき合っていた。それを取り巻いて、戦時中に強制労働のために連れてこられた無数の外国人、ユダヤ人も含む難民、さらに勝者である占領軍がいた。ロベルト・ロッセリーニの映画『ドイツ零年』（一九四八年）にあるように、さまざまな人びとがそれぞれの生存競争を繰り広げており、人は騙し、盗み合い、女たちは娼婦まがいの行為で食料を得、弱い者たちは食い物にされた。こうした混乱にあって、ドイツ人は自分たちにヨーロッパの災禍の責任があるというよりは、むしろ犠牲者であると考えるようになっていた。ヒトラーに「騙されて」破滅への伴走者にさせられたという思いに加え、実際に経験した窮乏や苦難が、自分たちは犠牲者であるという感情に根拠を与えていた。それは損害の「運命共同体（Schicksalsgemeinschaft）」と呼べるものであった。ここにおいて政治家とは、日々の生活に汲々とする自分たちのような者を代弁する人であり、そしてその政府とは、悪しき指導者により道を踏み外し、国土も名誉も失ったドイツの利益を守るためのものという理解があった。

一九四九年九月二〇日のアデナウアー首相就任演説におけるユダヤ人犠牲者への言及の欠落は、こうした背景から説明されるだろう。演説でアデナウアーは、東欧の故郷を追われた人びとや、ドイツから切り離された地域に残留するドイツ人に対して、国家としての責任と義務を幾度となく語った。同時に、ソ連に抑留されている捕虜を取り戻すことを訴え、また戦犯として各国で勾留されているドイツ人を気遣った。しかし、ユダヤ人に対する謝罪もなければ、補償への約束もなく、ユダヤ人に関する唯一の言及と言えば、ナチ時代にあのようなことが起こった後で、いまだにユダヤ人に対する暴力行為が発生するとは信じられないと、国民の一部の反ユダヤ主義を非難した部分だけだったのである[10]。

ユダヤ人に対する配慮の欠如は、国内からユダヤ人がほとんどいなくなり、もはや可視的な集団ではなくなっていた事実と無関係ではない。戦前ドイツのユダヤ人人口は五〇万人を超えていたが、ナチ時代に約三〇万人が移住し、終戦時には一万五〇〇〇人ほどしか生存していなかった。彼らは迫害で肉体のみならず精神的にも打ちのめされた中高齢者ばかりで、その声は圧倒的な数のドイツ人の難民や困窮者の要求によりかき消されていた。海外に移住したユダヤ人の中で帰国を選んだ者もごく一部にとどまり、国内の小さなユダヤ人社会は、政治的にはほとんど重きをなさなかったのである。

したがって、ドイツ政府の耳には、ユダヤ人に対する謝罪や補償を求める声はおもに海外から聞こえてきた。それはまず自らを世界中のユダヤ人の代表と位置づけるイスラエルであり、また多くの亡命ユダヤ人やホロコースト生存者を受け入れていたアメリカのユダヤ人社会からの声であった。とくにアメリカのユダヤ人は、アメリカの政治経済エスタブリッシュメントに食い込み、時には大統領本人へと直接つながるパイプを通じてドイツに対する影響力を行使すると考えられていた。戦時期の大統領であったローズベルトが任命した政府高官の一五%は、ユダヤ系であったという数字もある。[11] ローズベルトの死去にともない就任したトルーマンは、アメリカ・ユダヤ人委員会の会長で、大手石油会社アモコの社長、ジェイコブ・ブロースタインととくに懇意なことで知られていた。また国務省、司法省、ドイツに駐留するアメリカ軍政府、そしてこれを引き継いだアメリカ高等弁務府の中にも、ユダヤ系のアメリカ人やアメリカに帰化したドイツ出身のユダヤ人が多くおり、彼らはさまざまなユダヤ人救援団体、政治団体とつながっていた。こうした国境を越えたユダヤ人の連携を前に、ドイツ政府は補償要求を一種の「外圧」と認識し、海外のユダヤ人社会の声を無視するのは得策ではないと結論した。つまり、ユダヤ人への補償は、国内のユダヤ人マイノリティの権利回復の問題というよりは、まず外交問題として理解されていたのである。

海外のユダヤ人社会からの圧力を意識して、アデナウアーは一九四九年一一月に国内のユダヤ人新聞とのインタヴューで、ユダヤ人に対して「補償する用意がある」と語り、具体的には「一〇〇〇万マルク分の物資」を挙げていた。この早計に失した動きは、提示額の小ささゆえに、ユダヤ世界の指導者たちから死者に対する侮辱として一蹴されていた。加えて、国民の代表としてのドイツ議会が、まずユダヤ人に対して犯された罪を認めるべきだという批判もあった。[12] こうした流れでアデナウアーが一国の首相として、議会という公的な場で、「ユダヤ人の代表とイスラエル国家」に対する政府声明という形で物的補償への意志を示したのは、一九五一年九月二七日のことである。イスラエルが連合国を通して補償要求を表明してから、約半年が経過していた。

この政府声明は、ドイツによるユダヤ人への公式の「謝罪」として位置づけられてきた。ただし文面上は、「ドイツ民族の名においてなされた言語を絶する犯罪」を認めてはいるものの、ユダヤ人に対して「赦しを請う」といった表現はない。連邦共和国が基本法において人間の尊厳の不可侵を謳い、宗教や出自により差別されないことを定め、人権の尊重がドイツ社会の基礎であるゆえに、国内のユダヤ人マイノリティの地位は保障されていると述べているあたりも、どこか他人事な印象を与える。また、ドイツ人の「圧倒的多数」はユダヤ人迫害を嫌悪した、そして実際に生命の危険を冒してもユダヤ人を助けた者もいた、と語るあたりはむしろ言い訳がましい[13]。しかし重要な点は、連邦政府がこの声明をもって、犯罪の責任を認め、補償を行うことを確約したという点にある。なぜなら、一九四五年以降、政治家も知識人も含め、さまざまなドイツ人がナチ体制を非難し、犠牲者の追悼や謝罪を口にしていたが、こうした行為が誰を代弁するのか、また誰に向けられているのかは必ずしも明白ではなかった。しかし首相が政府として声明を出し、物的補償を約束した以上、これ以降は国家の体面上、これを反故にすることなどできなくなったのである。

補償をめぐる国際政治

ユダヤ人側の補償要求が公式に提示された一九五一年三月から、補償協定が締結される翌五二年九月、そして協定がドイツ国内で批准された五三年三月へと至る約二年間は、連邦共和国は国家の将来を左右するような国際的に重要な取り決めを、西側連合国と交渉していた時期でもあった。

まず一九五一年三月に占領規約の改正があり、外交権が回復され、ドイツが主権を回復するための「ドイツ条約」の調印に向けた交渉が五月から始まった。九月一四日にはワシントンで開かれた英米仏外相会議が、ドイツを連合国と対等な国家としてヨーロッパに統合し、西側の安全保障に組み込むことを決定している。秋口からは、ドイツ条約に関する交渉がパリで大詰めを迎えていた。これは、端的には敗戦国ドイツが勝者の監督をどこまで脱することができるかを決めるものであり、外交や軍事など、連合国高等弁務府の留保がつけられる領域にドイツがどこまで食い込めるか、この協定が道筋をつけることになっていたのである。

さらに重要なことに、ドイツ条約は当時構想されたヨーロッパ防衛共同体（European Defense Community　ＥＤＣ）の形成と連動しており、つまり条約が批准されれば、ドイツ再軍備への道を開く予定にもなっていた（結局ＥＤＣ構想はフランス議会の拒否にあって頓挫し、ドイツの正式な主権回復は一九五五年のパリ協定発効まで持ち越された）。一九五〇年の朝鮮戦争の勃発以降、ソ連に対する防波堤としてのドイツの再軍備は西側諸国の安全保障には不可欠とされており、アメリカもドイツの軍事貢献を望む姿勢を明確にしていた。つまり主権回復と再軍備は最初からセットになっていたのである[14]。

経済面では、ドイツは一九四九年にマーシャルプランを通して各国の経済協力をすすめるヨーロッパ経済協力機構（ＯＥＥＣ）に加盟し、またドイツも参加するヨーロッパ石炭鉄鋼共同体（ＥＣＳＣ）の成立のためのパリ条約が五一年四月に調印され、後のヨーロッパ経済共同体（ＥＣＣ）へとつながる流れが生まれた。ちょうど同じ頃、ドイツは第一次世界大戦以降の対外債務を清算する用意があると表明していた。対外債務を支払うということは、債権国と経済・金融関係が再開でき、経済の立て直しが軌道に乗ることを意味する。

一九五一年九月二七日のユダヤ人補償への政府声明は、こうしたドイツの政治経済的西側統合の一連の流れの中で理解する必要があるだろう。ここにおいてユダヤ人に対する補償が、ドイツの国際社会への復帰と結びついていることは明らかだった。なぜなら、ドイツの復権に最初に留保をつけるのは各国のナチ犠牲者であり、中でもユダヤ人の反対が明白に阻害要因となっていたからである。たとえば、ニューヨークに「世界ユダヤ人会議（World Jewish Congress）」という、世界各国のユダヤ人団体の参加する上部組織がある。ナチズムの脅威に対抗するために一九三六年に設立された国際的な政治団体であり、ユダヤ世界の外交窓口を自認し、ドイツに対する補償要求を練るブレーンの役割を担ってきた。世界ユダヤ人会議は、声を大にしてドイツの国際社会への復帰に反対してきた。たとえば一九四八年七月のスイスのモントルーでの大会では、次のような決議を採択している。

〔世界ユダヤ人〕会議は、ドイツに平和と民主主義のために貢献する能力と意欲があると示す十分な証拠がないゆえに、ドイツ国家を経済的、政治的、それゆえ必然的に軍事的に再建するようないかなる試みも、ユダヤ人の安全と世界平和への脅威であるとみなす。(15)

一九四九年の連邦共和国の成立前夜にも、世界ユダヤ人会議は連合国の対ドイツ政策に対して新たな声明を出している。ここでは端的に、ドイツ人は民主主義的に生まれ変わっていないという理由で、連合国による占領の継続が要求されている。冷戦による情勢の変化は、ドイツの政治的独立を正当化せず、連合国はいかなる形であれドイツの再軍備を防がなければならないという。(16) そして連邦共和国が実際に建国されると、世界ユダヤ人会議はこれを「遺憾」とし、連合国がドイツに「寛容」すぎることに対し「警告」を発した(17)。世界ユダヤ人会議のこうした反ドイツ声明文は、ドイツのアメリカ高等弁務府だけでなく、アメリカ国務省にも送られ、アメリカ議会の有力政治家の目に触れていることは言うまでもない。

世界ユダヤ人会議にも増して、イスラエルの対独姿勢はさらに厳しいものであった。イスラエルの外相モシェ・シャレットは、一九五〇年に国連において「ドイツがそのおぞましき犯罪歴もそのままに、またその罪を償うこともなく、徐々に国際社会に受け入れられつつある状況に、イスラエル国民と世界中のユダヤ人は愕然とし、苦痛とともにこれを眺めている」と発言している(18)。さらに翌五一年七月には、深刻化する冷戦の中で英米仏連合国がドイツとの戦争状態の終結を決め、またこれを受けて連合国側で戦った国々が同様の宣言を出そうとしている中、イスラエルだけが戦争状態の継続を主張していた。そもそも、第二次世界大戦勃発時に存在していなかったイスラエルがドイツと正式な戦争状態にあるはずもなく、このためベングリオンは一九四八年の建国に遡って戦争状態を宣言することさえ提案した（ただし実現していない）(19)。このようにドイツにとって犠牲者の強い反独姿勢は目の上のこぶであり、ドイツの国際社会復帰に対する障害であることは明らかであった。

こうした中、ドイツの対外債務の支払いに関するロンドン債務会議が、一九五二年の夏から始まった。ふたつの世界大戦で敗戦国となったドイツは、大戦間期にはドーズ債やヤング債の、戦後はマーシャルプランなどの、各国からの経済援助でしのいできた歴史があり、その総額は三〇〇億マルク近くにもなった。したがってこの会議はドイツが返済すべき借金をいくらまで減額するか、またその清算方法を決める会議であった。つまりドイツは債務を圧縮してもらいたければ、ドイツがそうした配慮に値する国家であることを示す必要があった。

ここで重要なのは、連邦共和国はドイツ帝国の継承国家であるという自己定義から出発し、債務者としての立場を引き受けたことだ。つまり、連邦共和国は自らをドイツ帝国、ヴァイマル共和国、そしてナチの第三帝国と続くドイツの正統な継承者と位置づけたということである。ドイツ民主共和国（東ドイツ）という対抗国家が隣に成立していたために、国家としての「正統性」を示したいならば、国家債務を引き受けざるをえないが、それは取りも直さずナチ・ドイツの残した道義的債務も引き受けることを意味していた。現に、ナチに抵抗した労働者の国を自称していた東ドイツは、国家としての連続性を認めず、ユダヤ人に対する補償義務はないとの立場を取っていた。したがって、他国への借金を支払って経済的信用を取り戻すことと、ユダヤ人に対する「道義的」な負債を支払うことは、じつはコインの表と裏の関係にあり、どちらもドイツの国際社会復帰のためのステップだと見なされたのである。

しかし国家予算の観点からは、巨額の債務の返済に加えて、補償財源をいかに確保するかという深刻な問題があった。もちろん税金以外の財源は存在しないが、前述のように、ドイツ社会には同じ財布から面倒を見るべき困窮者が溢れていた。じつは一九五一年九月の補償への政府声明においてアデナウアーは、戦争犠牲者や難民、被追放民らの生活を守るために、ユダヤ人に対する補償はドイツ政府の支払い能力の範囲内で限度を設けると言明していた[20]。ドイツ人困窮者が犠牲にならない範囲でしか補償できないという立場を最初から明らかにしていたのである。

これに対してイスラエルは、補償交渉が始まった当初、イギリスから大規模な借款を得ようとして失敗しており、また国内経済も破綻寸前にあった。イスラエルは補償支払いなしでは立ち行かない状況に陥りつつあったのであり、このためドイツはイスラエルの足元を見ながら補償交渉を進めることが可能であった。現にドイツの補償交渉代表団の中ではそうした戦略が提案されてもいたのである。交渉団団長のフランツ・ベームや、その代理オットー・キュスターなどの法律家は、補償は誠意をもって行うべきで、相手側の困窮を利用するなど言語道断と考え、このため国家財政上の観点から現実路線を求める財務関係者との間で対立が生じ、一九五二年五月に団長ベームが抗議して辞任するという事態が発生した。(21)

補償交渉の決裂を救ったのはアデナウアーであった。アデナウアーは、交渉が決裂し、ドイツが反ユダヤ主義のレッテルを貼られることによる政治的ダメージは大きいと判断し、再度交渉のとりまとめを強く求めた。債務支払い合意はドイツの経済的信用を回復させるだろうが、補償協定はドイツの政治的信用を取り戻すものであり、長期的な観点からはより重要かもしれなかった。言ってみれば、補償交渉の成功には国家の信用回復がかかっており、それは軍事的復権の条件であり、最終的にはまっとうな国家として国際社会に迎えられるかという、国の名誉もかかっていた。こうした状況下においては、補償交渉を頓挫させるという選択肢は実際には存在しなかった。こうして一九五二年九月一〇日、ルクセンブルクの市庁舎で、ドイツはイスラエルに対して三〇億マルクを、イスラエル外のユダヤ人犠牲者を代弁する「対独物的損害請求会議（Conference for Material Claims against Germany）」（以下、「請求会議」）に対しても四・五億マルク、計三四・五億マルクを物資で支払うことが合意された。そして、その翌五三年二月にはロンドン債務協定が締結され、その結果ドイツの債務は大きく減額され、約一五二億マルクを支払うことで決着した。(22)

もちろん、補償協定の成立がドイツの純然たる損得勘定の結果だったと言うつもりはない。アデナウアーや、野党の社会民主党のシューマッハーといった指導者の中に、ユダヤ人に対して罪を償うという真摯な思いがあったことは事実である。ともにナチによる迫害経験がある彼らは、人間としても、政治家としても、その罪に向き合うことが大切だと考えていた。しかし、補償協定締結に至る判断基準には、やはり国際政治的な要請という側面が強かったと思われる。現にドイツ国内ではユダヤ人に対する補償は支持がなく、政治家の間でさえ反対が多く、補償協定は野党の賛成がなければ批准できなかった。何よりも、連邦共和国と同様に補償要求を突き付けられた東ドイツが、イスラエルに対してまったく補償を行わなかった事実も、補償協定成立の国際政治上の由来を示すだろう。共産圏に政治的・軍事的に組み込まれ、ソ連の後ろ盾のある東ドイツには、補償を行う政治的必要性がなかったのである。

では、逆にドイツがユダヤ人補償を決断しなかったならば、ドイツの国際社会への復帰は承認されなかっただろうか、もしくは大幅に遅れただろうか。この問いに対する答えは明白だ。補償なくしても、冷戦がドイツを西側統合と再軍備へと押し出したであろうことは疑いもない。安全保障上、ドイツの再軍備を必要とする西側諸国の間で、ドイツの発言権の拡大は止めようがなく、こうした強力な流れの中でユダヤ人指導層は自分たちの立場が弱くなりつつあることをよく理解していた。それゆえに彼らもかなり早い段階から、反ドイツ強硬姿勢は逆効果であるという認識に至っていた。たとえば、成立したばかりの連邦共和国について世界ユダヤ人会議会長のナフム・ゴールドマンは、「ドイツを孤立させようとすることは、われわれ自身を孤立させることになる」と指摘し、ドイツに対するボイコット提案などを退けている。(23) むしろユダヤ人指導者たちの戦略は、ドイツの復権を補償問題と結びつけることで、自らの交渉材料とすることにあった。つまり復権には犠牲者として条件をつける、その条件を満たす場合にはドイツを承認することもありうる、というスタンスである。ドイツの復権が避けようもない状況では、その流れに逆らって孤立するよりは、流れの中でいかにキープレイヤーにとどまるかの方が重要であった。こうした現実主義的なアプローチは、本質的にはドイツと連合国の間の問題である主権回復交渉に、またドイツと債権国との間の債務返済問題に、ユダヤ人の代表を実質的な第三の交渉相手として含めざるをえなくし、彼らの交渉の余地を拡大させたのである。

国家賠償としての補償

ルクセンブルク協定にもとづき、イスラエルは一二年にわたり、ドイツから年間約二億五〇〇〇万マルクから三億マルクに相当する物資による支払いを受けることとなった。イスラエルはドイツで物資を注文する窓口として、ケルンに「イスラエル・ミッション」を設立し、これはドイツと国交を持たないイスラエルの通商代表部として機能した。(24) イスラエルはミッションを通して金属などの原料、石油（ドイツは産油国ではないため、イギリスから購入してドイツが支払った）、機械など鉄鋼製品、化学製品、食料などを購入し、補償による輸入は当時のイスラエルの総輸入の二割から三割にも相当した。(25) こうした物資で国のインフラ形成がなされ、鉄道や幹線道路などの交通網が整備され、送電線が張りめぐらされた。輸入物資は国内の事業者に売却され、政府はその収益をふたたび国内の産業育成や国土開発につぎ込み、雇用が創出され、さらに利潤が循環した。イスラエルの歴史家トム・セゲフは、一二年間の補償支払いによりイスラエルのＧＮＰは三倍になり、補償と直接に関連して四万五〇〇〇人の職場が創出されたとしている。(26)

同時に、補償ではドイツの経済復興の足掛かりも意図されていた。そもそも現金ではなく物資での支払いという形を取ったのは、外貨交換による資本流出を避け、回復途中にあるドイツ経済を守るためである。イスラエルが購入する物資の代金はドイツ政府が税金で支払うため、補償とは平たく言えば公共事業のことである。実際、ドイツは経済が低迷する地域の梃入れとして、たとえば東ドイツの中の離れ小島となり、これといった産業もない西ベルリンや、東ドイツと国境を接するために物流が滞るシュレスヴィヒ・ホルシュタインやニーダーザクセンといった州から優先的に物資を購入するようにイスラエル側に求めた。こうした政策により、戦後は廃業に近い状態にあった北ドイツの造船業が、イスラエルからの発注を受けて復活したのである[27]。さらに、銀行は政府による支払いを前提に、ドイツ企業に対して大規模な貸し付けを行っており、ある意味では補償協定の履行により回転する経済領域がつくり出されていた。過去の過ちを償うことを意図した行為において、政治的・経済的利益が複雑に入り混じる官民の複合体が生まれていたのである。

こうした側面から見ても、イスラエルに対する集団的補償とは、実質的な国家賠償であったことは強調する必要がある。先に述べたように、国家賠償は戦争によって損害を受けた国家が、復興に必要な物資や労務を敗戦国側に求めるものだが、結局賠償は、支払う側、受け取る側、双方の経済発展というふたつの目的に奉仕する。日本の賠償支払いがアジア諸国の開発と、これへの日本の技術と資本の投下による日本製品の市場開拓と不可分に結びついていたことが思い出されるが、こうした賠償の性格は世界的に観察されると言ってよい。ドイツとイスラエルの場合も、罪の償いという大前提こそあるものの、補償協定とは実態としては貿易協定であった。イスラエルにドイツ製品が入ることで、技術指導、メンテナンスなどの需要が生まれ、ドイツとの継続的な取引関係が生まれていった。こうして公にドイツの名を口にするのもはばかられていた国において、ドイツ製品が溢れ、ドイツ車が走る風景が日常となっていったのである。

ただし、賠償においてはインフラ再建や経済発展など国家的なニーズが優先され、必ずしも犠牲者本人の状況改善につながらないことが多いのも、世界各地の戦後処理に共通する点である。賠償を受けた国家の国内政策次第では、本来最も配慮されるべき犠牲者が取り残され、彼らの感情が未処理のまま残される危険がある。事実、補償協定によりイスラエルに暮らすホロコースト生存者が、イスラエル政府から個人として直接的な金銭給付を受けたことはない。補償はおもに国のインフラ形成につぎ込まれたため、イスラエル国民全体の生活の質は向上したが、ナチ犠牲者に対しては、病院や老人ホームの建設などを除くと、彼らに限定された援助は特段にはなされていない。一九五〇年代初頭に、イスラエル国民の四人に一人がホロコースト生存者であったことを思うと、ドイツによる集団的補償の受益者は、むしろ残りの四分の三のイスラエル人であったと言えなくもない。

加えて、補償協定締結にあたりイスラエル政府は、旧ドイツ国籍者ではない自国民のナチ犠牲者が、個人としてドイツに対して障害年金を請求する権利を放棄していた。こうした人に対しては、ドイツから包括的な補償を受けたイスラエル政府が責任を持つという意図であったが、犠牲者本人たちの承諾があったわけではない。結果として、ユダヤ人国家において、肢体が不自由となった生存者や、就労もできないほど健康を害した東欧出身のユダヤ人が、これに対する補償を受けることができないという事態に陥った。犠牲者を代弁する国家が、なぜこのような重大な権利を放棄するに至ったかは当時から疑問視されていたが、補償協定を成立させるためのドイツ側との妥協点であったと言われている(28)。このためイスラエルは一九五七年四月に「ナチ迫害による傷病者のための法律」を施行し、こうした生存者がイスラエルの障害年金を受給できるようにしたが、それでもドイツ政府から個人補償を直接年金の形で受ける人に比べると、受給額が少なかった。ユダヤ人の権利が最も守られる場所として建国されたイスラエルにおいて、ホロコースト生存者の困窮という状況が生じてしまったのだ。しかし、補償協定とは実質的に国家賠償であったこと、そして賠償を受けた国家において犠牲者個人が取り残される事例が多いことを思えば、ホロコースト生存者の困窮問題の起源は、一九五二年のドイツ＝イスラエル間の合意にすでに内包されていたと言える。

それでも、ドイツ人とユダヤ人の和解の出発点に補償協定があったのは、紛れもない事実である。補償交渉が行われていた当時、イスラエル内では補償に反対する大規模なデモが何度も組織され、ドイツから「血の付いた金」を受け取るなど言語道断、死者に対する冒瀆であるといった非難が声高になされ、交渉を妨害するテロさえあった。こうした反対は、メナヘム・ベギンを中心とするベングリオンの政敵により煽られていた側面はあったが、それ以上にドイツ人一般を殺人者と同定するイスラエル世論に支えられていた。こうした反独感情は政治的に操作・誘導しやすく、またここに政党が支持者獲得の要素を見ることは容易であったと思われる。しかし、ベングリオンは死者の名誉より、国家の発展を優先させる判断において迷いはなかった。イスラエル経済のカンフル剤として、また近隣諸国との紛争に勝ち残るためにも、補償は必要であった。

同様に、国民にユダヤ人補償に反対する声が強いのを承知で、補償協定調印に踏み切ったアデナウアーにも、同じような現実主義があった。国際社会復帰への足かせを外し、より自由がきく状態で西側の安全保障体制に組み込まれるメリットは大きく、三四・五億マルクは確かに財政上はかなりの負担だが、実質的には公共事業であったから単なる資金流出を許しているわけではなく、ドイツ経済の体力を損なわない範囲で負担を吸収できると思われた。リアルポリティクスと道義は両立困難と考えられがちだが、アデナウアーには道義的義務を果たすことにより、ドイツの名誉が回復されるという理解があった。贖罪と国家の名誉は互いに排除し合うものではなく、むしろ相互補完的な関係なのだ。つまり、道義を示すことでふたたびひとかどの国として国際社会に認められ、これにより自らの決定権が拡大される。これは政治的発言権の増大のみならず、安全保障上の地位向上も意味する。こうしたトータルな意味での復活が、ドイツの名誉の回復に他ならないのである。

一九五〇年代から六〇年代にかけての協定の履行は、イスラエル国民の対独感情に明らかに変化をもたらした。重要であったのは、国家元首による声明で補償への意志が示され、有言実行されたという点にあるだろう。ここでは「謝る」という行為の象徴性よりも（実際にアデナウアーは明確な謝罪はしていない）、生活の質の向上など、謝罪が物質化されることによりもたらされる現実の変化の方が、はるかに大きな役割を果たしている。欠乏状態にある人間の腹が満ちるとき、その人を突き動かしていた根源的な怒りは徐々に失われてゆくものである。経済状況の改善は、必然的に対立を緩和する。もちろんこれは和解や赦しを意味しないが、対立の緩和がなければいかなる和解も後に続かない。

その意味で政治とは、つねに「終わり良ければすべて良し（Ende gut, alles gut）」という世界共通の格言を判断基準としてなされる行為である。最終的にある程度満足な結果がもたらされることで、遡及的にそれ以前の過程が正当化される危険性もはらむ。ドイツ＝イスラエルの関係は、まさにこうした性格を有し、この点はドイツのパレスチナ問題への姿勢により明白に表れている。

補償とパレスチナ問題

ホロコーストを理由のひとつとしてイスラエルが建国され、それゆえにパレスチナ難民が発生したという因果関係を認めると、ドイツは難民問題の原因をつくったその原因という立場にある。ナチズムの過去に端を発するドイツとイスラエルの特殊な関係が、イスラエルの経済を強化し、軍事的な優位を維持させ、間接的にパレスチナ人の難民状態の継続を助長してきたという指摘が、とくにアラブ側からなされてきた。(29)ドイツはイスラエルとの関係を何よりも道義の問題であると位置づけてきたが、まさにこれが道義の問題である以上、犠牲者の苦痛を軽減するための行為が、本来は関係のない第三者に苦痛を与えた可能性は、ドイツの贖罪が依って立つ基盤そのものを揺るがしかねない。歴史的負債を処理するという行為が、新たな問題の生成に間接的であれ関わっている場合、どのように過去と向き合えばよいのだろうか。

一九五一年に補償交渉が始まるとすぐに、アラブ諸国はイスラエルの物資獲得が中東の軍事バランスを崩すことを危惧して反対を表明した。アラブ側の立場は、ユダヤ人に対する個人補償には必ずしも反対しないが、集団的補償はイスラエルの経済を強化し、必然的に軍事力も強化するゆえに反対するというものであった。また彼らは当初から、ドイツによる補償とパレスチナ難民の問題は相互に関連するという立場に立っており、パレスチナ難民が有していた土地や家屋がイスラエルにより接収されたことを理由に、ドイツの補償をパレスチナ難民に対する補償に回すべきだと主張していた。(30)とくに難民の受け入れ先となっていたシリア、レバノン、イラクは、補償協定が調印される前に、英米仏政府に対してこうした陳情を行っており、また一九五二年六月には、アラブ高等委員会（Arab Higher Committee）が直接西ドイツ政府に対して同様の書簡を送っている。(31)

補償協定の調印が不可避となると、アラブ諸国は補償物資に軍事関連品目が含まれることがないように、補償の履行を国際的な管理のもとに置くことを求めた。たとえば連邦議会による補償協定の批准に国連の同意を条件とすること、また支払いの執行を国連などの中立的第三者の管理下に置くことを求め、これらの要求が認められない場合は、ドイツとの国交断絶やドイツ製品のボイコットもありうると圧力をかけた[32]。それでも協定は調印されたため、一九五二年一二月、アラブ連盟（Arab League）は連邦議会での協定批准を阻止すべく、ドイツに使節団を送り込んでいる。

補償協定批准をめぐる議論において、ドイツはアラブ側の主張に無関心であったわけではない。英仏のような植民地大国ではなかったドイツに対するアラブ世界の感情は悪くなく、彼らの好意を失うような政策には政府は消極的であった。アラブ世界の反感を買って国交が断絶するようなことになれば、これは東ドイツの承認につながると予測されたため、ドイツ帝国の継承者を自称する連邦共和国としては、つねにアラブ側への配慮に心を砕いていた。ただし補償協定自体には、パレスチナ難民の発生であるとか、周辺のアラブ諸国との戦争状態についての言及は一切ない。補償支払いは、調印文書の冒頭に明白に述べられているように、あくまでナチ・ドイツとその支配下にあった地域からのユダヤ人難民の受け入れのために、イスラエル側に多大な経済負担が生じたことにその根拠が求められている[33]。したがって建前としては、イスラエルが移民吸収にすでに投入した金がドイツから弁済されるにすぎないので、パレスチナ難民の問題は、補償とは直接関連性のない事柄ということになる。ベングリオンが機会あるごとに繰り返したように、ユダヤ人にとって補償はあくまでも道義の問題であり、ユダヤ人への補償をパレスチナ問題と同列に置くことは許されなかった。イスラエルが連合国に親書を送った時から主張してきたように、補償とは前代未聞の犯罪に対する前代未聞の措置であり、あらゆる比較の対象外にあるべきものなのである。

しかし実際にはふたつが関連していたことは明らかである。最初にイスラエルに到着したホロコースト生存者の一部は、追放されたり逃亡したりしたパレスチナ人の家に入居している。住宅だけでなく、残された農地などを引き継ぐことで、彼らの生活基盤の一部が確立された。後にはパレスチナ人が戻れないように国境を封鎖する一方で、土地所有者が不在であり、土地が耕作されていないことを理由にこれが「放棄された」と見なして接収し、その上にキブツやモシャブといった集団農場を建設してきた[34]。つまり、移民受け入れによるイスラエル社会の建設は、不在となった人びとが戻ってこないことを前提としていたのである。そしてその社会の建設を助けてきた要素のひとつが、ドイツの補償であった。

イスラエルは一貫してパレスチナ難民の帰還権を認めていないが、難民が故郷に戻る権利を謳った国連決議第一九四号では、帰国を選択しなかった者に対しては財産の喪失や損害が補償されなければならないとしている。したがって、ドイツの補償とパレスチナ難民の補償をリンクさせ、イスラエルへの補償の一部をパレスチナ難民に対して支払うことを支持する意見は、国連パレスチナ調停委員会（UNCCP）内部にも、じつはドイツの政治家の中にもあったのである。イスラエルの中でさえ、当時の外相モシェ・シャレットを中心に、ドイツの補償でパレスチナ人を補償する可能性が検討されていた[35]。

こうした議論の中でドイツが選択したのは、ユダヤ人の補償問題とパレスチナ難民問題を別の問題として切り離すことであった。アデナウアーは連邦議会に補償協定の批准を求めた際、次のような言葉で政府の立場を表現している。

ご存知のように、イスラエル国家に対する支払いに対してアラブ連盟とその加盟国が反対を表明している。〔連邦共和国に対する〕制裁の脅しさえなされている。［…］アラブ人はパレスチナ難民問題を指摘して、イスラエルがアラブ・パレスチナ難民に対する義務を果たしていない以上、イスラエルが受け入れたユダヤ人難民のために補償を要求する権利はないと言っている。この点については、こう言える。これ〔補償とパレスチナ難民問題〕は、異なり、互いに独立すると見なされるべきふたつの問題である。ナチ迫害を逃れたユダヤ人難民の補償の問題は、連邦共和国とユダヤ民族の間で解決されるべき問題だ。[36]

ドイツとしては、ナチによる大罪を償うという、国際的な評価がかかる事案と、間接的に巻き込まれているにすぎないパレスチナ問題を同じ次元で扱うことはできなかったのである。

ドイツの補償によるパレスチナ難民の補償案は、その後も続く紛争と、アラブ側・イスラエル側双方の非難合戦の中で実現可能性を失ってゆき、補償とパレスチナ問題の分離は、ドイツの公式な姿勢として踏襲されていった。パレスチナ難民にとっては、イスラエルから補償を受け取ること自体が、故郷追放の事実を受け入れることを意味しており、中途半端な補償を受けることで残してきた土地等への権利を失うなど論外であった。これに対して、イスラエルにとって国内のパレスチナ人財産の管理は当初は暫定的なものであったが、その後の経過において意図的な土地収用へと変質してゆき、結果として難民の帰還を阻む既成事実の積み上げがなされてゆくのである。[37]

補償とパレスチナ問題、ひいては中東紛争からの分離というドイツの方針が明白に示されたのが、一九五六年一〇月の「スエズ危機」におけるアデナウアー政府の対応であった。英仏がスエズ運河を国有化したエジプトに対して軍事行動を起こした際に、イスラエルもエジプトがイスラエル船舶のインド洋への航行を阻止していることを理由に、シナイ半島に侵攻した。こうした帝国主義的とも言える介入に対しては国際的な非難が噴出し、中でもアメリカはイスラエルにシナイ半島からの即時撤退を強く求めた。

この時ドイツ外務省では、補償協定に基づいた物資の輸出を停止すべきだという声が上がった。エジプト、シリア、レバノンといった国が実際にドイツにそう求めていた。イスラエルは補償金を元手に武器を購入することは認められておらず、(38) ドイツ側も輸出物資のリストに軍事関連の品目が入っていないかどうか監視していた。しかし物資の使用用途を限定するような規定も存在せず、購入した原料を加工・利用することは可能であったため、物資が最終的に軍事目的で転用される可能性は排除できなかった。民生用と軍事用のどちらでも使える、いわゆる「デューアルユース」の問題である。代表的には石油や鉄鋼製品だが、これらがいかようにも使いうることは言うまでもない。現に補償の約三割は燃料の購入に充てられ、イスラエルはイギリスの石油会社ＢＰから石油を購入し、その代金をドイツ政府が支払っていた。(39) 実際、デューアルユースの可能性は懸念の域にはとどまらなかった。近年の研究では、イスラエル国防軍がドイツから購入する補償物資のリストに目を通し、物資の到着後に軍事用に転用できるよう、リストに必要な修正を加えていたことも明らかになっている。(40)

スエズ危機に際して物資の輸出停止を求める声があることについて、ドイツ政府の報道情報局局長であり、アデナウアーの側近の一人であったフェリックス・フォン・エッカートは、イスラエルのエジプトへの介入は、ルクセンブルク協定の履行とはまったく「関係がない」事柄であるとの政府の立場を記者会見において明白にした。そのすぐ後にベングリオンはアデナウアーに対して書簡を送り、補償物資は国家の建設と移民の吸収の目的で使われているので、輸出を停止する必要はないと主張し、これに対してアデナウアーは、政府として輸出を止める意思がないことを前者に伝えたのであった。(41)

各方面からの批判がある中で補償支払いが継続されたのは、ドイツ政府にはこれを中止するという選択肢がなかったこともあるが、補償が本質的には「ナチ犠牲者の利益」を意図していたからである。ヨーロッパの戦争と迫害を生き抜いたものの、すべてを失ってしまった者たちに、家や土地を与え、仕事を与え、また突然殺されたりしないという、命の安全を保障することは、彼らの利益に他ならなかった。

このため、生存者の暮らしの質を向上させるための社会のインフラ形成は、補償の目的と一致した。生存者の生命と安全を守るという観点からは、ユダヤ人の「避難所」としてのイスラエルの防衛も、その範疇に入ってきた。ここでの「ナチ犠牲者の利益」とは拡大解釈が可能であり、またイスラエルの側にかなりの裁量を認めるものでもあった。補償する側ではなく、補償される側が適切な補償の解釈を決める――加害側は決定権を持つべきではないという政治的な謙虚さは、ドイツのイスラエルに対する基本姿勢であり続けた。

この結果、ドイツはホロコースト、イスラエルの建国、パレスチナ難民の発生という因果関係には触れないまま、パレスチナ難民に対する支援を行うという、矛盾に満ちた立場に置かれることとなった。実際、ドイツはパレスチナ難民問題が発生して以来、難民のためにじつに大きな支援を行い、現在に至っている。ドイツはこれを政治を離れた「人道的支援」であると強調してきたが、人道支援でなければならない政治的理由があったのである。ドイツがパレスチナ問題における中立的第三者を装う余地は、最初からなかったと言え、それは次章に見る、ドイツによるイスラエルの安全保障への関与においてより明白になるだろう。

第2章　国家的軍事支援

武器を求めて

補償は和解への端緒を開いたが、大きなマイナスから出発した関係をプラスに転換するには、物質的な状況の改善だけでは十分ではなかった。なぜなら、建国以来断続的な戦争状態にあったイスラエルには、国民に十分なパンと雨漏りのない屋根を与えることより、国民の命を守り、国の存続を確保するという、より根源的な要請が先にあったためである。ドイツの関与が求められるようになるのは、まさに安全保障の部分であった。

ドイツにとっての悪夢は、イスラエルが敵対する周辺のアラブ諸国の攻撃を受けて「第二のホロコースト」が起こることにあった。あるアラブ国家の指導者が言ったとされるように、ユダヤ人が実際に「海に追いやられ」、国が消滅する可能性がないとは言えなかった。ホロコーストがイスラエル建国の一因であったことを認めると、ユダヤ人が新たな故郷で安心して暮らせることが、ある意味ではドイツが枕を高くして寝ていられる条件でもあったのである。したがってイスラエルの安全保障は、必然的にドイツの関心事であった。

イスラエルの国家建設において、金の次に必要なものは武器であったが、紛争状態にある国家に好んで武器を売ってくれる国は少なく、当初は非合法なルートに頼るしかなかった。一九四七年末、アメリカはパレスチナの紛争地域への武器輸出規制へと踏み切り、国連もこれに続いた。現在のイスラエルの安全保障が、アメリカの全面的な支援に依存しているのは周知の事実だが、こうした特殊な関係が生まれたのは一九六〇年代のケネディ政権以降のことであり、アイゼンハワー政権までのアメリカは、イスラエルに対する武器の輸出を極めて限定的にしか行ってこなかった。後にイスラエル首相・大統領を歴任するシモン・ペレスは、「武器獲得はイスラエル指導層にとって、つねに中心課題のひとつだった。ときとして彼らは、眉に火のつく経験をした」と回想録に記しているが[42]、イスラエルの国家としての存続の鍵は、まさにここにあった。

イスラエルに対する最初の主たる武器供給国であったのは、チェコスロヴァキアである。大戦中にドイツ軍が残したメッサーシュミット機など、多少古いがまだ使える兵器が国内に存在したのと、イスラエルを建国後すぐに承認したソ連がこうした取引を黙認したからであった[43]。しかしこの取引は長くは続かなかった。ソ連の対イスラエル政策の転換を反映して、チェコスロヴァキアは一九五〇年代半ばには兵器の売却先をアラブ諸国へと変更していた。

頼みの綱はフランスであった。アルジェリアなど植民地の独立問題を抱えるフランスは、アラブ民族主義に対する警戒と利害をイスラエルと共有し、これがイスラエルへ武器を売る理由となっていた。こうした共通の利害関係は、一九五六年のスエズ危機において端的に示されていた。エジプトのナセルがスエズ運河の国有化を宣言し、これに英仏が介入すると、イスラエルもシナイ半島に兵を進めた。ナセルが「アラブの大義」の旗手であり、アルジェリアの独立を支援していたことは言うまでもない。フランスとイスラエルの軍事的な蜜月は一九六〇年代後半まで続き、AMX－13軽戦車やミステール戦闘機といったフランスの代表的な兵器が調達され、代わりにイスラエルはアルジェリアの独立派に関する情報をフランスに提供した(44)。

しかしフランスは、イスラエルへのほぼ唯一の武器供給源である状態は徐々に重荷であると考えるようになり、同時にイスラエル国内でもフランスに武器を依存することのリスクが認識され始めた。ドゴールの政権復帰後、フランスは徐々に政策を転換し、一九六二年のアルジェリア独立後は親アラブ路線を明確にする。こうした中、イスラエルが新たな武器の取引先の開拓を求めて接近したのが、一九五五年に連邦軍を創設し、同時にNATOに加盟していたドイツであった。

じつは、一九五二年の補償協定の締結後も、ドイツとイスラエルの間には国交は樹立されなかった。それは、東ドイツを承認する国とは国交を断絶するというハルシュタイン・ドクトリンを掲げる連邦共和国にとって、イスラエルとの国交樹立はアラブ諸国による東ドイツ承認の可能性を意味していたからである。自らをドイツ帝国の法的継承者と位置づけ、ドイツの分断状態の解消を国家目標と位置づける以上、これは国家の正統性とドイツ再統一に関わる問題であり、イスラエルとの国交樹立はリスクが大きすぎたのだ。

これに対して、アラブ諸国に囲まれたイスラエルは、NATO加盟を模索したがかなわず、国際的な軍事協力機構の枠においてもドイツと接点がなかった。しかしイスラエルの理解では、ドイツにはユダヤ人の安全を保障する歴史的責任があった。また、ユダヤ人の生死に関わる要求を、ドイツはむげに断ることはできないだろうという認識もあった。ところが実際には、ドイツからの軍事支援獲得の障害になると推測されたのは、むしろイスラエルの世論であった。イスラエル国民のドイツに対する嫌悪感は強く、一九五二年の補償協定締結でさえあれほど反発を受けたばかりであるから、ドイツに武器を求めるなど国民の支持を得られるはずがない。したがっていかなる交渉も秘密裏に進められる必要がある。この極秘交渉を担当したのがシモン・ペレスであり、ドイツ側でこれに対応したのが、一九五六年よりアデナウアー内閣の国防大臣を務め、バイエルンのキリスト教社会同盟の党首であった、フランツ・ヨーゼフ・シュトラウスであった。

一九三四年にポーランドから当時のイギリス委任統治領パレスチナに移住したペレスは、ベングリオンの腹心として二三歳でイスラエル国防軍の前身であるハガナーの最高司令部に属し、一九五三年に弱冠二九歳でイスラエルの国防長官となった。対する一九一五年生まれのシュトラウスは、兵士として独ソ戦へ出征し、凍傷で戦線を離脱した経歴を持つ。思想的にはナチではなかったようだが、保守政治家であり、その反共姿勢は誰もが知るところであった。

交渉を開始するにあたり、ドイツとイスラエルの間には国交がない以上、公式に訪問し合うことはできない。また、ドイツが関わる事柄には感情的に反応するイスラエルのマスコミに動向をかぎつけられてもいけない。このためペレスは数人のイスラエル人とともにパリから小さな車に乗り込んで、ストラスブールでドイツ国境を越えるという念の入れようであった。極寒の、暗く濃霧の立ち込める中、南ドイツのシュトラウス邸まで運転していった時の様子をペレスは後に回想録に記している。

イスラエル人にとってドイツを旅行することは、決してやさしいことではなかったし、忘れられないことでもあった。われわれが国境を越えるにつれて、いっそう濃くなっていく霧も心にかかったし、過去の記憶も、われわれの上にかぶさってきた。重苦しく、くすんだようなドイツの霧は、われわれユダヤ人にとっては理解できるあらゆる意味合いを持って、果てしなく立ち上る煙の中を動いていくように感じられた。

まるでわれわれが目に見えるところに、木や家や人間などがいない、まるで現実の世界を離れてしまったかのようだった。こうした光景は、すべて恐ろしい過去の象徴と思い出にすぎなかった。[45]

ポーランド出身のペレスは、ホロコーストで祖父をはじめとする家族を亡くしている。一九四二年にペレスの故郷の町にナチが侵攻した際、ラビであった祖父ツヴィ・メルツェルは、村の住民とともに木造シナゴーグに集められ、外から鍵をかけられて火を放たれ、生きたまま焼き殺されたのである。そのような個人的背景を持つペレスにとって、独ソ戦経験があるシュトラウスに武器を請うことは、決して容易ではなかっただろう。しかしペレスは、軍事支援こそがドイツ人とユダヤ人の「過去との橋渡しをするという点で、将来への大きな一歩を踏み出すことになる」とシュトラウスに力説した。[46]

これに対するシュトラウスは、一九五二年の補償協定に強く反対したことで知られていた。ただし彼は軍事支援の道義的意義は認識しており、ユダヤ人の命を守るという、最も根源的なところでイスラエルを助けることが必要であると考えていた。血が流される場所での支援こそが、ドイツにとっての「償い」となるという理解においては、シュトラウスはアデナウアーと意見を同じくしていたのである。[47]もちろん、シュトラウスがイスラエルへの軍事支援に前向きであったのは、アラブ諸国の背後にあるソ連という、当時の冷戦構造ぬきには説明されない。一九五六年のスエズ危機において捕獲されたエジプト軍の兵器がソ連製であったという事実が、中東も東西冷戦のひとつの前線であることを示していた。つまり、ドイツとイスラエルは物理的には遠く離れているが、それぞれの国境において同じソ連製の武器、同じ防衛システムと対峙していたのである。したがってイスラエルの防衛は、ドイツにも関わる問題であり、第三世界へのソ連の影響力の拡大を阻止するという観点からは、「強い」イスラエルの出現はドイツの利益でもあった。

ペレスとシュトラウスは一九五七年に数回にわたりドイツ内外で秘密裏に会合を持ち、無償・有償の武器供与を中心とした軍事支援が始まった。最初はおもに連邦軍がアメリカ軍から調達した兵器の余剰分がイスラエルへと送られた。(48) 供与は、弾薬や機関銃など小型の火器のみならず、高射砲、対戦車砲、ヘリコプター、戦車、巡視船、後には潜水艦などを含む、じつに広範なものへと拡大していった。ドイツから武器の調達を指揮したのは、一九三五年に単身パレスチナに移住したアヴィグドール・タルである。タルは、名目上はケルンのイスラエル・ミッションで補償物資の購入を担当していることになっていた。タル自身は、家族をすべてホロコーストで失った背景を持つ。

武器供与に人との関係がついてくるのは、必然である。装備や使用法の指導、船舶や潜水艦の操縦訓練がなされるだけでなく、関係は軍事施設へのアクセスや、軍事情報の共有へと拡大する。ドイツ内でイスラエル軍将校の訓練もなされるようになり、これは後にはドイツ連邦軍とイスラエル国防軍の共同軍事演習へと発展していった。また取引は一方通行ではなく、イスラエルからはドイツに国産銃ウージーや、リュックサックなどの軍需品が輸出されるようになった。ウージーはライセンス契約でドイツ国内でも生産され、連邦軍だけでなくドイツ警察にも採用されている。イスラエルからドイツへの軍需関連の輸出は、一九六五年までで二億五〇〇〇万マルクであり、イスラエルの産業の成長に一役買ったと言える。(49) 代金はイスラエルに外貨で支払われ、イスラエルはこれを緊急に必要とする兵器の購入に充てた。

驚くべきは、軍事協力がドイツ議会では決して公式の議題に上がらない極秘事項であったことだ。イスラエルへの武器供与が議会の了承を得ていないことは言うまでもなく、また国家予算の観点からも完全に水面下で展開した。アデナウアー自身、イスラエルへの軍事援助については口をつぐみ、その回顧録にも言及がない。(50) 連邦共和国は、基本法二六条一項で、侵略戦争に加担するような行為を禁じている。「諸国民の平和的共存を阻害するおそれがあり、かつこのような意図でなされた行為、とくに侵略戦争の遂行を準備する行為は、違憲である。これらの行為は処罰される」。さらに二六条二項は、戦争遂行のための武器の製造・輸出は、「連邦政府の許可」を必要とすると定めている。このため一九五五年には武器輸出の是非を検討する連邦安全保障委員会（Bundessicherheitsrat　当時の名称は連邦防衛委員会）が内閣に置かれた。また一九六一年には「戦争兵器管理法」が施行され、とくに軍事的な緊張のある地域への武器輸出は、兵器の管理や対外貿易などに関する規制によって制限がかけられるようになった。ただし、戦争兵器管理法にもとづく監督省庁は指定されておらず、連邦政府全体が責任を持つという、行政主導の体制であった。実際、イスラエルとの取引はアデナウアー政権の中枢の数人のみに担われており、外務省はほとんど蚊帳《かや》の外に置かれていた。どちらにせよ、外務省はアラブ諸国の反感を買うような行為には総じて反対であった。当時の外相ハインリヒ・フォン・ブレンターノと、一九六一年にその後を継いだゲアハルト・シュレーダーも、この件に関しまったく知らされていないわけではなかったが、ある意味ではイスラエルとの正式な国交が不在であるゆえに、シュトラウスの独自外交を許していたとも言える。

イスラエルへの武器輸出は両国の情報機関、イスラエルのモサドとドイツの連邦情報局（ＢＮＤ）の間のやり取りとして展開されたため、一般の目からは隠されていた。諜報活動を担う機関という性格上、金や物の流れは公にはされず、関係者にももちろん秘匿義務がある。しかし、輸出品が武器であるだけに、両者はさまざまな隠蔽工作を行う必要があった。武器は出所を隠すためにドイツからいったんフランスやベルギーの住所へと送られ、そこからイスラエルへ向けて船で送られた。時には、連邦軍の武器庫から盗難があったとして、警察に届けられたことさえあったという[51]。しかし、戦車やヘリコプターなど大きなものは、どのように「極秘」に輸出するというのか。この点、ペレスが回顧録の中で興味深い話を披露している。アメリカ製の戦車を乗せてドイツからイタリアの海岸部へ向かっていた輸送隊のトレーラーが、トンネルの中で立ち往生してしまったことがあるという。戦車の砲塔が、トンネルの天井に引っかかって動けなくなってしまったのである。そうするうちに地元の警察や住民、カメラマンに取り囲まれてしまい、翌日の新聞に大々的に写真が載ることとなった。関係者が胸をなでおろしたことには、幸いにも戦車の行く先には言及がなかったという[52]。

アデナウアー、エアハルト両首相の時代は、武器輸出に関するドイツの姿勢は極めて曖昧であった[53]。大原則として、「軍事的緊張のある地域」へは武器は輸出しないことになっていたが、どのような状態であれば緊張が存在すると見なされるのか、そもそも武器とは何を指すのか、軍事転用可能な部品は規制外なのか、また輸出禁止は私企業にも及ぶのかなど基準が明らかではなく、最終的には首相が判断している状態であった。

また、イスラエルだけがドイツから武器供与を受けていたわけでもない。再軍備を果たしたドイツは一九六〇年代、アメリカの圧力を受けてアメリカ製の最新兵器の大量購入へと舵を切っていた。このため連邦軍は古くなった余剰兵器の処分問題を抱えることとなり、その放出先が第二次世界大戦後に独立を果たしたアジアやアフリカの国々であった。外貨による代金の支払いが困難な国の政府に対しては、軍事支援という形で、武器供与のみならず軍事アドバイザーの役までも引き受けた。連邦軍の軍人が現地で指導に当たり、もしくはこうした国々の将校を訓練のために連邦軍に受け入れていた。シュトラウスは、軍事援助を通して、アジアやアフリカの国々と物的・人的ネットワークを築いたその人であったのである。こうして冷戦期における西側体制のあり方という、より大きな文脈にドイツの武器輸出を置きなおすと、一見したところドイツ＝イスラエル間の特殊な関係の産物と見えるものも、実際には当時の国際関係に強く影響されていることがわかるだろう。ちなみに、イタリアでトンネルに引っかかって動けなくなった戦車は、まさに当時最新のアメリカ製M60パットン戦車に切り替えるために、不要となった旧型M48パットン戦車であった。

さて、イスラエルに対する武器供与は、まず一九五九年の『シュピーゲル』誌の記事ですっぱ抜かれて徐々に耳目を集めるようになり、六四年には内外のマスコミの報道で白日の下にさらされ、最終的に六五年初頭に中止に追い込まれた。ただし武器供与が中止されたすぐ後の六五年五月にドイツとイスラエルの国交が樹立されたため、それ以後は公的なルートを通した支援へと切り替わっただけであった。シュトラウスは、こうした初期の無償武器供与の規模を約三億マルクと算出している[54]。またこれは、両国の軍事関係の終了を意味しない。じつは、一九六〇年三月にベングリオンとアデナウアーがニューヨークで極秘会談を行っていたが、この時、補償支払いが完了した後をにらんだ経済援助とともに、軍事援助の継続についてもすでに原則的な合意がなされていたのだ。この合意を基に一九六二年六月にペレスはシュトラウスに、魚雷艇六艘、潜水艦三艦、榴弾砲三五門、ヘリコプター二四機、ノラトラ輸送機一二機、戦車一五台、高射砲五四門、コブラ対戦車ミサイルなど、総額二億四〇〇〇万マルク分の兵器供給を要請し、アデナウアーの承認を得ていたのだ[55]。

秘密裏の武器取引が中止された一九六五年の時点で、その五年前のアデナウアーとベングリオンとの会談で約束された二億四〇〇〇万マルク分の武器のうち、一億六一〇〇万マルク分がすでに引き渡し済みであったが、残り七九〇〇万マルク分はまだ残っていた。この約束も、きちんと履行された。イスラエルが他国から購入した武器の代金をドイツが肩代わりする形で続けられ、結局その総額は七九〇〇万マルクを大幅に超えたのである。一例として、ドイツからの武器供給が停止されてすぐ後に、イスラエルはアメリカから直接戦車を買い始めている。これはイスラエルに経済援助は行っても、兵器は輸出しないというそれまでのアメリカの方針を転換させるものであり、最終的には現在まで続くアメリカによるイスラエルへのじつに広範な軍事支援体制の幕開けへとつながってゆくのである。(56)

モサドとドイツ連邦情報局（BND）

イスラエルへの安全保障にドイツが関与してきたということは、軍事目的の諜報活動でも協力関係があったことを意味している。諜報の分野では、両国は国交樹立以前の一九五〇年代から密接な関係を築いており、これは現在まで続いている。

ドイツの諜報機関である連邦情報局（BND）の歴史は、その一九五五年の設立以前にさかのぼる。BNDの前身は、「ゲーレン機関（Organisation Gehlen）」と呼ばれた、ドイツ国防軍で対ソ連諜報を担当したラインハルト・ゲーレンを中心とする半私的な諜報集団である。ゲーレンは対ソ連諜報に携わった経歴からして、もちろんユダヤ人の「最終解決」についても十分な知識を持っていた人物であった。戦後、連合軍に勾留されたゲーレンは、ソ連軍の情報をアメリカに提供する見返りに、戦争犯罪人としての訴追と非ナチ化を逃れたという背景を持つ。(57)実際、ゲーレンの情報網はナチ時代のネットワークの上に築かれたものであり、したがってゲーレン機関は元ナチや戦争犯罪人が流れ込む場所となっていた。それだけでなく、海外に逃亡したナチ戦争犯罪人ともつながっていた。たとえばスペインの独裁者フランコに保護され、ナチ犯罪人をヨーロッパから南米へ逃亡させるネットワークをつくったとされる元親衛隊員、オットー・スコルツェニーや、アドルフ・アイヒマンの部下で、戦後シリアに潜伏したアロイス・ブルンナーなどだ。ゲーレン機関の要員は、多くがそのままＢＮＤの職員となった。

ＢＮＤがイスラエルの対外諜報機関であるモサドと協力することになったのは、ひとえに冷戦ゆえである。ヨーロッパで冷戦の最前線に位置するドイツにとって、諜報活動の主たる対象はソ連・東欧の共産圏であったが、第二次世界大戦時代からの情報網はすでに古くなっていた。これにＢＮＤの諜報員、ハインツ・フェルフェによる背信事件が追い打ちをかけた。フェルフェはナチ時代は親衛隊の情報将校であり、ゲーレンの腹心とされていたが、一九六一年にソ連の二重スパイであったことが判明し、東欧に張り巡らされたＢＮＤのネットワークが壊滅的な打撃を受けたのだ。フェルフェの裏切りにより命を落とした工作員は六〇人とも言われ、ゲーレンは情報網の再建を強いられるが、ここでドイツが近づいたのは英米仏の西側諜報機関ではなく、むしろ特異な理由で東欧に情報網を持っていたイスラエルであった。

というのもイスラエルは、上からの反ユダヤ主義が吹き荒れ、ユダヤ人が一種の政治的な人質として国内に留め置かれていた東欧諸国からユダヤ人の脱出を組織する必要性から、鉄のカーテンの背後でも諜報活動を展開していた。同時にイスラエルはアラブ諸国での諜報活動に実績があり、ドイツが欲する軍事情報を持っていた。アラブ諸国との実戦でソ連製の武器や戦車、戦闘機などを捕獲していたため、これを分析しレーダーの解析を行えば、共産圏の防衛システムの分析に必要な膨大な時間と費用が削減できる。こうして、東欧での工作活動のためにヨーロッパでの活動拠点を必要としていたイスラエルと、共産圏の軍事情報を欲するドイツの利害は重なった。

ドイツとイスラエルの諜報分野における協力は、すでに一九五五年頃から見られる(58)。この年にモサドは、BNDとのパイプ役となる諜報員をドイツに送り始めた。ドイツ国内のモサドの拠点は、イスラエル・ミッションのケルン事務所にあった。この事務所は補償物資の購入にあたるだけでなく、イスラエル向けの武器の調達を行う窓口になっていたことは指摘したが、それだけでなく諜報活動の拠点でもあったわけだ。BNDは東欧からのユダヤ人の出国を援助し、またモサドの工作員に対してドイツのパスポートを発行することもあった。またモサドの工作員がNATOのために活動する工作員を装う、いわゆる「偽旗作戦」も行われた。

BNDが元ナチの巣窟であることが、ユダヤ人たちに問題でなかったわけではない。モサドの諜報員の中には、ドイツ人と協力することに抵抗感を持つ者も少なくなく、転属を申し出る者もいた。こんな時、一九五〇年代のモサドを率いたイサル・ハルエルは、過去にしがみつくのではなく、イスラエルの安全保障のためには「悪魔とも」仕事をせよと怒鳴りつけたと、後のインタヴューで本人が語っている(59)。BNDとモサドの関係は、実利的なギブ・アンド・テイクであり、感情を排した極めてプロフェッショナルな関係であった。

モサドにとっては、ドイツがアラブ諸国と比較的良好な関係を有していたことが、利用価値の高い点であった。伝統的にドイツは親アラブ国家であると認識されており、またアラブ指導者には、彼らが「敵」と見なすユダヤ人の壊滅をナチが試みたという点で、ドイツに対して倒錯した畏敬を抱く者もいた。このためアラブ諸国におけるドイツの呼び声は高く、さまざまな専門家が中東国家の近代化のために招聘されていた。前述の元親衛隊員スコルツェニーも、エジプト初代大統領のナギーブの軍事顧問として呼ばれたことがあり、ここからナチ時代のドイツ国防軍の軍人が複数、エジプト軍の近代化のために指導に当たるようになった。

こうした関係の中から、一九五〇年代末よりエジプトのミサイル開発に、ドイツ人科学者や技術者が雇われるようになった。その中にはナチが第二次世界大戦の末期にイギリスなどに対する攻撃で使用した打ち上げ型長距離ミサイル（Ｖ２ミサイル）の開発に従事した者たちも含まれていた。ミサイルの開発は、イスラエルを射程距離に入れる兵器の開発を意味していたため、この事実はドイツ、イスラエル両国で大きな政治問題となった。とくにクネセトでは、かつてユダヤ人の絶滅を試みた国の息子たちが、またイスラエルの破壊に手を貸すといった感情的な議論が展開された。ドイツ政府は科学者を呼び戻そうとしたが、個人の資格でエジプトに雇われる者たちを強制的に連れ戻すことには限界があった[60]。ハルエル指揮下のモサドは、ドイツ人の科学者により良い待遇の仕事を提案してドイツに呼び戻す「ダモクレス作戦」を発動し[61]、エジプト外におびき出したり、郵便爆弾を使ったりして何人かを殺害し、何人かが「行方不明」となっている。つまりモサドは、スコルツェニーなどＢＮＤがつながる元ナチの情報網を利用しつつも、彼らの過去に完全に目をつむっていたわけではなかったのだ。しかし暗殺という手段も含むモサドの活動は、軌道に乗り始めたドイツとイスラエルの関係改善の障害になると判断したベングリオンにより、ハルエルは一九六三年に辞任させられた。ただし、ハルエル指揮下のモサドは、一九六〇年にアルゼンチンでのアイヒマンの確保とイスラエルへの移送に成功し、翌年より始まるアイヒマン裁判が世界にホロコーストの実態を知らしめ、ドイツ人自身によるナチ犯罪者追及への機運を生んだことを思えば、モサドもドイツの「過去の克服」に貢献したと言えなくもない。

これに対して、ドイツにとってイスラエルとの諜報活動における協力の最大のメリットは、ソ連兵器の共同分析であった[62]。アラブ諸国との数度にわたる実戦で捕獲されたソ連製の兵器がイスラエルから現物でドイツに送られ、ワルシャワ条約機構に対抗する防衛システムの構築に貢献した。さらに、ドイツがイスラエルの会社に委託して、「ケルベロス」と呼ばれる電波妨害システムの開発が一九七二年より始まった。冷戦期の核武装の時代には、レーダーは敵機やミサイルの侵入などを感知するだけでなく、ミサイルを正確に標的に到達させるためにも重要であった。ドイツはフランスやイギリスのようには核兵器の所有を認められておらず、また核弾頭を搭載する長距離ミサイルも所有していなかった。このためヨーロッパで戦争が勃発するような事態になれば、実際に戦闘機を飛ばして敵国領域に侵入して爆撃する必要があった。[63]このため高性能の電波妨害システムの開発が必要とされ、ケルベロスが生まれたのである。システムはNATOのトーネード戦闘爆撃機に搭載され、表向きはドイツの電気メーカーAEGの開発ということになっていたが、水面下ではイスラエルへの支払いが続けられた。システムの開発にイスラエルの会社に支払われた額は一一億マルクという巨大なもので、もちろん議会には秘密にされていたが、一九八〇年代末に表面化し、大きなスキャンダルとなった。[64]結局、冷戦が終結するまでに想定されたような事態は発生せず、実際にこうした機能を持った爆撃機をドイツが投入したのは、ユーゴ内戦でNATO軍の指揮下において連邦軍が空爆に参加した時であった。

加害者と犠牲者の現実主義

ホロコーストの傷も生々しく、国民の大半がドイツに対して強い悪感情を抱く中、ドイツの物資によって国をつくり、ドイツの武器により身を守るという選択は、イスラエル建国期の政治家、とくにベングリオンによる徹底したリアルポリティクスの実践という側面を抜きにしては理解されない。イスラエルの政治判断においては、常に対内・対外的観点から利益・不利益が天秤にかけられ、国益上、より害が少ないとされる選択がなされてきた。したがって、政府の決断が国民の心情とは相容れないことも多く、これに対し政府はどのような理由づけを行うのか、また世論がこうした政策をどこまで理解し、またこれにどの程度まで耐えうるか見極める必要があった。

例を挙げるとベングリオンは、「死者への冒瀆」だとか「ユダヤ人の名誉」といった感情論でドイツとの補償協定や軍事支援に反対する勢力を抑え込むために、戦後ドイツはナチ・ドイツとは別物であると事あるごとに主張した。これは、暗い時代にもナチに抵抗し、ユダヤ人との連帯を試みた「もうひとつのドイツ」が存在した、また戦後ドイツはナチ時代とは断絶した民主主義国家であるという、連邦共和国の政治家が主張したような国際社会復帰のためのレトリックに、犠牲者を代表するとされる国家の首脳が後方支援を与えることを意味した。ベングリオンの周辺の政治家や外交官の中には、ホロコーストで家族をすべてなくしたような者が少なからずおり、後の首相ゴルダ・メイヤーに代表される強硬な反ドイツ論者もいた。ベングリオンとアデナウアーの間には、補償交渉や軍事支援などを通して古い友人同士のような、互いへの信頼関係が生まれていたと言われるが、こうした個人的な友情は、イスラエルの指導層には必ずしも共有されていなかった。

実際に一九五〇年代のドイツ社会は、明白にナチ時代からの連続性の上にあり、ドイツが民主主義国家に生まれ変わったと主張する根拠が薄弱であることは明白であった。とくに外務や司法といった官僚機構における人的連続性が、過去との対峙を遅延させる原因となってきたことはつとに指摘されている。言わずもがな、アデナウアーの側近グロプケは悪名高きニュルンベルク法のコメンタールを執筆したその人であったし、被追放民省大臣のオーバーレンダーは戦時中の民間人の虐殺への関与が疑われた人物であった。さらに一九五九年末、ドイツの民主主義の脆弱さを決定的に示す事件が起こった。アデナウアー本人も落成式に出席してその夏に完成したばかりのケルンのシナゴーグがナチの鍵十字で落書きされると、これが全国に飛び火し、反ユダヤ主義的な落書きがされ、ユダヤ人墓地が荒らされる事件が一カ月で七〇〇件も報告される事態となった。アデナウアーは一九六〇年初頭にアイゼンハワー大統領との会談を控えていたため、政治的には厳しい立場に置かれることとなった。

折しもイスラエルでは、ドイツからの武器調達が表面化して問題となり、内閣が辞職する事態となっていた。テルアビブでは強制収容所の囚人服に身を包んだホロコースト生存者も参加して、大規模な反政府、反ドイツのデモが組織された。この時も、ベングリオンはドイツの現状を意図的に過小評価することを選択した。議会でも、マスコミとのインタヴューでも、ベングリオンは現在のドイツの指導層はナチではなく、まったく新しい世代であるのでふたつは区別しなければならないと繰り返した。[65] ベングリオンはアデナウアーへ助け舟を出した形であったが、これは同時に彼の現状認識のあり方を如実に示してもいるだろう。

というのも、ベングリオンの政治姿勢の根本には、敵対するアラブ諸国に囲まれる中で国の存続を保障すること以上の国家理性は存在しないという理解があった。ドイツからの武器供与に関連して、一九五九年にベングリオンは、「ホロコースト犠牲者がわれわれに託した使命とは、イスラエルを再建し、強化し、その安全を確かなものにすることだと私は深く信じている」と語っている。つまり、ドイツの「血の付いた金」と武器をもってしても強い国をつくる方が、死者への大義やドイツの民主主義への転向にこだわって国家滅亡の危機に陥るよりは、明らかに害が少ないという判断である。平たく言えば、ドイツ政府の中にナチがいたとしても、「アラブ人とは違ってユダヤ人国家の安全保障に対する脅威にはならない」ため、無視できるのであった。[66] こうしたベングリオンの徹底した現実主義は、すでに一九五七年のイスラエルの国会における次のような言葉に要約されていた。

イスラエルの繁栄のためには、ドイツとの普通の関係が必要だ。なぜなら、われわれは昨日の世界ではなく、明日と向き合わねばならないからだ。過去の記憶ではなく、未来が求めるものと、過去の事実ではなく、つねに移り変わる具体的な現実と取り組まねばならないからだ。そして今日のドイツは、この現実において重要な役割を果たしている。(67)

ホロコーストで世界のユダヤ人人口の三分の一が失われた後にユダヤ人がドイツに求めたのは、ユダヤ民族の「存続」を将来的に「保障」すること（「補償＝保障」）、とりわけ建国されたばかりのイスラエルを経済的崩壊から救い、政治的・軍事的にアラブ諸国の脅威から守ることだったのである。建国以来、より良い選択と言うより、「より害の少ない」選択をつねに強いられてきたイスラエルには、極論に流されるような自由は許されていなかったと言える。極端な世論や大義名分に固執して、バランスを欠く政治は不安定化をもたらし、長期的観点からは害が多く、その害は、イスラエルの場合、致命的でありうる。こうした判断基準は、じつはベングリオンの対ドイツ政策に強く反対した政治家たちにも共通している。たとえば、ドイツ嫌いで知られた首相ゴルダ・メイヤーは、一九七三年にヴィリ・ブラントがドイツ首相として初めてイスラエルを訪問した時に、ブラントを歓迎したその人であった。また、両親をホロコーストで亡くし、ドイツに対する深い嫌悪感を抱き、補償協定に頑強に反対したメナヘム・ベギンでさえ、首相としては強い反ドイツ政策を取ったことはなく、また対アラブ強硬派でありながらエジプトとの和平を実現した人物であった。

一九六五年五月、ドイツとイスラエルの間に正式に国交が樹立されるが、両国のつながりはその時までに既成事実化されていたとも言え、国交は先行していた経済・軍事関係を事後的に承認したにすぎなかった。確かに個人のレベルでは、一九五〇年代に始まる「イスラエルとの平和」運動や、プロテスタントの市民運動「償いのしるし」による活動があり、また六〇年代に入る頃から、ドイツの若者によるイスラエルでのボランティア活動、キブツ訪問などが始まり、草の根的なアプローチがドイツ人とユダヤ人の関係を着実に修復していった。彼らの和解への貢献は決して過小評価してはならないが、それでもドイツとイスラエルの関係においては、補償や軍事協力など国家によりもたらされた「上からの」和解が、個人レベルでの和解に先んじていたのである。突き詰めると、加害者と犠牲者の和解をもたらしたのは、ユダヤ人が民族として、国家として、生き残るために最重要と見なしたニーズをドイツが満たしたことにあったと言える。

ドイツの潜水艦とイスラエルの核

国交樹立後も、ドイツの立ち位置がユダヤ人に対する歴史的負債から完全に自由になることはなかった。冒頭で示したメルケルの発言にあるように、両国の関係は現在も通常の外交関係の埒外にあると言ってよく、歴史的・政治的配慮からドイツがイスラエルの要望に応える状況は現在も続いている。そのひとつが潜水艦の売却である。

すでに見たように、ドイツの潜水艦がイスラエルに渡るきっかけは、ペレスとシュトラウスの合意にあった。敗戦国ドイツは、当初は大型の潜水艦の建設を禁じられていたため、北海のような浅い水域で静かにかつ俊敏に動き回れる小型の潜水艦をつくるようになった。こうした小型潜水艦が、外洋ではなく、地中海沿岸やアカバ湾、チラン海峡のような場所で感知されずに航行できる潜水艦を必要としていたイスラエルの需要に合致したのである。最初の三艦は一九七〇年代にイスラエルに引き渡されている。これらはドイツの造船会社の設計によるが、わざわざイギリスのドックで組み立てられ、書類上はイギリス製ということになっていた。兵器の輸出には特別な許可がいるため、これを回避する必要があったからだ。

イギリス製としてイスラエルに渡った三艦を除くと、ドイツ製の潜水艦がイスラエルに渡るようになるのは一九九〇年代以降である。現在までに全六艦の売却が約束され、すでに四艦が提供済みで、数年のうちに残りの二艦が送られる予定になっている。最初に潜水艦の売却が決定されたのはコール政権下の一九九一年だが、その背景はイラクのクウェート侵攻に始まる湾岸戦争であった。

湾岸戦争においてイラクはテルアビブとハイファに向けてスカッドミサイルによる攻撃を行い、イスラエルでは化学兵器の使用に備えて国民にガスマスクが配布された。この際、ドイツは大量のガスマスクを提供している。ところが、イラクによるミサイル攻撃で明らかになったのは、ミサイルの誘導装置や信管にドイツの技術が使われていたという事実であった。ふたたび、「ドイツ＝ユダヤ人＝毒ガス」という、ホロコーストとの連想がドイツ首脳陣の脳裏をよぎった。一九六〇年代初頭のエジプトのミサイル開発にドイツ人科学者が関与した時と同じように、ドイツがユダヤ人の死に関係する事態は、政治的には絶対に避ける必要があった。コール首相は、早速イスラエルへの一二億マルクの軍事支援を表明し、ここに潜水艦二艦の建設費用が含まれていた。建設費用八億八八〇〇万マルクは、全額ドイツが負担した。三艦目以降は、建設費の三分の一をドイツが肩代わりするという形でつくられている。三分の一とはいえ、たとえば六艦目のドイツの負担分は一億三五〇〇万ユーロ（一ユーロ＝一二〇円計算で一六二億円）とされ、これはもちろん税金による負担である。[68] こうした潜水艦は、リューベックやキールなどバルト海に面した都市でつくられた、「ドルフィン型」と呼ばれる全長五五メートルほどの小型潜水艦である。こうした潜水艦の売却がドイツ国内で長く問題とされてきたのは、これらが核弾頭の搭載に使われていると推測されるからである。

周知のようにイスラエルは、核兵器を保有しているとも保有していないとも認めない、「曖昧政策」を取っている。保有を宣言も否定もしないことで、相手を疑心暗鬼にさせ、とくに核開発を進めようとする国家に対しては、相互確証破壊（ＭＡＤ）の恐怖が抑止力となってきた。小さな国土であるため、核攻撃がなされたらひとたまりもないが、同時に核による報復能力、いわゆる「第二撃能力」を備えていることが抑止となるわけだ。その第二撃は、焦土と化しているであろう国土からではなく、海上からの攻撃である。

イスラエルの核開発は一九五〇年代半ばから始まっている。ネゲブ砂漠のディモナの原子炉は一九六二年に臨界に達し、イスラエルが最初の核兵器を手にしたのは、六九年とされている。[69] 一九八六年にこの施設で働いていた技師が、多くの証拠写真とともに核兵器製造の事実をイギリスの大衆紙にリークして以来、イスラエルが核兵器を保有していることはいわば「公然の秘密」となっている。

イスラエルの核開発を技術面で援助してきたのは、おもに一九五〇年代において軍事的にイスラエルの最も頼れる友人であったフランスである。[70] アメリカとソ連が核兵器の所有を宣言した中、フランスは国際的軍事プレゼンスの低下を懸念して核兵器の開発を急ぎ、これが原子力に国家の将来を見たベングリオンの方向性と合致したのだ。ただし、イスラエルの原子力政策には、ドイツの関与も早い段階からはそうであった。

確認される。もちろんこれが公的に「核兵器」の開発援助と位置づけられたことはないが、実態として

先述の通り、一九六〇年三月にニューヨークでアデナウアーとベングリオンが極秘会談を行ったが、その際、後者は前者に補償支払いが終わった後の経済援助を要請し、一〇年間で四億ドルから五億ドルの規模の借款を求めたとされる。(71) そもそも極秘会談という性格上、合意文書が署名されることはなかったが、この会談で経済援助の主たる投入先としてベングリオンが挙げたのが、ネゲブ砂漠の開発であった。(72)

一九五〇年代のイスラエルの人口は、テルアビブやハイファなどの地中海沿岸部と、エルサレム周辺に集中していた。ネゲブ地方にはベエルシャバという元はベドウィンの町があるくらいで、乾燥し、農業にはあまり適さない地域である。ネゲブの開発とは、ドイツによる経済援助で海水を脱塩し、この水で半砂漠地帯を緑化するというもので、そのためには原子力による大量の安い電力が必要であるという。つまり「治水政策」という名目で、原子力の「平和利用」の計画が告げられたのである。

こうした名目で一九六一年から六五年の五年間で約六億三〇〇〇万マルクが送金されたが、脱塩施設が建設されることはなかった。(73) しかるに、ネゲブの開発を名目とした経済援助が、実際には核開発関連で使われた可能性をドイツ側が認識していたかが問題となるが、この点についてはおおよそ認識があったと推測される。現にシュトラウスは、一九六一年にベングリオンとパリで会談した際に、直接核兵器について告げられており、そうした文書が残っているのである。(74) 一九六三年にエアハルトがアデナウアーの後を継いで首相となると、アデナウアーとベングリオンの間にあったような個人的な信頼関係にはー終止符が打たれ、ドイツ＝イスラエル関係は冷却期に入るが、核についての認識があったからこそ、エ

アハルトはイスラエルへの経済援助を「ネゲブ以外」の場所で使うように求めたのであった。(75)

補償物資の軍事転用の可能性においても見たように、ドイツの基本的な姿勢は、イスラエルに渡った金や物資については手を離れたものとして相手側に任せ、その用途をあえて検証することはしないというものだ。相手が答えに窮するようなことは聞かず、したがって聞かないことについては問題は存在していないことになる。実際、イスラエルへの政治的配慮がドイツの中東外交の原則とされる中、ドイツ政府はごく最近まで、イスラエルの核問題やパレスチナ和平問題への発言・干渉を極力避けてきた。イスラエルの政策を批判するような道徳的権威をドイツは有していないという、犠牲者に対する政治的な「謙虚さ」を自ら課してきたためである。

むしろ不用意なイスラエル批判は、逆に反ユダヤ主義のレッテルを貼られる危険を意味したため、ドイツの政治家にとってイスラエルの政策に口をはさむことは、非常にリスクの高い行為でもあった。ユダヤ人やイスラエルに対して不用意な発言をしてバッシングにあい、政界から消えていった人物は数知れない。たとえば、一九八八年の「水晶の夜《クリスタルナハト》」（一九三八年一一月九日から一〇日にかけて発生した反ユダヤ的暴動）の五〇周年に際して、不適切な演説をしたとして辞任に追い込まれた連邦議会議長フィリップ・イェニンガーや、親アラブの政治家として知られ、そのイスラエル批判が反ユダヤ主義的であると非難されて自由民主党を離党した後、自殺したとされるユルゲン・メレマン（二〇〇三年没）などが挙げられる。最近では、ノーベル賞作家ギュンター・グラスの件が記憶に新しい。グラスは二〇一二年に「言わなければならないこと」と題された詩を発表し、ドイツが潜水艦を売却することでイスラエルの核武装を手助けし、これにより人間の破壊への世界的な脅威が高まっていると批判した。これに対してイスラエルが猛烈に反発し、グラスを反ユダヤ主義者として入国禁止措置を発動するなどの騒ぎになった。その後のグラスの対応と弁解は、多くの人に彼の政治的立ち位置に疑念を抱かせる結果となった。じつはグラスは、二〇〇六年の自伝的小説、『玉ねぎの皮をむきながら』が発表されるまで、戦時中に少年として武装親衛隊に所属していた事実を隠していたこともあり、すでに人物に対する評価が揺れ始めていた中、潜水艦の一件で晩節を汚した印象を残したまま、二〇一五年に没したのである。

潜水艦の売却は、第一義的には歴史的背景ゆえの配慮であるが、同時に忘れてはならないのは、これがドイツの経済的利益にもある程度合致してきたという事実である。一九五〇〜六〇年代の対イスラエル補償においても、物資による支払いは国内産業の育成と明白に連動していたことが思い出される。潜水艦についても、たとえばキールのような産業が少ない沿岸地域では、造船業の維持は雇用の確保と表裏一体である。実際、ドイツは兵器輸出大国でもあり、ストックホルムの国際平和研究所（SIPRI）のデータでは、二〇一一年から二〇一五年の期間におけるドイツの兵器の輸出量は、アメリカ（全体の三三％）とロシア（二五％）、中国（五・九％）、フランス（五・六％）に続き、世界五位の地位を占めることを忘れてはならない。近年中国の兵器輸出が増え、三番手に位置するようになったが、二〇〇六年から二〇一〇年の期間では、ドイツは世界で三位の地位にあった。二〇一一年から二〇一五年までの五年間では、ドイツによる兵器の主たる売却先はアメリカだが（兵器輸出全体の一三％）、じつはイスラエルが二番目に位置している（一一％）のは興味深い。[76] また同国の兵器輸出の二〇％は中東向けであり、イスラエルの他にもサウジアラビアやエジプトなどが大口の顧客として巡視船、フリゲート艦、潜水艦などを購入している。同じドイツ製の船や潜水艦が、地中海やアカバ湾を、互いを仮想敵国として航行しているわけだ。

また連邦経済エネルギー省が公開している兵器輸出に関する最新の年次報告（二〇一四年度）によると、

2011-15 年の兵器輸出上位 7 カ国

	兵器輸出の世界シェアにおける割合(%)		主たる輸入国(輸出国の総兵器輸出における割合) 2011-2015 年(%)		
輸出国	2011-15 年	2006-10 年	1 位	2 位	3 位
アメリカ	33	29	サウジアラビア(9.7)	アラブ首長国連邦(9.1)	トルコ(6.6)
ロシア	25	22	インド(39)	中国(11)	ベトナム(11)
中国	5.9	3.6	パキスタン(35)	バングラデシュ(20)	ミャンマー(16)
フランス	5.6	7.1	モロッコ(16)	中国(13)	エジプト(9.5)
ドイツ	4.7	11	アメリカ(13)	イスラエル(11)	ギリシア(10)
イギリス	4.5	4.1	サウジアラビア(46)	インド(11)	インドネシア(8.7)

(出典：SIPRI：Trends in International Arms Transfer, 2015)

基本法二六条二項により連邦政府の認可が必要とされる「戦争兵器」に関しては、年間の輸出総額は約一八億二三〇〇万ユーロ（一ユーロ＝一二〇円計算で約二一九〇億円）である。ここには私企業による輸出と、防衛省など公的機関による輸出も含まれ、同じ年のドイツの総輸出の〇・一六％を占める。その中で最大の輸入国はイスラエルであり、全体の約三分の一にあたる約六億六五四万ユーロ分を輸入している。[77]もちろん先に述べたように、兵器の製造・取得・輸出は政府の厳正な管理のもと行われている。紛争の可能性が排除できないイスラエルへの輸出を認めるのは、潜水艦はミサイルなどとは異なり、攻撃ではなく防衛が主体だという理由のようである。二〇一五年には、イスラエル向けの五艦目の潜水艦の輸出が政府により許可されている。

近年ドイツはとくに中東への武器輸出の基準を厳格化しているが、軍事や予算に関し通常は追及の厳しいドイツ議会にあって、イスラエルに対する基準はやはり他の国に対する基準と同じとは言えないだろう。ドイツが特別な政治的利益を認める国家群にはアメリカやフランスをはじめとしたNATO加盟国があるが、第三国の中でのイスラエルの地位は、やはりドイツの過去に起因すると言わざるをえない。ただしイスラエルへの武器輸出にドイツ国民の支持はあまりなく、あるシンクタンクの二〇一三年の調査では回答者の一九%が武器供与に賛成しているにすぎず、八割方が反対している。翌二〇一四年には、武器輸出を是とする割合が増えて二九%へ上昇したが、中東紛争においてドイツ政府はイスラエルの立場を政治的に支持すべきかという問いに対しては、賛成と反対はほぼ拮抗している。このシンクタンクが指摘するように、ドイツにおいては政府の対イスラエル政策と、これに対する市民の意見の間には大きな溝が生まれており、市民がイスラエルに対する支援を強く望んでいないにもかかわらず、政府がこれを継続している印象がある。

これに対し、イスラエル側の世論調査では、ドイツはイスラエルに武器供与すべきであると考える人の割合は八割を超えている。ドイツはイスラエルに対して特別な責任があると考える者も七四%と依然高い。また、イスラエルとパレスチナ間の問題においては、ドイツは明確にイスラエルを支持すべきであると考える者も六九%を占める。[78]イスラエルにとり、ドイツによる政治的な肩入れはまだ当然視されているのである。

冒頭で紹介したように、二〇〇八年の時点ではイスラエルへのコミットメントを言明したメルケルも、対パレスチナ強硬姿勢を変えないネタニヤフ政権には辟易していると言われ、とくに暫定自治区内の入植地建設をめぐる問題では明白に反対を表明している。ドイツはこれまで、一九九三年のオスロ合意で打ち出されたイスラエルとパレスチナ国家の二カ国解決を、唯一の解決策とする立場を取ってきた。しかし、パレスチナ人国家が成立したとしても、イスラエルへの政治的・経済的従属なしでは立ち行かないだろうという予測は、ますます現実のものとなりつつある。パレスチナ問題は冷戦を含む長い戦後の積み残しとして存在しているわけだが、これにドイツはまったく責任がないと言い切れるのか、疑問が残る。

第2部　ユダヤ人マイノリティ社会の復活

現在、ドイツには一〇万人を超えるユダヤ人が生活している。これは戦前の五三万人にははるかに及ばないものの、ヨーロッパではフランス、イギリスに次ぐ規模である。近年はイスラム過激派のテロもあり、ユダヤ人がヨーロッパからイスラエルへ移住する動きが顕著だが、逆にイスラエルからユダヤ人がドイツへ移住する動きさえある。それはドイツの経済力に加えて、ユダヤ人に対する政府の受け入れ姿勢、さらにはドイツがユダヤ人にとり比較的安全な場所であるという理由による（もしかするとイスラエルより安全かもしれない）。こうした国内のユダヤ人マイノリティの再生と発展は、ドイツの「過去の克服」の成功の証と位置づけられ、移民社会へと舵を切るドイツの多様性、民主主義的価値観の象徴にもなっている。

しかし、ドイツのユダヤ人社会の復活は、自力で成し遂げられたわけではない。ナチ時代にパレスチナに移住したシオニスト指導者ローベルト・ヴェルチュは、終戦の翌年ヨーロッパの状況を視察しにドイツに戻り、こう書いた。

ドイツのユダヤ人に未来はあるのか？……ドイツに帰国を望むユダヤ人がいるとは、われわれにはとても

考えられない。ここは死体と、ガス室と、拷問室の匂いがする。［…］ドイツはユダヤ人の住む地ではないのだ。(1)

実際に、多くの人がドイツのユダヤ人社会の歴史は終焉したと考えていた。戦後、複数の都市で再結成された共同体に寄り集まっていたのは、心身ともに深い傷を負った中高齢者ばかりで、多くはキリスト教徒と結婚し、その子供たちはユダヤ教から遠ざかっていたため、どちらにせよ共同体はじき消滅すると思われた。では、二万人を切るまで落ち込んだこのユダヤ人共同体は、いかなる理由で半世紀の間消滅することなく存続し、ドイツ統一後において一〇万人の規模に「復活」を果たすことができたのだろう。

連邦共和国において国内のユダヤ人に対する政策は、三つの局面で展開してきた。

第一に、補償である。被った損害に対する補償は被害者の当然の権利であるが、ドイツにおいて補償(Wiedergutmachung)は、第1部で見たように、単なる権利回復を越えた政治的・道義的次元を有していた。それは対外的には連邦共和国の過去への基本姿勢を示すものであり、国際社会復帰のための手段としての性格を有していたが、対内的には経済的に脆弱な生存者集団の生活を保障するものであり、戦後ユダヤ人社会の再建に決定的な意味を持っていた。

第二の局面は、補償と密接に関わる、ユダヤ人に対する入国管理である。これはナチ時代に大きく減少したユダヤ人共同体の人口を回復させることを意図し、再建された共同体を維持するために、ユダヤ人の受け入れに対してはトルコ人などの労働移民らとは異なる枠組みを用意することで、外交的に有益な集団の優先的な受け入れを図ったのである。この際にユダヤ人にドイツへの帰国もしくは移住の動機づけとなったのが、包括的な補償の実施であった。

そして第三の局面が、刑事処罰である。これはホロコーストの実行者であるナチ犯罪人の起訴と処罰という側面と、ナチズム後の社会において発生する「ナチ的犯罪」の規制と予防の二側面で展開した。「ナチ的犯罪」とは極右やネオナチの暴力や扇動、さらには「ホロコースト否定」のような史実の意図的な矮小化に見られる反ユダヤ主義的言説を意味する。これらを封じ込めることは、ユダヤ人の尊厳が守られ、安心して暮らすことのできる環境の創出を意味した。

この三つは、壁面が互いに支え合うことで崩れず立っている家のようなものである。こうした政策は総体として、連邦共和国によるユダヤ人に対する「アファーマティブ・アクション（積極的差別是正措置）」を意味した。それは制度的な権利付与という法的側面にとどまらず、さまざまな政治的・社会的配慮を含む、より広い意味での「優遇」である。ドイツのユダヤ人の戦後史は、損害を負った集団に対する国家的アファーマティブ・アクションの歴史でもあった。こうした観点から、第2部では、「殺人者の国」でマイノリティとの共生が制度的に確立する過程を分析する。まず第3章では、補償と入国管理政策をセットとしたユダヤ人社会の再生の過程を追い、第4章では刑法によるナチ犯罪人の訴追とヘイトクライムやヘイトスピーチ、そしてホロコーストの否定に現れる、ヒトラー後の「ナチ的犯罪」の規制のあり方を見る。

ただし連邦共和国は、そのスタートからつねにユダヤ人に対して優遇政策を取ってきたわけではない。「過去の克服」への意志が極めて脆弱であった一九四〇〜五〇年代を経て、六〇年代末の学生運動が流れを変えたことで、ユダヤ人に対する公的な配慮は連邦共和国の基本姿勢として確立していった。その過程は修正と改善の繰り返しであり、これを推進する勢力と反対する勢力はつねにせめぎ合ってきた。

そしてユダヤ人社会の復権が、明らかに連邦共和国の政治的利益と合致するようになったドイツ統一後、優遇政策は国家的な政策として選択されたと考えられる。では、ドイツ統一から四半世紀が経つ現在、優遇政策はどのような課題に直面し、調整を迫られているのか。

ユダヤ人社会の再生を可能とした要素を分析することの意義は、遠い異国のエスニック・マイノリティの復活の過程を明らかにするにとどまらないだろう。植民地支配や戦争などで特定のマイノリティ集団に対し大きな不正がなされた場合、マジョリティとマイノリティの間の関係の修復には何が必要なのか。マジョリティとは政治的地位のみならず経済的状況、さらには過去に対する認識の点でも大きく異なる集団に対し、国家はどのような歩み寄りをすべきなのか。またマイノリティ集団の体験や記憶を軽んじる言説や歴史修正主義に対しては、どのように抗すべきなのか。ドイツの歩みに浮き上がる葛藤とそこから生まれる新たな問題は、ドイツの例を越えて、普遍的な問いを投げかけている。

第3章　アファーマティブ・アクションの政治

ユダヤ人の法的地位

最初に、戦後ドイツにおけるユダヤ人の法的地位がいかなるものであったか、その出発点を明らかにしよう。(2)

ナチ時代の一九三五年、ドイツ国籍のユダヤ人はいわゆる「ニュルンベルク法」のひとつ、「帝国公民法」により公民権を剝奪され、選挙権や被選挙権を失い、「アーリア人」の血統であるドイツ人に対する二級市民として位置づけられた。その後、一九四一年一一月二五日の帝国公民法第一一命令は、ドイツ帝国外に居住するユダヤ人の国籍喪失を定めた。これによりポーランドなど東部のゲットーや強制収容所などに送られ、「国境外」にいると見なされたユダヤ人がドイツ国籍を失うと同時に、その財産は国庫に入れられた。

ドイツ降伏後、勝者連合軍が一九四五年九月二〇日に出した連合国管理理事会法第一号は、まずこうしたナチ法を無効とし、ユダヤ人の「無権利状態」に終止符が打たれた。無効化された法律の中には、先の「帝国公民法」、ドイツ人とユダヤ人の結婚や性交渉を禁止した「ドイツ人の血と名誉を守る法」

など、差別的なナチ法とされるものも含まれていた。[3] 各占領地区の軍政府も同様にナチ法の廃止を打ち出し、その細則によって帝国公民法のさまざまな執行命令も無効とされた。[4] したがって、一九四九年に連邦共和国が成立したときには、旧ドイツ国籍のユダヤ人は、すでにナチ以前の法的地位に戻っていた。

さらに、連邦共和国はその憲法である「基本法」でも、移住したユダヤ人の法的地位について明示している。それは、「ドイツ人」とは誰かを定義する基本法一一六条にある。

一一六条一項では、「ドイツ人（Deutscher）」とはドイツ国籍を有する者か、「ドイツ民族への所属性（deutsche Volkszugehörigkeit）」（以下「ドイツ民族所属性」）を有する者と定義されている。[5] ドイツ民族所属性とは、出自、言語、文化、教育などのメルクマールを通して表明される所属のことである。ドイツ国籍者がドイツ人であるのは当然として、「ドイツ民族所属性」を有する人は他国籍でも「ドイツ人」と見なしうるため、東欧やソ連のドイツ系の人びとを潜在的な国民と見なす根拠となってきた。[6] この点については後で詳しく見よう。

次の一一六条二項は、ナチ時代に政治的・人種的・宗教的な理由で迫害され、ドイツ国籍を失った者、もしくはその子孫が望めば、ドイツ国籍を付与されるとする。これが海外に移住したユダヤ人らを念頭に置いていることは明らかである。さらに一一六条二項には、ナチによる迫害を受けて移住した人が、再度ドイツに居住地を定めるだけで、国籍を失った事実は存在しないと見なされるとある。いわゆる居住による国籍取得である。確かに、一九三五年の帝国公民法も、その第一一命令も不法であったという認識に立つと、ユダヤ人の国籍剥奪そのものがなかったと考えるのは理にかなう。つまり基本法一一六条二項は、迫害で移住したユダヤ人が戦後ドイツに帰国し居を構えれば、自動的に以前の法的地位に戻ることを保障しているのだ。

ところで国籍に関して基本法一六条一項は、「ドイツ国籍は、剝奪してはならない。国籍の喪失は、法律の根拠にもとづいてのみ、かつ、当事者の意思に反するときは、その者が無国籍とならない場合に限って認められる」と定めている。これはかつて国家により特定集団に対して国籍の剝奪がなされたことへの反省に立つもので、一一六条二項と表裏一体の関係にあると言える。ただし一一六条二項は、迫害で移住した者に対する自動的な国籍の付与を意味していない。その理由は、もはやドイツ国籍の復活を望まない者もいたためである。実際、ナチ時代に国外へ移住した約三〇万人のユダヤ人の多くは、帝国公民法第一一命令による国籍喪失を経て、終戦時にはすでに受け入れ国の国籍を取得していた。彼らが新たな土地でようやく軌道に乗り始めた生活を投げ出さなかったのは当然であり、望まない人間に国籍を強要することはできない。

さらに重要なことに、一一六条二項は、迫害で移住したドイツ・ユダヤ人本人のみならず、その子孫にまで国籍取得を認めており、相当な時間の経過の後も、ユダヤ人が戻る可能性を排除していない。これはドイツの国籍概念が、現在も原則的には血統主義に立つためである。国籍の血統主義とは、ロジャース・ブルーベイカーも指摘するように、ドイツ国籍者の子供がドイツ国籍者であるという、「無限遡及」を意味する。(7) ドイツの国籍は一九一三年の帝国国籍法に基礎を置き、これは近年の改正で部分的な出生地主義が導入されているものの、本質的な変更は加えられていない。したがって、ドイツ・ユダヤ人の国籍を剝奪した法律は廃止されたが、一九一三年の国籍法は廃止されていないため、かつてドイツ国籍を有していた者の法的地位は、世代を問わず子孫へと継承されてゆく。このため原則的には、ホロコーストから数世代を経ても、ナチ時代に移住を強いられたユダヤ人の子孫は、ドイツ国籍の付与を求めることができるのである。ナチ時代にユダヤ人がその「血統」により共同体から排除されたことを思うと、現在その国籍の血統主義により、彼らがドイツの政治共同体に包摂されるのはまさに皮肉であろう。後で詳しく述べるが、近年イスラエルではこの条項を根拠としたドイツ国籍の取得が非常に顕著となっている。

「ユダヤ人」として迫害し、追放した者を、今度は「ドイツ人」として政治共同体に再度組み込むという方向性は、法の支配の再確立という点では当然と言えたが、同時にこれはドイツに加えられる有形無形の国際的圧力と無関係ではなかった。西側連合国、とくにアメリカは、ドイツによるユダヤ人の処遇はナチズムからの転向を示すバロメーターであると見なしていた。一九四九年七月、連邦共和国が建国されたばかりの時期、ハイデルベルクで「ドイツのユダヤ人のこれから」と題された会議が開かれ、国内のユダヤ人の地位や補償の問題、また反ユダヤ主義の克服といったテーマが議論された。この席で、在独アメリカ高等弁務官ジョン・J・マクロイは次のように語っている。

> このユダヤ人共同体がどうなるか、どのように形づくられるか、またいかに新生ドイツの一部となり溶け込んでゆくかは、全世界から注視されるであろうと私は考える。私の判断では、これはドイツが光に向かって進むかどうかを示す真なる試金石のひとつであり、また試練となるであろう。(8)

この言葉に見られるように、国内のユダヤ人社会はドイツの民主主義の定着度を示す指標であるという理解は、政治的後見人である連合国高等弁務府の間で広く共有されていた。ドイツがナチズムと断絶することができず、反ユダヤ主義が延命するならば、真っ先にユダヤ人がドイツから逃げてゆくだろうという理解である。したがってドイツ政府には、国内のユダヤ人共同体の存続は、政治的にはなんとしても死守しなければならない砦となることを意味した。ユダヤ人社会を保護し、その再生を援助し、共同体の存続を保障することが、連邦共和国の重要な政治課題のひとつとなったのである。したがって行政としては、まず移住した者たちの帰国への障害を取り除く必要があった。

ユダヤ人の帰国への障害となっていたのは、戦後ドイツの一般的な政治・社会状況であった。非ナチ化の失敗に加え、ユダヤ人墓地で墓石が割られるなどの事件も後を絶たず、公的に記録されているだけでも、一九四九年までに一〇〇件以上の墓地冒瀆事件が発生している[9]。このような状況を海外のユダヤ系新聞は、ドイツではふたたび「ポグロムのムード」が高まっているとまで報道していた[10]。このため終戦後すぐにドイツに戻ってきたのは、社会主義国家の建設に力を尽くすという信念に突き動かされて、後に東ドイツとして成立するソ連占領地区へやって来た社会主義者のユダヤ人くらいであった（しかし彼らは自らを「ユダヤ人」と考えていることは稀であった）。

またドイツ市民がユダヤ人同胞の帰国を望んでいたとは言いがたく、帰国を呼びかける声は社会のごく一部からしか聞こえてこなかった。現にアデナウアーは首相就任演説でユダヤ人についてほとんど言及せず、これに対しユダヤ人のドイツへの帰国と民主主義国家再建への参加を求める発言をしていたのは、むしろ社会民主党の政治家たちで、党首シューマッハー、フランクフルト市長のヴァルター・コルプ、ベルリン市長のエルンスト・ロイターなどであった[11]。

一方、一般市民の間では、戦時下の辛苦をともにしなかった国外亡命者を裏切り者として敬遠する風潮が強く、ユダヤ人に対しては輪をかけて冷淡であった。一九四六年の世論調査では、ドイツでのユダヤ人の生活再建を支援すべきか、もしくはユダヤ人はパレスチナへ移住すべきか、という問いに対して、ドイツでの生活再建が望ましく、ユダヤ人の帰国が奨励されるべきだと回答したのは一五％にすぎなかった。[12]

そして移住したユダヤ人からすれば、ドイツに戻ったところで依って立つ経済基盤を欠く以上、生活を立て直せる見込みはない。したがってユダヤ人をドイツに呼び戻すための最初のステップが国籍の再付与であるならば、次は彼らの再定住を金銭面で支援することである。それが補償であった。

帰国への動機づけ

ユダヤ人の帰国が増加するのは、一九五三年に最初の全国的な補償法である「連邦補充法」が公布され、これを改良する形で三年後の五六年に「連邦補償法（BEG）」が定められ、本格的な個人補償が始まってからである。

補償がユダヤ人の帰国を促したのは、金銭の受給以前に、申請手続きがかなり煩雑であったためである。申請には出生証明や居住証明、土地や事業の権利関係の書類などさまざまな公文書が必要であり、こうした手続きをドイツ在住の弁護士に依頼することはできたが、容易ではなく、とても親切とは言えない役所と海を越えて延々とやり取りすることが多かった。当時ドイツから情報を得る手段とは、数週間もしくは数カ月遅れの新聞や手紙であり、補償制度が十分に周知されないという問題が早くから指摘されていた。加えて申請が却下されたり、裁判所の決定に不服があったり、和解が成立しなかったりすると、自ら裁判に臨まねばならなかった。このため補償申請を目的に一時帰国したところ、結局ドイツに居座ることになってしまった者が少なくなかった。

一九五六年に連邦補償法が公布されると、帰国者は目に見えて増加した。連邦補償法の一四一条が、帰国者に対して継続的な補償とは別に、六〇〇〇マルクの一時金の給付を定めていたためである。[13]当時六〇〇〇マルクとは決して少ない額ではなく、経済の停滞する南米や戦争の続くイスラエルからの帰国者が増えた。一九五五年から五九年の間に、ドイツに戻ってユダヤ人共同体に登録した者は五五八〇人いたが、そのうち三二一四人はイスラエルからの帰国者である[14]。

一時金の給付を定めた政府の目的が、ユダヤ人の帰郷を促すこと、また彼らをドイツの再建に関与させることにあった点は明らかである。その証拠に一時金は、連邦補償法が補償の対象として定める被害や損害に該当していなくても受給可能であった。実際に政府の側にユダヤ人の帰国を望む政治的意図があった点は、連邦共和国による補償政策の半ば公的な解釈を示す『連邦共和国によるナチ不正の補償』(財務省刊行、全八巻)に述べられている。ドイツ政府は労働可能な世代のユダヤ人の呼び戻しを意図したのであり、就学目的であったり、一時的にドイツに住所を置いて補償手続きを取ったらすぐに帰ってしまったりするような者ではなく、あくまで国の再建に貢献できる者の帰国を望んでいたのである[15]。

結果は、政府の意図とは逆のものとなった。人生の晩年を故郷で終えるための高齢者や、疾病や障害で就労困難な者たちが戻ってきたのである。帰国者の年齢分布を見ると、五〇代が二二・二%と最も多く、その次に四〇代が続いていた[16]。もっとも、彼らは基本法の意味ですでに「ドイツ人」であったから、ドイツに居を構えさえすれば、補償だけでなく国民に認められるすべての権利――広範な社会福祉や生活保護も――を享受することができた。最終的には、ナチ時代に移住したドイツ・ユダヤ人の約四%にあたる一万二〇〇〇～一万五〇〇〇人が帰国したとされる[17]。

じつは、補償法の公布を機にドイツに戻ってきたのは、旧ドイツ国籍のユダヤ人だけではない。連邦補償法は、請求者に対してドイツとの地理的な関係性を求める「属地主義」に立つ法律である。つまり、かつてドイツに居住していた者はもちろんのこと、戦後も継続してドイツに居住する者は請求権を持つが、ドイツ国籍を有さず、ドイツに住んだこともない人の場合は、給付対象外となる。たとえばポーランドで生まれ、ナチの侵略とホロコーストを経験し、戦後そのままイスラエルに移住したような人がこれにあたる。言い換えると、これはドイツと縁のあるユダヤ人に優利な法であった。ナチ時代の初期に海外移住できたため、それほど酷い経験をしなかったドイツ系ユダヤ人は補償を受けることができるが、これに対し東欧で死の恐怖にさらされた者たちが補償対象から漏れるという、本質的な矛盾が連邦補償法には存在した。

こうした理不尽な状態を緩和するため、補償法には一部の非ドイツ国籍のユダヤ人犠牲者をすくい上げるための道が用意されていた。それがドイツを経由して移住したホロコースト難民に対する措置である。補償法の居住要件では、請求権者は一九三七年末の時点でドイツ領域に住んでいたか、一九五二年末の段階でドイツに居住している者という限定があった。ただし、一九四七年一月一日の時点でドイツの難民キャンプに暮らしていた者、もしくはそれ以前に難民キャンプから移住した者も対象となったため、一時はドイツに滞在した一六万人を超えるユダヤ人難民――DP（Displaced Persons）と呼ばれた――も請求権を有することとなった。[18]ユダヤ人難民は東欧出身のホロコースト生存者であり、ドイツ敗北後も反ユダヤ的な暴力事件が続くヨーロッパを離れるために、連合国占領下にあったドイツの難民キャンプに一時的に身を寄せた者たちである。その大半は、一九五〇年代初頭まではドイツからイスラエルやアメリカへと移住していたが、その中から、補償法の施行を機にドイツに戻ってくる者が一定数出た。

ドイツ生まれでもないのに、他のどの国でもなく「殺人者の国」に戻ってくるユダヤ人がいたのは、まさにホロコーストゆえの状況と言えた。ホロコースト生存者には迫害による健康被害や障害で就労困難となった者が多く、また収容所で強制労働をさせられた経験から、労働自体を拒否するようになった者も少なくなかった。彼らは「廃疾者（invalid）」と呼ばれ、社会で期待されるような労働力にはなりえず、イスラエルでさえも居場所がなかった。加えてイスラエルはドイツとルクセンブルク補償協定を結んだとき、なぜか自国民の廃疾者がドイツに対し障害年金を請求する権利を放棄していた(19)。それは、こうした人についてはイスラエルが国家として面倒を見るという理由だったようだが、イスラエル政府による障害年金は、補償法にもとづきドイツ政府が給付する障害年金よりずっと少なく、少なくとも就労不可能な者は、ドイツに暮らす方が断然待遇が良かったのである。バイエルンのフェーレンヴァルト難民キャンプが、一九五七年までこうした「出戻り」ユダヤ人難民の受け入れ先となっていた。

もちろん補償受給のためにドイツに戻るということは、ユダヤ人の間では決して声を大にして語れることではなかった。イスラエルが国の存続をかけて闘っている時に、国を棄て他でもないドイツに移住するなど言語道断と、同胞から厳しい批判が向けられた。イスラエルとドイツの国交樹立は一九六五年であり、それまでは移住の公的な回路が存在しなかったことを思い返す必要がある。イスラエルのパスポートには「ドイツにおいて無効」と書かれており、まずフランスなどの周辺国から陸路ドイツへ入国する必要があった。このため多くは夜逃げ同然でドイツへと渡ったのである。

ドイツのユダヤ人を統括する「在独ユダヤ人中央評議会（Zentralrat der Juden in Deutschland）」の会長を二〇一〇年から一四年まで務めたディーター・グラウマンの家族も、こうした背景の人びとである。彼は東欧出身のホロコースト生存者の両親のもと一九五〇年にイスラエルに生まれたが、一歳半でドイツに移住している。両親は戦後フランクフルト近郊の難民キャンプからイスラエルへ移住した人たちで、イディッシュ語を母語としていた。一家がフランクフルトに戻ってきたのは、父親が病弱で働けなかったためである。彼らがその後もドイツにとどまり続けたのは、まさに一九五三年より補償が始まり、生活の基盤が安定したからに他ならない。

グラウマンの家族のように、ドイツの難民キャンプからイスラエルに移住した後、再度ドイツに戻って定住するケースは少なくなかった。一九五〇年代末の時点で、ベルリンのコミュニティにはそうしたユダヤ人が八三八人、フランクフルトには七九四人もおり、フランクフルトの場合、帰国者集団の中ではドイツ生まれの者より東欧出身者の方がずっと多かった。[20] 一九六〇年代半ばの調査では、ユダヤ人共同体に登録している青少年（九〜一八歳）のうち、ドイツで生まれた者が全体の三八％を占めるのに対し、イスラエル生まれも三七％に上り、さらにその両親の国籍を見ると、ドイツ国籍に次いで多いのがイスラエル国籍で、これに無国籍が続いていた。[21]

こうした外国籍のホロコースト生存者は、ドイツに暮らすにあたりドイツ国籍を取得する必要もなければ、イスラエル国籍を放棄する必要もなかった。多くが多重国籍もしくは無国籍のままであった。なぜなら補償は、ドイツに住む限り無国籍者も含め国籍に関係なく受給でき、どちらにせよ無国籍の外国人に対しては、一九五一年の「無国籍外国人法」により、労使や社会保障においてドイツ人と同等の待遇を保証していたのである。[22] 包括的な補償立法に加えて、戦後ドイツが社会国家としての道を早くから歩み始めたことが、東欧出身のホロコースト生存者のドイツ社会への統合を可能にした。

それでも外国籍のユダヤ人生存者は、むしろ状況に迫られてドイツを選択した者たちであった。まわりのドイツ人たちとは言葉と文化が違い、置かれた経済状況が違い、社会一般とはまったく相容れない戦争の記憶を背負っていた。難民キャンプが多かった南ドイツには生存者のコロニーが点在し、ここで彼らはユダヤ人同士で寄り集まって暮らし、ドイツ社会に溶け込もうとするわけでもなかった。元ユダヤ人中央評議会会長のグラウマンが、少年期のエピソードを回顧している。彼は、小学校に上がるまでダヴィッドというヘブライ名を使っていたが、入学の日の朝に、寝室の鏡の前に立たされて、母からこう告げられたという。「ダヴィッド、今日からあなたはディーターっていうのよ[23]」。

ドイツ人とユダヤ人の境界――「ドイツ民族所属性」

連邦補償法は、戦後にドイツの難民キャンプに暮らした経験のある外国籍のホロコースト生存者を受給対象に組み込んだものの、その属地主義は、相変わらず大半の東欧出身のホロコースト犠牲者を給付対象から除外していた。ところが、ドイツとまったく地理的関係性を持たない東欧のユダヤ人をドイツの政治共同体に受け入れ、社会保障制度に組み込み、しかるに補償の対象にもする回路があったのである。それは基本法一一六条一項にある「ドイツ民族所属性」から導き出される権利であった。

先に述べたように、「ドイツ人」を定義する基本法一一六条一項は、ドイツ国籍者の他にも「ドイツ民族所属性」を有する難民や被追放民（Vertriebener）とその子孫もドイツ人であるとしている[24]。「ドイツ民族所属性」を有する人たちとは、中世以来の東方植民やドイツ騎士団による入植などで東欧全域に散らばったドイツ人の子孫である。ドイツ出身でロシアの女帝となったエカチェリーナ二世も、ドイツ人をロシア帝国内へ呼び込んだ。ルーマニア、ハンガリー、バルト諸国、ソ連など、その居住地はじつに広範で、第二次世界大戦前夜には東欧全域で八六〇万人のドイツ系の人間が暮らすとされた。彼らはナチ時代には「民族ドイツ人（Volksdeutsche）」と呼ばれ、ドイツ領内に住むドイツ国籍者である「帝国ドイツ人」と区別されていた。ナチの東欧侵略に際しては、その支配を現地で下から支える要素となり、一部はドイツ国籍を与えられた。ドイツが敗北すると彼らは現地のスラヴ人による報復の対象となり、東欧から追放された。ここにドイツが敗戦により失った東部領（現ポーランドの西部）を追われた者も含めると、ヨーロッパ全体で一四〇〇万人近くのドイツ人、もしくはドイツ系の人びとが終戦前後に暴力的に追放され、ドイツ領域への逃避行の過程で約一五〇万人が死亡したと言われている。現地に残った者も、その後労働収容所に入れられたり、「再スラヴ化」を強いられたりした。[25]

連邦共和国は、こうした追放され逃げてきたドイツ人、もしくは東欧にとどまり、現地で「ドイツ人」として差別を受けている民族的な同胞の受け皿であるという理解を国家的大前提としてきた。それが基本法一一六条一項のドイツ人定義に表現されている。ドイツに逃げてきた者には、ドイツ国籍者もそうでない者もいたが、どちらも「ドイツ人」として追放の対象となったという意味で、彼らが連邦共和国領内に到達するならば国として受け入れる用意があると憲法に明記したのである。つまり民族的にドイツ人であれば、非ドイツ国籍者でも国民として受け入れ続けるということだ。したがって「民族所属性」という概念は、戦後も東欧諸国に残留したドイツ系住民を潜在的なドイツ国民と見なす根拠となり、ここから「基本法の意味でのドイツ人」という考えが生まれ、これに該当する人びとは「身分としてのドイツ人（Statusdeutscher）」と呼ばれてきた。一般には、終戦前後の追放によりドイツに逃げてきた者を「被追放民」、追放の波が沈静化した一九五〇年代以降にドイツにやって来る者たちを、被追放民の下部概念として「アウスジードラー（Aussiedler）」（故郷を離れドイツに定住する者という意味）と呼んでいる。[26]

一九五〇年以降、東欧諸国からドイツに移住したアウスジードラーの数は四五〇万人にもなるが、彼らはドイツへの移住に際して、自動的に国籍を取得し、国境を越えた時点で国民としてのさまざまな権利を享受する特別な集団であった。彼らへの特別待遇の根拠は、「ドイツ人」であるがゆえに被った苦痛に対する「償い」、いわば一種の「補償」だと考えられており、これはドイツによるドイツ人に対する戦後処理であると言えた。

じつはこのドイツ人「被追放民」もしくは「アウスジードラー」として、連邦共和国に受け入れられた東欧出身のユダヤ人が相当数いた。これは、ユダヤ人が「ドイツ人」として移住したことを意味する。しかし一見したところ、被追放民とユダヤ人とは、おおよそ親和性のない集団のように思える。前者はいわばナチの協力者として「加害者」に分類されたがゆえに追放された者たちであり、他方東欧のユダヤ人は、ナチ支配下ではゲットーに入れられるか強制収容所に送られるかしたため、対極的な経験をしたはずだからだ。なぜユダヤ人が被追放民、もしくはアウスジードラーでありうるのか。ユダヤ人であることと、「ドイツ民族所属性」は両立するのか。そもそもホロコーストの後に、ユダヤ人がドイツ民族への帰属を求めるとはどういうことか。

「ドイツ民族所属性」が実際に問題となるのは、おもに一九五三年の「被追放民法」に関連する法実務においてである。[27]この法律は、被追放民やアウスジードラーをドイツ社会に統合するためのさまざまな措置を定めていた。被追放民として認定を受けると、「負担調整法」（一九五二年）による支援の対象となった。[28]これはいわば「持たざる」人びとのために、「持てる者」から税金を集める制度で、戦争ゆえに土地・財産などすべてを放棄せざるをえなかった人を支援するために、損害が比較的小さかった者に課税された。困窮する同胞を助けるための、ほとんど外科手術とも言える財源捻出である。当時のドイツには被追放民に限らず、爆撃で焼け出された人びとなど、大きな財産損害を負った人が溢れており、負担調整は戦争中の経験の違いによる格差を解消し、国民を均質化することを意図していた。ドイツ国民は戦争の結果として生じた格差是正のための政策を、好むと好まざるにかかわらず、甘受させられてきたのである。こうして被追放民の地位を得た者は、税制上の優遇のみならず、住宅の提供や就業支援など、さまざまな統合支援を受けられた。認定により生活上大きな違いが出るため、とくに全財産を放棄して東欧から逃れてきたような人たちには、認定は死活問題であった。

同法における被追放民の定義は、ドイツ国籍者もしくは「ドイツ民族所属者（deutscher Volks-zugehöriger)」として、第二次世界大戦の帰結に関連して、ドイツが喪失した東部領もしくは一九三七年末のドイツ帝国領外の地域から追放されるか、自ら去った者である。(29)「ドイツ民族所属性」が具体的に何を意味するかは、同法六条に述べられている。民族所属性を認められるには、追放以前にその故郷において「出自、言語、教育、文化」などのメルクマールを通して、民族への帰属を公に「表明」していなければならない。(30)この帰属表明は使用言語や慣習により客観的に認識できるだけでは足りず、「自身がドイツ人であり、他の民族には属さないという意識と意志」が外から確認されていなければならない。(31)日々の言動のみならず、学校の選択や民族団体での活動などを通して表現される、主観的かつ能動的な帰属意識が重要な基準とされたのだ。ドイツ人とはいわば「意志」の共同体であり、自らをそれとして他者に示してきた者が「ドイツ人」なのである。

ところが民族ドイツ人が追放されたチェコスロヴァキアやハンガリー、ルーマニア、ソ連の一部などでは、ドイツ人とユダヤ人の境界は明白ではなかった。かつてのハプスブルク帝国領域においては、ユダヤ人がドイツ語を母語とし、ドイツ文化圏に所属することは珍しくなかった。作家のフランツ・カフカが良い例であろう。彼はプラハ生まれのユダヤ教徒であり、かつプラハのドイツ人社会の一員でもあった。また、現在トランシルヴァニアと呼ばれるルーマニアとハンガリーの国境地帯であるジーベンビュルゲン地方や、ルーマニアとウクライナの国境をまたぐブコヴィナ地方などでは、ドイツ人とユダヤ人の境界はかなり曖昧で、ふたつの集団は重なり合う部分を有するふたつの円と言えた。ただし、ナチ時代の体験は両者を決定的に分離した。

こうした地域の出身で、ドイツ語を話しドイツ文化的背景を持つ東欧のユダヤ人が、自らをドイツ民族に所属する者として、つまりは基本法の意味でのドイツ人であるとして、ドイツに移住してきたのである。こうした主張が可能であるのは、被追放民の認定においては宗教は不問に付され、あくまで言語的・文化的所属が問題とされるためである（ただし、大半の東欧ユダヤ人の母語であったイディッシュ語は、ドイツ語の一種としては認められていない）。つまりドイツ民族所属性は、キリスト教信仰を前提としていない。被追放民法が宗教や「人種」を問わないのは、戦後ドイツにおいてはナチ時代の人種概念が概念上も、法律の上でも無効とされたからに他ならず、その場合「ドイツ人」とは、言語文化的帰属としてのみ定義可能であった。

ドイツ系のアウスジードラーとして入国する東欧出身のユダヤ人の存在は、すでに一九五〇年代から知られていた。彼らが東欧を去った背景は、まずホロコーストにより家族を失い、生活の基盤を破壊されたこと、そして戦後は、共産主義体制が国内のユダヤ人をイスラエルと同一視して、政治的に弾圧するようになったためである。このためユダヤ人の国外流出は戦後初期から続き、これに対し東欧諸国家はユダヤ人を一種の「人質」として国内にとどめて自由な出国を阻み、また時には集団で出国（＝追放）させ、国内・国際政治の駒としてきたのである。その代表が、ルーマニアとソ連であった。

一九六〇年代後半になると、ルーマニアなどからいったんイスラエルに移住した後、アウスジードラーとして連邦共和国へ再移住するユダヤ人が増加した。被追放民法による認定においては申請者がユダヤ教徒であったかどうかの統計は存在しないため、その数を確定することはできないが、認定をめぐる裁判が一定数あり、その多くがイスラエル経由でドイツに移住してきた者に関係しているという事実から、例外的な事例ではなかったことが推測される。[32] このような者たちは、ルーマニア出身者の中でも、おもにトランシルヴァニアとブコヴィナ地方出身のユダヤ人で、どちらも戦前は民族ドイツ人とユダヤ人が混住し、言語と民族の境界が交錯していた地域である。しかし、いったんイスラエルに移住した後、ドイツに再定住するということは、これらの者たちは少なくともイスラエルの「帰還法」の基準に照らして「ユダヤ人」であると言うことができる。共産主義国家ルーマニアから出国できるのは、移住先のヴィザを取得した者に限られたため、これらの者たちは「ユダヤ人」としてルーマニアを出国し、イスラエルに移住した後、今度は「ドイツ人」として連邦共和国に再移住したということを意味する。同様に、イスラエル経由でドイツに移住してくるソ連出身のユダヤ人の流れも、とくに一九七〇年代に入ると観察された。

ではなぜ彼らは、「ドイツ人」として、その政治共同体への包摂を求めたのか。その動機は、ドイツ語やドイツ文化に深い愛着を感じていたなどではなく、多分に現実的・物質的なものであったと思われる。なぜなら、連邦補償法の四条一項e号は、補償請求権を持つ者として、「ナチ犠牲者の被追放民」を挙げている。東欧の民族ドイツ人はナチに加担することが多かったが、中には社会主義者のような反ナチもいたため、彼らが戦後追放されたなら、「ナチ犠牲者の被追放民」に該当した。ここで、東欧出身のホロコースト生存者の場合、補償法の対象になるには一九五二年末の時点でドイツ領内に居住しているか、もしくは一九四七年一月一日以前にドイツの難民キャンプに滞留した経験があることが条件とされた。したがって、一九五三年以降にドイツに移住してくるホロコースト生存者は補償対象外となるが、仮にその人が被追放民、つまりアウスジードラーとして認定されたのなら、今度は「ナチ犠牲者の被追放民」として補償を請求できたのである。この場合、その人は迫害への補償を受けるだけでなく、戦争被害を受けた者として負担調整法の対象にもなったので、いわば二重の過酷緩和を受けることができた。[33]

つまり被追放民（＝アウスジードラー）としての認定は、東欧出身のユダヤ人にも補償へのアクセスを可能とする媒体であったのだ。連邦補償法の属地主義が求める、ドイツとの地理的関係性を欠いていても、被追放民としての認定により、彼らは基本法の意味で「ドイツ人」となり、補償対象となったのである。ここでは「ドイツ民族所属性」が、連邦補償法の属地主義を越えて、「ドイツ人」であるという属性によって、彼らを属人的に補償対象者に組み込む役割を果たしたのだ。

実際には、ユダヤ人をアウスジードラーとして認定するかしないかについては、受け入れに責任を負う州により対応に差があった。この点、ユダヤ人がアウスジードラーとしての受け入れを求めた場合、入国管理行政においては、ある種の寛容さ、正確にはユダヤ人への「配慮」もしくは「遠慮」があったようだ。ドイツ政府からすれば、なんらかの手段ですでに入国しているユダヤ人を国外退去処分とすることは、政治的に避けたかった。そのようなことをすれば、「また」ドイツがユダヤ人を追い出しているると国際的な批判を浴びるであろう。現に内務省は一九七七年に各州に対して、東欧のユダヤ人の入国と滞在許可に関しては、寛大な姿勢で臨むように通達を出している。[34]こうしたドイツ行政の姿勢は、ユダヤ人の間で知られていたのだと思われる。現に、アウスジードラーとして移住してくるユダヤ人は、認定が「甘い」と知られる場所に集中する傾向があった。たとえば、一九七三年八月から七四年一一月までの間に西ベルリンに来た約五五〇人のバルト地域出身のユダヤ人のうち、二〇〇人はアウスジードラーとして認められている。[35]さらに七〇年代半ばには、ヘッセンのオッフェンバッハがソ連からアウスジードラーとしてドイツへ向かうユダヤ人の目的地のひとつになっていた。こうした動きの背後には、被追放民認定のノウハウを共有するネットワークと、移住斡旋業者の存在が推測された[36]。

ドイツ行政の側からすれば、ユダヤ人による「ドイツ民族所属性」の主張は、法的にも政治的にも困難な判断を迫るものであった。それでも彼らの「ドイツ民族所属性」を認定してきたのは、第一に歴史的背景ゆえの配慮である。第二の理由は——これはより根源的な理由かもしれないが——民族的ドイツ人に認められてきた特別な地位から派生している。国外のドイツ系の人間を潜在的な国民と見なし、彼らに対する特別扱いを制度上も認めている以上、同じ地域の出身者でドイツ語を日常的に使用していた者を、ユダヤ教徒であったという理由で排除することはできなかったのである。このため、ドイツ統一に至るまで「ドイツ人」と「ユダヤ人」の入国管理上の境界は、あえて曖昧なまま残された。概念的かつ政治的な原則としての「ドイツ人」と、個人に対する入国管理業務の間にはギャップが存在し、その伸縮するグレイゾーンの中で「ドイツ民族所属性」は交渉されてきた。あえてグレイゾーンを残すことが、行政上のユダヤ人への配慮であった。つまり東欧出身のユダヤ人は、「ドイツ民族所属性」を根拠に、拡大された「ドイツ人」概念に包摂されることにより、国民化されてきたのである。

しかし、ユダヤ人として抹殺対象とされた人間が、自身の「ドイツ民族所属性」を証明することで移住する、そして社会福祉のようなドイツ人の「連帯共同体」の恩恵を受けることに心理的な抵抗はなかったのかという疑問は残る。ホロコーストで初めてドイツと具体的な接点を持った東欧出身のユダヤ人が、自らをドイツ人と定義する苦痛は察して余りある。ドイツ人として生きることへの居心地の悪さは、彼らがこうした移住の背景をほとんど語ることがなかったことに示されている。ただし、ここで考慮する必要があるのは、ホロコースト生存者とは迫害によりそれまでの故郷での生活を破壊された者たちであったということだ。生き残りはしたが、イスラエルのように気候も文化もまったく違う場所に移植されても適応できない、仕事もない——そうした時、ドイツにはやはり彼らを受け入れるべき道義的義務があったと思われる。それが制度上の盲点を突く形でなされたとしても、暗黙の了解のもとこれを継続してきたところに、戦後ドイツの基本姿勢が読み取れるのである。

ユダヤ人を呼び込む——旧ソ連からの移住

ユダヤ人への入国管理においてもうひとつ忘れてはならないのが、ナチズムの過去を背景に導入された「庇護権」である。国家が政治的な迫害を行ったことへの反省から、基本法一六a条には「政治的に迫害されている者は、庇護権を有する」とある。これにもとづき、庇護権請求者として受け入れられたユダヤ人が少なからず存在する。たとえば一九五六年の「ハンガリー動乱」や六八年の「プラハの春」などの東欧の政治不安、一九五〇年代、六〇年代に見られたポーランドからのユダヤ人の半ば強制的な出国、さらにイランの革命により国を去った者たちだ。庇護権申請者としてのユダヤ人の受け入れは、戦後ドイツの民主主義を証明する場であったのであり、これは言い換えると、ユダヤ人の定着が、ドイツ社会がナチズムから決別した証として外交的な宣伝材料にもなることを意味した。こうしてユダヤ人に対する入国管理政策は、戦後初期における帰国の奨励と、ホロコースト難民の定住援助、そして六〇年代から八〇年代まで続くアウスジードラーもしくは庇護権請求者としての受け入れの時代を経て、九〇年代にはユダヤ人を積極的にドイツに呼び込む政策へと転換していった。

積極政策への転換が最も明白に示されたのが、ドイツ統一後の旧ソ連地域からのユダヤ人の受け入れである。一九九一年から二〇〇四年の間に二〇万人を優に超える旧ソ連のユダヤ人が、「分担難民

(Kontingentflüchtlinge)」としてドイツへ移住している。「分担難民」とは、ベトナムのボートピープルを受け入れるために整備した国内法「分担難民法」（一九八〇年）にもとづき、各州が一定数の難民を毎年受け入れるものである。[37]

「分担難民」という名前からして、ユダヤ人はソ連崩壊に際して高まった反ユダヤ主義を逃れる「難民」ということになっていたが、現実には生活の場を移すことを意図した移民であることは当初から明らかであった。東欧の体制転換は、経済難民も含め、大量の人間を西へと押し出していた。中でも旧ソ連から「ロシア系ドイツ人」が押し寄せ、一九九〇年だけでもその数は四〇万人近くなった。彼らは先に見た東欧に何世代も暮らしてきた民族的なドイツ人の一集団で、スターリン時代に中央アジアなどに強制的に移住させられ、集団として抑圧された。まさに基本法一一六条一項に該当する集団であり、アウスジードラーとして連邦共和国に受け入れられる権利を持っていた。

ドイツに流れ込んだ人の波の中に、ロシア系のユダヤ人が含まれていた。しかし当時のコール政権は、観光ヴィザで崩壊寸前の東独に入国したロシア系ユダヤ人を、統一ドイツとして受け入れることには乗り気ではなく、受け入れを逡巡していた。ところが、そのうちにロシア系ユダヤ人が「アウスジードラー」としてドイツ入国を申請するようになり、その数は一九九〇年だけで一万人にもなった。[38]すでに見たように、アウスジードラーの名を借りてユダヤ人が入国を申請することは新しいことではなかったが、さすがにこの規模になると政府もなんらかの策を打ち出さざるをえない。確かに、ロシア帝国内に居住していたユダヤ人はアシュケナズィム（ドイツ系）で、共産主義体制下でロシア語化される以前はドイツ語に近いイディッシュ語を話していたから、彼らは「ドイツ系」と言えなくもなかったが、ユダヤ人はソ連でひとつの民族集団として認定されていたため、彼らがソ連で「ドイツ人」として抑圧された事

戦後ドイツへのユダヤ人移民集団

	時期	規模	理由（根拠法）
①旧ドイツ国籍の帰国者	1945–60 年代	1 万 2000–1 万 5000	ナチ体制の終焉、帰郷、補償受給など（基本法 116 条 2 項）
②東欧出身のホロコースト生存者	1940 年代末 – 1960 年代	数千	健康上の理由、補償受給など
③「ドイツ民族所属性」を有するアウスジードラー（＝被追放民）として	1950– 1980 年代	不明	被追放民認定による国籍付与、統合支援、補償受給など（基本法 116 条 1 項）
④庇護権申請者	1950–70 年代	不明	共産主義体制などによる政治的抑圧（基本法 16a 条、庇護権）
⑤ロシア系ユダヤ人	1991–2004 年	約 22 万人	ソ連崩壊による出国の自由化（分担難民法）
⑥旧ドイツ国籍者の子孫	特に 2000 年代以降	数千	EU 内での労働・就学、イスラエルからの逃避（基本法 116 条 2 項）

実はなく、アウスジードラーの地位を要求するには根拠薄弱であると思われた。しかし連邦共和国には、迫害への不安を理由として入国するユダヤ人を追い返すという選択肢は、実質的には存在していなかった。逆に受け入れによってユダヤ人共同体が強化されるのは望ましいという政治的判断もあり、一九九一年一月の州首相会議は、分担難民法を適用してユダヤ人の受け入れを決定した(39)。

では、ここにおける「ユダヤ人」とは誰か。ソ連では、「ユダヤ人」とは宗教カテゴリーではなく民族集団とされ、国内用パスポートには民族籍が記されていた。分担難民における「ユダヤ人」の条件とは、自身のパスポートにユダヤ籍と記されているか、少なくとも片親がソ連において「ユダヤ人」であったことだ。これはいわば「血」による定義で、ナチ用語では「二分の一ユダヤ人」と呼ばれた人びとにあたる。つまりドイツはエスニシティとしての「ユダヤ人」理解をソ連から借用して、この特定のエスニシティに属することを移住の条件としたということである。ここには明白なユダヤ人の「エスニシティ化」が読み取れ、この時点でユダヤ人と民族的ドイツ人の入国管理上の区別がはっきりした。それまで政府はドイツ語・ドイツ文化への所属など、むしろ曖昧な基準を境界設定に用いて、拡大された「ドイツ人」概念の中にユダヤ人を包摂することで彼らの入国を認めてきた。これに対し、分担難民法が適用された一九九一年以降は、明確にユダヤ人を「ユダヤ人」として、しかも「政治的」な理由から受け入れるという方針が示されるようになるのである。したがってかつては自身の「ドイツ民族所属性」を証明することで移住した者たちが、今度は自ら「ユダヤ人」であることを証明して移住することになった。

アウスジードラーと分担難民としてのユダヤ人の待遇は、前者が入国後すぐに国籍を取得できたのに対し、後者はそうではないという差があったが、生活するうえで大きな違いはなかった。住宅の割り当て、無料のドイツ語コース、職業訓練などの支援、生活保護、医療などさまざまな社会保障へのアクセスがあり、在留許可も無制限で就労制限がなかったので、外国人であってもほとんど不利益はなかった。また帰化に際して国籍の放棄も求められないため、ドイツ国籍を取得する必要性は必ずしもなく、多くがロシア籍のままドイツにとどまった。東欧の体制転換の余波でドイツに入国した者たちの中で、ロシア系ドイツ人とロシア系ユダヤ人に対する待遇は、明らかに他の集団とは異なっていた。これはドイツの移民集団の中に、一種の階層化が存在することを意味した。

このような形で連邦共和国に移住したロシア系ユダヤ人は、全体では二二万人ほどだが、このうちドイツのユダヤ人共同体に参加する者はその半分以下、約一〇万人にとどまった。その理由は、分担難民の定義が宗教ではなくエスニシティにもとづくものであったため、宗教的な観点からはユダヤ人と見なされない者たちが入国者に多く含まれていたからである。ユダヤ人の定義とは、ユダヤ教を信仰する者か、ユダヤ人の母から生まれた者であり、父親がユダヤ人でも母親がロシア正教徒であれば、その子供はユダヤ人とは見なされない。結果として、ユダヤ人としてドイツに受け入れられたにもかかわらず、ユダヤ人共同体に参加できない者が続出したのである。

分担難民としてのユダヤ人の受け入れは、二〇〇五年に「移民法（Zuwanderungsgesetz）」が発効したことにより終了した。二〇〇〇年の改定国籍法（部分的に出生地主義を導入し、限定的な二重国籍が認められた）と、二〇〇五年の移民法（労働移民の明確な位置づけがなされ、その社会統合政策が打ち出された）をもって、ドイツはそれまでの血統主義的な国籍付与から、移民社会へ舵を切ったと評価されている。アウスジードラーの入国に対しては、一九九三年にすでに受け入れに一定の制限が加えられるようになり、またこの年以降に生まれた者はアウスジードラーとしての地位も認められないため、ドイツ系であることを理由とした移住への特別な権利は、緩慢な消滅過程にある。ドイツを血統主義国家の代表としてきた要素はこうして消えつつある。

ユダヤ人に関する入国管理における優遇政策は、二〇〇五年の移民法により表向きには終了したことになっているが、現在も「ユダヤ人」としてドイツに移住することは可能である。移民法を構成する「滞在法（Aufenthaltsgesetz）」の二三条二項では、「特別な政治的利益」がある場合には、内務省（現在は連邦移民・難民省）は州との話し合いのうえで、特定の国家の出身者や特定の外国人集団を受け入れると、ユダヤ人はこれに該当すると見なされているのだ(40)。現在の受け入れ条件は、独立した生計の維持が可能なこと、一定のドイツ語能力、またユダヤ教徒として教団による受け入れが可能であることなど、分担難民としての移住条件より厳しくなっている。こうした条件づけは、福祉の負担となる労働移民ではなく、経済的にも政治的にも国家に貢献できる「ユダヤ人」の移民ならば受け入れるという方針を示したものであり、国家にとっての有益度が入国のハードルを高くも低くもするという、選択的移民制度である。ただし、受け入れが厳格化されたことにより、二〇〇五年以降「ユダヤ人」として移住する者の数は減っている。

しかし、近年では新たなユダヤ人の集団のドイツ入国が顕著になっている。基本法一一六条二項を根拠とする、旧ドイツ国籍者の子孫であるイスラエル人による国籍取得である。これはナチ時代に当時のパレスチナへ移住したドイツ・ユダヤ人の孫やひ孫が、ドイツ国籍を取得していることを意味する。テルアビブのドイツ領事館には毎年数千のパスポート申請があり、イスラエル人によるドイツ国籍の申請数は、一九九〇年代は年平均七六〇件であったのが、二〇〇〇年代では年平均二三四五件へと増加している。[41] とくに近年の増加が顕著であり、たとえば二〇一一年の申請数は七八〇〇件であった。[42]

ただし、これは必ずしもイスラエルからドイツへの世代を超えた「帰国」を意味していない。イスラエルは多重国籍を認めており、多くはＥＵ内での就学・就労、もしくはイスラエルが暮らしづらくなった時の「保険」として、ドイツ国籍を取得していると考えられる。実際、ドイツのパスポートだけでなく、ポーランドやルーマニアなど、拡大ＥＵの国籍を取得するイスラエル人も増えている。その一方で、現在ベルリンには一万から二万人のイスラエル人が住んでいるとされ、その少なからぬ部分はドイツ＝イスラエルの二重国籍者であると推定されている。ただし多重国籍のイスラエル人はＥＵやアメリカのパスポートでヨーロッパに暮らすことが多く、その場合イスラエル人としては把握できない。[43]

ドイツは長らく、血統主義（jus sanguinis）に立つ国家だと言われてきた。戦後におけるその典型が、アウスジードラーの特権的な受け入れであった。血統主義の指摘は、「ドイツ民族所属性」を有する者と、トルコ人などの労働移民の国民化の条件を比較する場合においては事実である。戦後のトルコ人労働移民を研究する石川真作は、特定の移民集団が一般の移民に比べてより有利な条件で国民化される状況を「ドイツの制度には国籍が実際に何であるかとは別に、潜在的に国籍を取得しうるかどうかということに関する予見が存在する」ため、「〔ドイツ〕国籍を持たないものが『外国人』であるという明確な二分法が成立しない」と指摘している(44)。

しかし、ユダヤ人との関連で考えると、ドイツの血統主義とはよく見るとそれほど単純ではない。まず、ドイツ国籍者の子供がドイツ国籍者であるという、血と肉によって継承される国籍概念があるゆえに、ドイツから移住したユダヤ人の子孫は半永久的に潜在的な国民である。これは確かに法律上の国籍の血統主義だが、ドイツ・ユダヤ人はナチの言うところの「血統」を理由に国籍を失った本人でもあり、彼らの子孫を潜在的な国民と位置づけ続ける理由は、じつはナチズムの不正を正すという戦後の政治原則である。次に、アウスジードラーとして受け入れられたユダヤ人の場合、その根拠は「ドイツ民族所属性」という言語・文化的な所属である。戦後ドイツが「人種」というものを法的にも概念的にも否定している以上、その受け入れは「血」の問題ではあってはならない。しかし、統一後の旧ソ連からのユダヤ人の移住においては、彼らはまさにひとつのエスニシティ、つまり「血」の観点から受け入れられており、これを可能としたのは、より上位の意思であるところの政治的判断である。したがってドイツの血統主義とは、対象となる集団によって異なる意味で用いられており、最終的には政治的な意図により読み替えが可能なものなのだ。

最後にもうひとつ指摘すると、移民の受け入れや国籍付与において、民族的・文化的に定義される「血統」をひとつの選択基準としてきたという点で、じつはドイツとイスラエルは極めて似ていた(45)。そもそも、建国の歴史的経緯が似ている。どちらも第二次世界大戦の直接的な結果として成立し、同じ時期に大量の難民を受け入れ、故郷を追われた同胞の「受け皿」としての位置づけを移民政策の前提としてきた。冷戦下の東欧の共産主義諸国では、ドイツ系もユダヤ系もともに自由な出国を許されず、国内にとどめ置かれた。マイノリティに対する政治的な締めつけと緩和は両集団に同じように作用し、このため東欧からのドイツ人とユダヤ人の移住サイクルはつねに重なっていたのである。たとえばチャウシェスク政権下のルーマニアでは「ドイツ人とユダヤ人と石油」が最重要の輸出品目とされ、マイノリティの出国が西側からの物資獲得の手段となっていた。[46]またソ連が崩壊すると、ロシア系ドイツ人とロシア系ユダヤ人は同じ時期に大量移住した。民族的所属を移民の選択基準とする両国ならではの重複点があり、ふたつの円の重なった部分に、ドイツ人として移住するユダヤ人がいたということである。最後に、ドイツ、イスラエルともに、こうしたエスニックな「移民レジーム」の枠に入らない「他者」集団――ドイツではトルコ人を中心とした労働移民、イスラエルではパレスチナ人――を国内に内包していた。この「他者」の存在こそが、両国におけるシチズンシップの問題性を浮き彫りにしてきたのだ。改正国籍法と移民法施行以降のドイツは従来の血統主義路線から離脱しつつあるが、ドイツ人とユダヤ人の関係性を考えるには、「第三者」である労働移民との関わりを考慮に入れ、この三極で考える必要がある。この点については本章の最後で扱うこととする。

共同体存続の財政基盤

さて、移住や国籍付与といった点でユダヤ人は優遇されてきたことが分かったが、個人としてドイツで生活を確立することができても、集団としての財政的な存続基盤が確立されなければ、ユダヤ人共同体は維持できない。移民とは通常、居住者に比べて社会資本の点で劣る集団である。戦後ドイツに残った、もしくは移住してきたユダヤ人の多くは経済的に脆弱であったことを思うと、共同体としてのユダヤ人社会の存続を可能にした財政基盤はどこにあったのか。

先に答えを示すと、それはドイツ政府による共同体への補償と、ユダヤ人共同体が有する「公法上の団体（Körperschaft des öffentlichen Rechts）」としての法的地位から派生するさまざまな権利、そしてこれにもとづく国家からの補助である。

まず補償だが、ドイツがユダヤ人犠牲者個人に対して補償してきたことは知られていても、集団としての共同体に対しても包括的な補償を行ってきたことはあまり知られていない。ユダヤ人共同体は、ナチ時代に没収されたシナゴーグや学校などの不動産の返還を受け、また破壊された不動産に対する損害賠償も受けている。このテーマについては他所ですでに扱っているので概観するにとどめるが[47]、重要なのは、共同体への財産返還や補償が、傷ついたマイノリティ集団を再生させる重要な鍵となる点である。それは他のジェノサイドや強制移住の例と比較すると明らかである。二〇世紀だけでも、アルメニア人虐殺、スターリンによる民族の強制移住、東欧のドイツ系住民の追放、パレスチナ人の追放など、大規模な人の移動もしくは大量死の事例がいくつもあり、これに付随して財産問題が発生してきた。これらの事例において、犠牲者の共同体に対し、包括的な財産の返還・補償がなされた例は、ユダヤ人のケースを除くとじつはほとんど存在しない。

共同体の財産の返還補償がなされないと、強制移住や追放、殺害によって生じた状況はそのまま既成事実化し、追い出された人びとは不在者となり、その不在を前提とした国家運営が続いてゆく。言い換えると、不在者が戻ってこられない物的状況がつくり出される。したがって迫害されたマイノリティ共同体の復活には、居場所の確保という意味でも、礼拝堂や、コミュニティ・センター、学校などの不動産の返還は欠かせない。

ドイツでは、一九四〇年代末から五〇年代にかけてユダヤ人公共財産の返還がなされた時、ひとつの問題が持ち上がった。戦前のユダヤ人共同体は解体され消滅していたため、誰が公共財の相続権を持つか明らかではなかったのだ。当時はドイツでユダヤ人社会が復活するとは考えられていなかったため、連合国は国際的なユダヤ人信託団体（ユダヤ人継承団体　Jewish Successor Organizations）を相続人として指定した。信託団体は、返還された不動産を売却し、収益を海外に移住したユダヤ人の援助のために分配することを任務とした。

ドイツ・ユダヤ人社会の遺産を解体し、海外へと移転する動きに、ドイツ行政は敏感に反応した。シナゴーグさえない場所に、ユダヤ人は戻ってこない。わずかではあったが国内に残ったユダヤ人の利益を犠牲にして、海外のユダヤ人を支援することはできない。継承団体による公共財売却益の海外移転は、ドイツ全体の損失である。そうした理解から、ドイツ行政は現地のコミュニティに一定の不動産を残すことを信託団体に対し強く求め、国内のユダヤ人共同体の利益を優先させる姿勢を連邦補償法（一九五六年）や連邦返還法（一九五七年）に反映させ、制度化した。(48) このため、戦後の共同体はその人的規模と釣り合わない損害賠償を受け取ることがあり、こうした資金でシナゴーグが補修されたり、コミュニティ・センターが建てられたりした。こうして、礼拝を執り行うのに必要な一〇人の成人男性さえ集まらないが、建物だけは立派と揶揄されるような状況が生まれるのである。行政側のこうした姿勢について、ユダヤ人信託団体の代表であった人物は、こう書いている。

ドイツ当局がドイツ内でかつてのユダヤ人共同体の復活を望むような時にはとくに、〔団体の活動に〕困難が生じた。当局は、現存するユダヤ人共同体、もしくは将来生まれるかもしれないユダヤ人共同体の利益を犠牲にする形で継承団体が補償を受けるような提案に、ひどく過敏に反応した[49]。

ユダヤ人共同体の復活はドイツの国際的な信用回復に関わるという理解が、共同体への返還補償の背景にあったが、こうしてユダヤ人が集える場所が残されたことの意味は大きかった。そうした場の存在が、細々と続く共同体を維持させてきたからである。

次に、共同体の復活のもうひとつの要素であった「公法上の団体」としての地位について見てみよう。ドイツでは宗教団体が公法上の団体と認められると、団体に所属する信徒から税金が直接徴収され（教会税）、これが宗教団体の収入となる。これはまさに財政基盤が公的に保障されることを意味し、またこの地位は共同体が税制上の優遇やさまざまな補助金を受ける際の前提となる。これは、民法上の社団とは異なる法的地位である。宗教団体が非営利社団として裁判所に登記すれば、民法上の法人格を得ることはできるが、公法上の団体は州による認可が必要であり、条件は厳しい（ドイツでは宗教に関する事柄を管轄するのは連邦ではなく州である）。さらにドイツの公立学校で宗教教育は正規の科目として位置づけられており、公法上の地位を有する宗教はいわば「公認宗教」であるゆえ、宗教教育を担当しうるということになる。このため公法上の団体と認められるかどうかは、宗教団体にとっては非常に大きな意味を持つ。

戦後ドイツで全国的に公法上の団体として認められてきた宗教団体は、長い間、カトリックとプロテスタントのキリスト教の二大宗派に属する教会（一部の州ではここにロシア正教が加わる）と、ユダヤ教団のみであった。二〇〇〇年代後半に入って、長い法廷闘争の末に「エホヴァの証人」がこの地位を認められるようになったが、いわゆる新興宗教に対する認可はない。またイスラム教団体は二〇一三年に初めて、ひとつ公認団体が出たにとどまっている。

では公法上の団体としての認可基準とはなんなのか。連邦共和国における国家と宗教の関係を法的な観点から検証した塩津徹によると、それには「規則（定款）」「所属員数」「存続の保障」の三点があるという[50]。つまりきちんとした規則にもとづく組織運営がなされ、一定の人的規模を有し、活動の中心となるような場所（教会やシナゴーグなどの建物）も有し、数年たったら教団が解散し消滅しているような、不安定なものではあってはならないことが求められる。

ここでドイツにおけるユダヤ人共同体の歴史を振り返ると、ヴァイマル時代には公法上の団体としての地位を有していたが、ナチ時代の一九三八年にそれまでの地位を失った[51]。共同体は信徒への課税権を失ったことで急速に貧困化し、解体されるか、自己解体へと追い込まれていった。したがって、戦後のユダヤ人共同体の再建には、この地位の付与が財政面での鍵となると思われた。しかし、ナチ支配が終わったからと言って、自動的に地位を復活させることはできなかった。なぜなら、共同体の規模が戦前の一〇分の一、場所によっては二〇分の一にまで縮小しており、メンバーの多くが中高齢者であったため、一〇年後も共同体が存続しているかどうかはまったく明らかではなかったのだ。

それにもかかわらず、ドイツ行政は再結成された共同体に公法上の地位を与えることを急いだ。第一、ユダヤ人共同体がこの地位を失った理由がナチによる国家的迫害に他ならない以上、その結果生じた人員の減少という状況を理由に地位の復活を認めないとすると、それは迫害を事後的に承認することになる。同時に、戦前と同じ法的地位に戻すことにより、共同体が財産の返還を受けやすくなると思われた。ユダヤ人に安定した共同体運営を実現させるためには、公的な地位の付与が必要であった。

こうして各地のユダヤ人コミュニティは、一九四〇年代末までに多くが公法上の団体としての地位を再獲得した。たとえばベルリンの共同体は終戦翌年にこの地位を獲得し、フランクフルトが一九四九年三月にこれに続いている。[52] 共同体の規模が小さい場合は、複数のコミュニティが集まって州レベルの連盟を形成し、連盟がこの地位を得ている。バイエルン州ユダヤ教団連盟は、一九四七年に公法上の団体の地位を認可された。[53] ユダヤ教団の州連盟は、現在すべてこの法的地位にある。

公法上の団体としての地位は、収入源の確保の他に、州政府との「州協約（Staatsvertrag）」締結の前提ともなっている。これは、公的存在である州政府と、個人の信仰という私的な領域に関わる宗教団体との関係性を明文化したもので、ユダヤ教団がキリスト教のふたつの教会と同じ地位にあることを示すという意味でも、その意義は大きい。ドイツの現一六州はおもに一九九〇年代から二〇〇〇年代にかけてユダヤ教団の州連盟と協約を結んでいる。[54]

通常、協約はユダヤ人共同体の運営・維持に対して州政府が責任を持つことを明言するが、同時にその理念が明白に示されている。たとえば、ベルリン州の協約はその第一条で、ユダヤ人殺害という「ドイツの歴史に対する責任として、またこれによりベルリンとドイツが失ったものを認識して［…］、ユダヤ教の信仰と実践をつねに保護し、保障するために」協約を結ぶとしている。[55] 具体的には、ユダヤ教団は州政府から毎年一定額の運営補助を受ける。州内のユダヤ人人口の規模によって補助額は異なるが、日本円で年間数千万から数億円の規模である。たとえば、ベルリン州が一九九四年に協約を結んだ時の補助金総額は、年九八〇万マルク（一九九四年の為替レート一マルク＝六五円としても、六億三七〇〇万円）である。ユダヤ教団には信徒が支払う教会税の収入があることを思うと、共同体の財政基盤は安定していると言ってよい。二〇〇〇年代に入るあたりに、ミュンヘン、ドレスデン、ボッフムなど、ドイツ各地で新しいシナゴーグやコミュニティ・センターの落成が続いた背景には、こうした公的財源による補助があった。

ユダヤ人共同体の存続の「公的」な保障は、二〇〇三年に連邦共和国政府が全国のユダヤ人共同体を統括するユダヤ人中央評議会と「国家協約（Staatsvertrag）」を結んだことで完成した。旧ソ連からのユダヤ人受け入れにより、国内のユダヤ人共同体の負担が甚大となったために、国としての支援に乗り出したのである。ドイツは過去にキリスト教の二教会とも国家協約を結んでいるが、ユダヤ教団とは初めてであり、この国のユダヤ人の長い歴史を振り返ると、じつに画期的だ。その前文には、まさにドイツ国家による国内のユダヤ人に対する姿勢の本質が明らかにされているだろう。

ユダヤ系市民が一九三三年から一九四五年の間に耐え忍んだ計り知れない苦痛にかんがみ、ドイツ国民はドイツにおけるユダヤ人の生活に対して特別な歴史的責任を有すると意識し、ドイツにおけるユダヤ人の生活再建を支援し、ユダヤ教徒の共同体との友好な関係を強化し、これを深めるという願いにもとづき、連邦政府は在独ユダヤ人中央評議会と以下の協約を締結する。[56]

協約により国はユダヤ人中央評議会に毎年三〇〇万ユーロ（一ユーロ＝一二〇円計算で三億六〇〇〇万円）の補助を約束し、補助金はその後協約が更新される際に増額され、二〇一二年以降は年間一〇〇〇万ユーロ（約一二億円）となっている。こうした補助により旧ソ連からの新移民に対してはドイツ語の習得のための語学コースが設けられ、職業訓練が実施され、ドイツにおいて「ユダヤ人」として、あわよくば「ドイツ・ユダヤ人」として、生きてゆける環境が創出されたのだ。

つまり、戦後ドイツはユダヤ人社会が再生する環境を、制度的に整えたのだと言える。ナチ時代のユダヤ人迫害を反省し、共同体の復活を望むという言葉は、リップサービスではなかったのだ。

「非特権的第三者」――ムスリム労働移民

国家的アファーマティブ・アクションこそが、迫害により弱体化したユダヤ人共同体が存続する基盤を確立した。しかしこうした姿勢には、ひとつの本質的な問題が潜んでいる。それは、アファーマティブ・アクションとは本来、格差やハンディが克服されるまでの暫定的な措置であるということだ。恒久的なアファーマティブ・アクションは平等原理に反するゆえ、「逆差別」のそしりを免れない。この点については、たとえばアメリカ合衆国における黒人に対するアファーマティブ・アクション政策が、つねに存続への要請と廃止への圧力がせめぎ合う場となってきたことを思えば明らかだろう。同じことはドイツにおけるユダヤ人の状況についてもあてはまる。ドイツは過去の迫害を償うためにユダヤ人に対して一種の優遇措置で対応してきたが、特定集団の差別化は必然的に他方では不平等を生む。

戦後のユダヤ人社会は累積的な移住によってできあがった移民社会であるが、ドイツには周知のようにもうひとつの大きな移民社会が存在する。トルコ人を中心とした労働移民の集団である。これらの労働移民は大半がイスラム教徒であったため、ここでは短く「ムスリム労働移民」と呼ぶ。ヨーロッパ全体で移民労働者の第二世代、第三世代の社会統合の問題が顕在化して久しいが、ドイツでも労働移民は長期間にわたり周縁化されてきた。これら労働移民に対する入国管理と長期滞在者の国民化という点から見ると、ユダヤ人との待遇の違いは明らかにダブル・スタンダードとなってきた。戦後、ユダヤ人社会は体制内に取り込まれ、政府の保護の下に置かれたことにより、集団として復活することができた。これに対し、短期間で帰国し、新しい労働者とローテーションするはずであった労働移民は、当初は社会統合の必要さえもないと見なされてきた。連邦共和国において「体制内」に位置してきたユダヤ人と、「体制外」に置かれてきた労働移民の関係性は、まさに戦後ドイツによる過去の克服の問題性を映し出す鏡となっている。ユダヤ人に対する優遇政策は、「非特権的第三者」とも呼べるイスラム教徒の労働移民の状況を、より鮮明に浮き上がらせる要素なのである。

　ムスリム労働移民の周縁化は、まず個人としての移民への姿勢に現れる。彼らは何年ドイツに住んでいても「外国人」として一括りにされ、社会的にも文化的にも「他者」として位置づけられてきたことは言うまでもない。制度上も、二〇〇〇年に発効した改定国籍法で帰化申請までに必要な滞在期間が八年に短縮されるまでは一五年の滞在が必要であったし、二重国籍も認められてこなかった。国籍付与に関し、労働移民の子供たちに配慮がなされるようになったのは、比較的最近のことである。現在の国籍法では、出生地主義の導入で部分的な二重国籍が認められているが、それでも原則的には二三歳以前に国籍を選択しなければならない。したがって、移民二世、三世がドイツでの出生により自動的に二重国籍状態になっても、これは一時的な状態と考えられる（ただし、二〇一四年一一月の国籍法改正で、ドイツで育ち、八年以上合法的に滞在している者、もしくは六年以上学校に通った者、さらにはドイツと密接な関係を有する者たちには国籍選択の義務は放棄されている[57]）。

　これに対して、ユダヤ人は労働力としての価値には関係なく、歴史的な背景から受け入れられてきた。同じように歴史的理由で受け入れられる集団にはアウスジードラーがいたことはすでに見たが、どちらもナチ・ドイツの政策とその戦争により被害を受けたという意味で、国家による「償い」の対象であった。したがってユダヤ人への待遇は、アウスジードラーに準ずるか、ほぼ同等であった。国籍の点でも、分担難民として入国したユダヤ人とアウスジードラーには、重国籍が認められてきた。後者が国内で最大の重国籍者の集団であることは言うまでもない[58]。また、ドイツ国籍を取得したイスラエル人が、イスラエル国籍からの離脱を求められたという話を聞かないのは、そのような要求は歴史的背景からして困難であるためだろう。

さらに、公空間におけるイスラム教の扱いは明らかにユダヤ教とは異なる。ドイツ在住のイスラム教徒の数は四〇〇万人を超えるとされ、個別のモスクをベースとしてさまざまな団体が存在し、その数は一九九〇年代には一五〇〇とも一九〇〇とも言われるようになった[59]。一〇万人ほどが約一〇〇の共同体に暮らすユダヤ教徒より圧倒的に数が多いが、イスラム教団体で公法上の団体として認可されたのは、二〇一三年のヘッセンのアハマディア・ムスリム協会が初めてであり、例外的な状況だ。公法上の団体の認可基準についてはすでに述べたが、イスラム団体が認可されないのは、意思決定機関や代表組織が不在であることが認可の適格性を欠いているからだと言われる[60]。実際、国内のイスラム教徒といってもその国籍はさまざまであり、最大の集団であるトルコ人の中でも、ドイツに帰化している者もいればトルコ籍のままの者もおり、かつトルコ国籍者の中にはクルド人もおり、宗派としても主流のスンニー派だけでなくアレヴィーもいる[61]。さらに移民第一世代と第二、第三世代では価値観も違う。ここにトルコ人以外の外国籍のイスラム教徒が加わって形成されるのがドイツ国内のムスリム社会であるので、その規模と出自の多様性からしても、統一的な代弁が困難なのは当然である。ただし、実際には公法上の団体の認可には他の要素が影響していると考えられている。塩津によると認可には「不文の基準」があるとされ、それは法令を誠実に遵守する、憲法秩序に反しない、さらにはヨーロッパのキリスト教・ユダヤ教的な伝統に立つなど、教義内容に関する暗黙の基準があるとされている[62]。

ひとつの意思決定機関を持つことが困難なイスラム教徒とは対照的に、各地のユダヤ教団はまず州レベルの連盟に統括され、その上には州連盟を統括する在独ユダヤ人中央評議会がある。中央評議会はドイツに暮らすユダヤ人の代表者の地位にあり、政府とのやり取りは原則的にこの窓口を通す。政府の側からしても、窓口がひとつに絞られている状況は好ましい。なぜなら、マイノリティ集団においては「真の代表者」の地位をめぐる競争が必ず発生するからだ。したがって政府が集団の代表者を自称する者と交渉しても、他の自称代表者が登場し、結局は誰とも合意に至らないという状況になることが多い。こうした代表をめぐる問題にはユダヤ人中央評議会は非常に神経質で、独立した地位を求めるユダヤ人集団を、苦労して評議会の傘の下に連れ戻してきた。マイノリティの中の少数派による単独行動を阻止することは、マジョリティに対するマイノリティの交渉権を維持するためにも必要である。したがって中央評議会がドイツ政府に対して強い代表権を有するのは、少なくとも表向きは、ドイツのユダヤ人は一丸であり、内部の意見対立はユダヤ人の側で処理できるということを示してきたからに他ならない。

しかるに、ドイツにおけるユダヤ人とムスリム労働移民とでは、個々の待遇においても、集団としての地位においても同じではなく、体制内と体制外という位置の違いは、社会全般的に労働移民の「異質性」の印象を強める結果となってきた。こうした異なる集団に対する制度的差別化の延長線上に、現在のドイツが抱える諸問題を位置づける必要があるだろう。

近年、ユダヤ人社会とムスリム移民社会の関係は緊張している。ひとつ例を挙げると、移民の背景を持つ集団における反ユダヤ主義に注目が集っている。二〇一四年のイスラエルによるガザ攻撃に反対するデモで、「ユダヤ人をガス室へ」などといった、反ユダヤ主義的スローガンが公然と口にされたためだ。ユダヤ人に対する身体的な暴力や、シナゴーグへの放火など、戦後ドイツの政治規範から大きく離反する行為が公的空間に登場している。移民の背景を持つ集団の大半がイスラム教徒であるという単純な事実からも、「ムスリム移民の反ユダヤ主義」が注目されるようになっている。現実には、ドイツにおける反ユダヤ主義的な刑事犯罪は、圧倒的に政治的右派からなされているにもかかわらず[63]、反ユダヤ主義を特定の宗教もしくはエスニシティと結びつける言説が登場しているのだ。ここにはイスラム教徒の労働移民が政治文化的に「異質」であり、ドイツ人が克服して久しい反ユダヤ主義に対する抵抗力も弱く、それゆえ統合が難しいという理論づけが透けて見える。加えて近年では、中東の紛争を逃れてくるイスラム教徒の移民・難民の増加により、国内のユダヤ人とムスリム移民の間の緊張は、世界的に観察されるユダヤ人とイスラム教徒の対立の縮図となる懸念が生まれている。現に、二〇一四年のヴッパータールのシナゴーグ放火の犯人は、ドイツに暮らす三人のパレスチナ人の若者であった。イスラエル・パレスチナ問題が国内のムスリム社会に飛び火する事態はなんとしても避ける必要があり、ムスリム移民の社会統合政策を前倒しで進めざるをえない状況がある。

こうした背景で登場してきたのが、ドイツの「ユダヤ・キリスト教的伝統」という言葉である。政府周辺だけでなく、最近では反移民デモで知られる運動ペギーダ（西洋のイスラム化に反対する欧州愛国者）や、移民・難民の入国制限を主張する「ドイツのための選択肢（ＡｆＤ）」のような政党が、この言葉を頻繁に使っている。ドイツにはキリスト教的規範にもとづく文化が根差しており、ドイツに暮らしてゆくのであるなら移民もこれをある程度受け入れる必要があるという意見は、これまでもいく度となく語られてきた。確かに、「ユダヤ・キリスト教的伝統」というと、より深い文化の源流のようなものを感じさせ、西欧世界の核について語っているかのような印象を与える。しかし実際には、長い反ユダヤ主義の歴史が示したように、「ユダヤ・キリスト教的伝統」なるものがドイツで広く共有されたことはなかった[64]。この言葉は実際には宗教とはなんの関係もなく、ましてやユダヤ教徒にも関係がなく、ドイツ人のイスラモフォビアを隠蔽する言葉にすぎない。なぜならここで問題とされているのは、むしろムスリム移民の「社会的態度」であるからだ。イスラム社会の特有の問題だと考えられている家父長的支配、男女同権の否定、個人の自由の脆弱さ、時には宗教的な狂信、こういったものへの恐怖と拒否を呼び出す記号として機能するのが「ユダヤ・キリスト教的伝統」という言葉である。

ただし、ドイツ人とユダヤ人が連邦共和国において実際に共有しているものがある。それは、宗教的・思想的な伝統などではなく、長い和解の政治的プロセスである。戦後の和解は、前者による後者への特別な配慮と、制度的な優遇の上に築かれてきた。ユダヤ人に対する配慮はドイツ社会の規範として定着し、「過去の克服」を促進し、戦後民主主義の確立へとつながった。こうした文脈でユダヤ人社会の復活が可能となった。つまり、ドイツの民主主義国家としての再生と、その国際社会における地位には、ある意味でユダヤ人への優遇が初めから内包されていたのである。戦後ドイツとそのユダヤ人共同体は、ある種の「利益共同体」を形成し、二人三脚で歩んできたのだ。ここにおいてイスラム教徒の移民集団は、このような和解の歴史的プロセスを共有しない「異質」な存在として認識されている。移民社会における歴史教育が問題となるのは、そういった意味においてである。共通する語彙の欠落は、じつは共通する利害の欠落でもある。それが現在、イスラム嫌いの風潮として一部表面化しているのだ。

戦後ドイツにおいては、ユダヤ人はつねに体制内に位置した。ユダヤ人社会の再生は、ナチズムを反省し民主主義的国家を再建するという連邦共和国の政治原則の試験場でもあったため、彼らは必然的に保護の対象となった。ドイツ人・ユダヤ人・ムスリム労働移民という三極を視野に入れた時、前者ふたつが形成してきた歴史的・政治的な利益共同体が後者を周縁化させてきたが、これはまさに過去の克服の歩みが産み落とした副産物と言えた。内集団（in-group）の平等と待遇の均質化への試みは、必然的に、外集団（out-group）の制度的な周縁化、差別化へとつながっていたのである。

第４章　刑事処罰とつくり出される社会規範

二一世紀に入ってもナチ犯罪者の訴追は続いており、少なからぬ犯罪者が起訴され、有罪判決を受けてきた。加害者の物理的な消滅により、件数は少ないが、こうした判決が出ることの政治的・社会的意味は大きい。しかも被告人は、必ずしもドイツ人とは限らない。たとえば本章の最後で見るが、国際的な注目を集めた二〇〇九年の裁判の被告人、イヴァン（ジョン）・デムヤニュクは、ウクライナの出身である。トレブリンカ絶滅収容所で「イヴァン雷帝」と恐れられた男として一九八六年に移住先のアメリカからイスラエルへ移送され、いったんは死刑判決を受けたが、別人と判明して釈放され、アメリカに戻されたところ、ドイツが引き渡しを請求したのである。裁判のためにドイツに移送され、二〇一一年に有罪判決を受け、ドイツから出ることなく翌年に九一歳で没している。それ以降、強制収容所の看守など、虐殺への関与の程度が比較的低いとされる人間への裁判が続いている。

こうしたニュースが耳目を集めるたびに、われわれはなぜこれほどの時間を経た後に実刑判決が出るのか、時効はないのか、国境を越えたナチ犯罪者の引き渡しのしくみはどうなっているのか、またドイツの法廷に外国人が行ったナチ犯罪に対する裁判権があるのか等々、さまざまな疑問を抱く。これには歴史的経緯と法的根拠があるのだが、なかなか分かりづらい。このため本章では、まずドイツにおけるナチ犯罪者の刑事訴追が戦後七〇年の間にどのような展開を見せたのかを整理する。ただし、ドイツが敗北した後は、民族・宗教・世界観を理由になされる国家的な「ナチ犯罪」はもはや存在せず、したがって戦後の文脈では「ナチズムなき時代のナチ的な犯罪」があるのみという点に留意する必要がある。ユダヤ人への物理的攻撃や言葉による暴力、ナチ思想の礼賛やその拡散など、ナチ体制不在の中で発生する犯罪を本章では「ナチ的犯罪」と呼ぶことにするが、こうした犯罪に対してドイツはどのように対処してきたのか、その取り組みを検証する。特定の人種・民族・宗教集団などに対して向けられる暴力や暴言は、最近では「ヘイトクライム」「ヘイトスピーチ」として知られるようになった。ドイツはこれらを処罰するのみならず、ホロコーストを否定することも法律で禁じている。特定の政治的意図でなされる歴史的事実の否定もしくは歪曲は、日本では「歴史修正主義」と呼ばれているが、こうした行為に対する規制は何を意図するのか。ヘイトクライム、ヘイトスピーチ、ホロコースト否定に対するヨーロッパの現状を確認した後、デムヤニュクの裁判に戻り、ドイツの刑事対応を総括する。

法的・政治的前提

ドイツによるナチ犯罪の訴追と、「ナチ的犯罪」の規制を考えるにあたり、最初にこの国が立つ法的・政治的前提を示しておこう。

まず、戦後ドイツは、ナチズムは犯罪であり、ナチ指導層は犯罪人であったという明白な位置づけを出発点としている。それはナチズムの犯罪性が自明であったからだけでなく、ドイツが敗戦国であり、戦犯を裁く権限は勝者連合国が有したため、ナチズムの全面的な否定が必然的な出発点となったこともある。連合国管理理事会法第一号は差別的なナチ法を廃止し、第二号でナチ党、ナチ関連団体を解体・

非合法化している。ニュルンベルク国際軍事裁判（IMT）では、ナチ指導部や親衛隊、ゲシュタポなどは犯罪集団・犯罪組織と位置づけられた。ドイツの行った戦争の違法性は自明とされ、「平和に対する罪」「人道に対する罪」など、それまでになかった犯罪の概念も打ち出された。「人道に対する罪」とは、政治的・人種的・宗教的理由にもとづいて、非戦闘員の一般住民に対してなされた虐殺、強制移送、強制労働などを指し、ホロコーストはその代表例とされている。

次に連邦共和国自身が、ナチズムからの完全なる脱却を目指す姿勢を、建国の理念に掲げた。それはまず、連邦共和国の憲法である基本法の第一条が、人間の尊厳の不可侵を謳った点に示されているだろう。さらに基本法九条二項は、民主主義的な憲法秩序に反する団体を違憲とする。つまりホロコースト後のドイツで、ナチ・イデオロギーを公然と掲げ、ナチ体制の復活を求めるような団体の結成は、そもそも違法なのである。

ただし、芝健介が著書『ニュルンベルク裁判』で指摘している通り、ドイツがニュルンベルク裁判の理念や判決をすべて受け入れ、これを戦後のナチ犯罪者の訴追の出発点とした事実はない。西ドイツの主権回復を定めた一九五二年のドイツ条約では、占領国による裁判の判決の承認をしておらず、加えて一九五八年に連邦最高裁判所は、「連邦政府は、言われているところの戦争犯罪人に関する外国の有罪判決を認めていない」と確認している。[65] またニュルンベルクで確立した「人道に対する罪」を、ドイツが国内法に取り入れた事実もない。連合国管理理事会法第一〇号により、一九四五年から短期間、ドイツの裁判所に「人道に対する罪」で裁く権限が与えられ、これによりユダヤ人に対する犯罪が一部裁かれたが、ドイツの司法権が回復される過程で五〇年代に入ると消滅した。その大きな理由のひとつに、罪刑法定主義、平たく言えば遡及処罰の禁止がある。

基本法一〇三条二項には、「いかなる行為も、行為が行われる前に、法律で処罰できると規定されているものでなければ、処罰することができない」とある。同様にドイツ刑法も、「法律なければ処罰なし」の原則をその第一条で掲げている。犯罪のなされた時点では「人道に対する罪」は存在しなかったゆえに、ニュルンベルクは事後法による「勝者の裁き」であり、罪刑法定主義に反するという批判がドイツ社会には強くあった。しかし、同時に手に血の付いた者は処罰されねばならないという点については市民の一般的な同意があり、政府もそうした方針を打ち出していた。ここからふたつ目の前提が導かれる。すなわち、事後法による裁きは行わないが、ドイツは自らの手段でナチ犯罪者を裁くという点である。つまり、ホロコーストにおいてなされた犯罪は「人道に対する罪」ではなく、通常の刑法で裁かねばならないのだ。

ふたつ目の点と関係して出てくるのが時効の問題であり、これが第三の前提となる。ドイツ刑法は殺人罪を「故殺（Totschlag）」と「謀殺（Mord）」とに分けている。前者は計画性のない殺害を、後者は残忍かつ計画的な殺害を指す。故殺の時効は一五年、謀殺は二〇年であるため、ドイツ敗戦日から起算すると、一九六〇年にはすべての故殺罪が、一九六五年にはすべての謀殺罪が時効を迎え、ナチ犯罪者を訴追することが不可能となる。ドイツにおける謀殺の時効廃止論争については、石田勇治の『過去の克服』が詳しいが、一九六〇年に故殺の時効が完成した後、謀殺の時効が成立する六五年を目前に議会でこの問題が議論され、まず起算日を動かすことで対応した。連邦共和国が成立した年の末日（一九四九年一二月三一日）から起算することで、約四年半問題を先送りしたのだ。次に、時効成立が近づいた一九六九年に、時効を二〇年から三〇年に一〇年延ばした。その一〇年後の一九七九年の時点で、ついに謀殺罪の時効が廃止された。つまり時効の延長を繰り返し、最終的に廃止したことで、ドイツにおいては被疑者が死亡して物理的に訴追が不可能となるまで、ナチ犯罪者は追われ続けることになった。ドイツは人道に対する罪を国内法に導入せずとも、刑法上の謀殺罪の時効を廃止したことで、ホロコーストの加害者を追い続ける体制をつくったのである。

しかし、これは同時にホロコーストのような人種的な狂信にもとづく大量犯罪も、通常の殺人と同じものとして扱われることを意味する。その問題性については、多くの法学者が指摘している(66)。国際的に見ると、人道に対する罪を国内法に取り入れ遡及適用させ、同時にその時効を廃止し、ナチの目の黒いうちは追い続けるような法整備を行うかは国によって異なる。たとえばフランスでは、一九六四年に人道に対する罪を独自に刑法に取り入れ、時効も廃止した。また、犠牲者がフランス市民であれば、犯罪がフランス領域外でなされた場合でも、また加害者が外国人であっても起訴できる。それゆえに、「リヨンの虐殺者」ことドイツ人親衛隊員クラウス・バルビーは、一九八七年にフランスで「人道に対する罪」で裁かれたのである。他方、アメリカは「人道に対する罪」を取り入れていない。イスラエルでは、ナチ時代になされた「人道に対する罪」は死刑となり、かつ時効もない。つまり、「人道に対する罪」は、まさにホロコーストのような犯罪を裁くのに適しているため、これを刑法に導入し、遡及的な適用を認めれば、通常の殺人罪と区別され、時効の問題も回避することができたと思われるが、ドイツはそれをしなかった。

一九四〇年代後半からの一時期を除いて、ドイツは「人道に対する罪」で裁くことをしなかったが、ホロコーストのような犯罪がふたたびなされた場合に処罰できるような制度づくりは、早くから行ってきた。知られるように、一九四八年に国連は「ジェノサイド禁止条約」を採択している。ここで言うジェノサイドとは、特定の民族的・人種的・宗教的集団の「全部または一部を破壊する意図をもって」行われる行為を指し、具体的には以下のような行為のことである。


ａ．集団の構成員を殺すこと。

ｂ．集団の構成員に対して、重大な肉体的又は精神的な危害を加えること。

ｃ．集団の全部または一部の身体的破壊をもたらすことを意図した生活条件を故意に集団に課すこと。

ｄ．集団内の出生を妨げることを意図した措置を課すこと。

ｅ．集団の子供を他の集団に強制的に移すこと。[67]

本条約に一九五四年に加入したドイツは、ジェノサイド禁止条約を国内法に取り込むために、同年刑法に「民族謀殺罪（Völkermord）」（二二〇条ａ）を新設した。[68] 民族謀殺罪の時効は一九六九年に廃止され、ドイツ領域外でなされた犯罪についても適用できた。しかし、基本法の遡及処罰禁止により、五四年以降にジェノサイドを行う者を民族謀殺罪で裁くことはできるが、ホロコーストには適用できない。

一九六八年一一月二六日、国連総会は「戦争犯罪および人道に対する罪に対する時効不適用に関する条約」を採択しており、戦争犯罪と人道に対する罪については、遡及的に、時効を適用しないとした。同時に、この決議に賛同する国家は、犯罪人の引き渡しのために国内法の立法措置を取ることを求められた。「時効不適用条約」は一九七〇年に発効しているが、アメリカやイギリス、フランスをはじめ多くの国が条約における戦争犯罪や人道に対する罪の定義が曖昧であるという理由でこの条約に反対、もしくは棄権した（日本も棄権）。ヨーロッパではソ連がすぐに署名し、批准している。

さらに一九七三年に国連総会は、「戦争犯罪および人道に対する罪の犯罪人の捜索、逮捕、引渡しおよび処罰における国際協力に関する原則」を採択しており[69]、諸国家は戦争犯罪人や人道に対する罪を犯したと疑われる者に対し、逮捕や引き渡しで協力し、そうした者に国家として庇護を与えないことを確認した。

二〇〇三年に戦争犯罪や人道に対する罪を裁くことができる国際刑事裁判所（ＩＣＣ）がハーグに設立されてからは、こうした犯罪に対して時効が適用されないことについて、国際的な合意が形成されていると言ってよい。ドイツはＩＣＣの設立条約である「国際刑事裁判所に関するローマ規程」を批准し、締約国となったため、これに合わせて国内法整備を行い、二〇〇二年に国際刑法典を成立させた。刑法旧二二〇条ａは「ジェノサイド（Völkermord）および人道に対する罪」として六条と七条に継承されており、ドイツ領域外で行われた犯罪についても適用され、時効もない。しかし、やはりホロコーストに関しては、ジェノサイド罪で裁くことはできない。

したがって、ホロコースト加害者が刑事訴追の対象になるかどうかは、まず人道に対する罪やジェノサイド罪が国内法できちんと位置づけられているか、これを過去の犯罪に対しても遡及適用できるか、またその時効があるかなどで異なる。たとえば、アメリカに移住したホロコーストの実行者がいるとする。アメリカは外国人がアメリカ領域外で行った犯罪について管轄権を持たず、そのような行為を事後的に可罰化することも遡及処罰の禁止に反すると考えるため、この人物をアメリカ国内で裁くことはできないとされてきた。確かに、「人道に対する罪」や「戦争犯罪」において犯罪者は「人類一般の敵（*hostis generis humani*）」であり、この種の犯罪が国際社会全体に脅威を与えるがゆえに、犯罪が行われた場所や犯罪人の国籍に関係なく、世界のどの国でも裁くことができるという考え方があり、これを普遍的管轄権（universal jurisdiction）と言うが、実際にはこれのみに依拠して裁判を行うことは必ずしも容易ではない。このためアメリカにとり問題が少ないのは、当該人物がナチ犯罪に加担した事実を隠蔽し、移民法に違反して入国したという理由で帰化を無効とし、そのうえで訴追を行う意思のある国へ身柄を引き渡すことだ。これも、もちろん両国間には犯罪人の引き渡し条約があるという前提のうえの話である。このようにホロコースト加害者の刑事訴追は、国際的な連携のもとに成り立っているが、逆に一部の南米諸国やアラブ諸国のように、逃亡した犯罪人にあえて庇護を与えてきた国があるのも事実である。

イスラエル――「ユダヤ民族に対する犯罪」

ナチ犯罪者の訴追と処罰に関して特異な出発点を持つのは、ホロコースト犠牲者の代弁者として自己定義するイスラエルである。

イスラエルは一九五〇年に「ナチとナチ協力者（処罰）法」を公布している。その第一条aで、ナチ体制下もしくは第二次世界大戦中に「ユダヤ民族に対する犯罪」「人道に対する罪」「戦争犯罪」を犯した者は死刑に処すと定めている[70]。イスラエルは一九五四年に一般の殺人罪に対する死刑を廃止しているが、これらの犯罪は対象とならず、また時効も適用されない（一二条）。ホロコースト発生時においてイスラエルは存在していなかったので、ナチ犯罪に関してはすべて遡及法であるわけだが、その点は当然問題にしない。また「ユダヤ民族に対する犯罪」は、「人道に対する罪」や「戦争犯罪」より先に置かれ、「ユダヤ民族の全部もしくは一部を、破壊するという意図をもって行われる次のような行為」を指すと定義されている。

一　ユダヤ人を殺すこと。

二　ユダヤ人に重大な肉体的または精神的な危害を加えること。
三　ユダヤ人に身体的破壊をもたらすことを意図した生活条件を故意に課すこと。
四　ユダヤ人の出生を妨げることを意図した措置を課すこと。
五　ユダヤ人の子供を他の民族的又は宗教的な集団に強制的に移すこと。
六　ユダヤ人の宗教的・文化的資産や価値を破壊すること。
七　ユダヤ人に対する憎悪を煽ること。

この一から五までは「ユダヤ人」という限定を外すと、一九四八年のジェノサイド禁止条約におけるジェノサイドの定義とほぼ一致することが分かる。これに対し、六と七に該当するものはジェノサイド禁止条約にはない。

この法律が興味深いのは、まずこれが「ユダヤ民族」を所与のものとして想定している点だ。またここでは「人類」に対する犯罪と「ユダヤ人」に対する犯罪が区別されており、言ってみれば「人類」の中から「ユダヤ人」を取り出していると言えなくもない。「人道に対する罪」や「戦争犯罪」などの重大犯罪に対しては、普遍的管轄権の考え方があることは先に述べたが、一方、「ユダヤ民族に対する犯罪」は、犠牲者がユダヤ人であるから、その代表であるイスラエルが裁く権利を持つという、専門的には「消極的属人主義」と呼ぶ考えに依拠していると言える。それは突き詰めれば、イスラエルが建国の理念においてまさに「ユダヤ人国家」として成立したという点に帰着せざるをえない[71]。

「ナチとナチ協力者（処罰）法」に関し、トム・セゲフは「ユダヤ民族に対する犯罪」は、「人道に対する罪」や「戦争犯罪」より重罪扱いされていると指摘する。なぜなら人道に対する罪として成立しないような犯罪でも、「ユダヤ民族に対する犯罪」として成立する場合があるからである。具体的には、ジェノサイド禁止条約では、ジェノサイドが行われたかどうか認定するにあたり、殺害・破壊への「意図」が存在したことが重要とされ、偶発的な出来事はジェノサイドと見なされない。しかし「ユダヤ民族に対する犯罪」では、意図の有無にかかわらず、犯行そのものを立証すれば有罪にできる。また、一般の刑法では、人は同一犯罪で二度以上罰せられないという原則があるが、この法律では他国における裁判ですでに処罰されていても、イスラエルで同じ罪でふたたび裁くことができる。したがって、ユダヤ人の殺害で有罪判決を受けた者が、偶然にもイスラエル領内に入るようなことがあれば、その人がふたたび被告人席に座らされる可能性はゼロではない。ただしドイツは、基本法がドイツ人の外国政府への引き渡しを禁じているので、ドイツからイスラエルへ引き渡しがなされることはない。[72]

とはいえ、ホロコーストの実行犯が好んでユダヤ人の国に足を踏み入れるなど、ありそうもない話だ。もちろん、誘拐といった非合法的手段を使って犯罪者を裁きの場に引きずり出すのでなければ、という話だが。実際に、これまでに「ナチとナチ協力者法」で起訴された非ユダヤ人のナチ犯罪者は、アルゼンチンから誘拐されたアドルフ・アイヒマンと、すでに言及したトレブリンカの「イヴァン雷帝」とされた男、ジョン・デムヤニュク以外にはいないのである。[73] したがって、この法律はナチ犯罪者の訴追を意図したというよりは、イスラエルに移住したナチ協力者——強制収容所の囚人の中から選ばれ、囚人管理の役割を担ったカポなど——を裁くことを目的としており、実際に裁かれたのも先の二人以外はみなユダヤ人であった。[74]

ドイツによる訴追

では、ナチ犯罪人の刑事訴追という点では、ドイツが処罰の対象とすべき人間はどれほどおり、実際にどれほどの数が罪を問われたのか。まずホロコースト加害者の数から出発しよう。当時「ドイツ人」としてホロコーストに関わった者は、戦後少なくとも三つの国――西ドイツ、東ドイツ、オーストリア――の国民となっている。その中には殺人など物理的な次元で関わった者もおれば、アイヒマンのように自らの手を汚すことのない机上の殺人者のような者もいた。したがって、「ホロコーストへの関与」とは具体的に何を指すのかが問題となるが、もちろん法的には「ホロコースト犯罪」なるものは定義されていない。こうした曖昧さを認識したうえで、歴史家ディーター・ポールは加害者の数を二〇万から二五万と推定している[75]。ちなみに独ソ戦開始後、ユダヤ人の大量射殺を行った「行動部隊」のドイツ人隊員数は約三〇〇〇人である。推定を困難にするのは、ホロコーストは全ヨーロッパ的な規模でさまざまな国家の住民の加担のもとで展開したため、いわゆる「傍観者」と分類される者にも、無罪とは言えないケースが多かった事実だ。したがってドイツ人の加害者に非ドイツ人の協力者を加えて五〇万人という数は、十分に根拠があると思われる[76]。もちろん少なからぬ加害者は戦争が終わる前に死亡しており、自殺したり、もしくは戦後身分を偽って海外に逃亡したりしている。

ドイツにおけるナチ犯罪人の訴追の歴史は、いくつかの段階に分けられるが、その最初の段階に位置するのは連合国による軍事裁判である。一九四五年のニュルンベルク国際軍事裁判がその核をなし、「ニュルンベルク継続裁判」と呼ばれるアメリカ軍政府による複数の裁判が続いた。連合国によるこれらの裁判については芝健介の『ニュルンベルク裁判』が網羅しているため割愛する。

占領期、ドイツの裁判所はドイツ人がドイツ国籍者に対して、もしくは無国籍者に対して行った犯罪を扱う権限しか与えられていなかった。したがって一九四五年から四九年までの訴追は九割五分までが国内でなされた犯罪である。それはおもに「水晶の夜」における暴力や器物損壊、密告など比較的軽いもので、中でも密告は全体の四割近くにもなった[77]。先述したように、管理理事会法第一〇号によりドイツの法廷が「人道に対する罪」で裁くことができた時期が短期間あり、人種や政治信条を理由になされた密告がまさに「人道に対する罪」に該当したためだ。一九四五年から四九年の間、ナチ犯罪に対する有罪判決数は四四一九件であり、数だけ見ると多いが、その大半が「水晶の夜」に関連するものか密告であるため、ここには大量殺害という意味でのホロコースト実行者はほとんど含まれていない。ホロコーストの死者の大多数はドイツ国籍のユダヤ人ではなく、ポーランドやソ連など連合国国籍者であったが、連合国国籍者に対してなされた犯罪は連合国が管轄するという原則のもと、ドイツ国内で身柄を拘束された者も、請求があれば犯罪がなされた場所に送り返された。たとえばポーランドで有罪判決を受けたドイツ人の数は五三四〇名である[78]。

ドイツ司法はドイツ人がドイツ人に対して行った犯罪だけ扱えるという制限は、一九五〇年には廃止されていたが、ドイツ領域外で展開し、犠牲者も大半が外国人であったホロコーストは扱いにくいままであった。そもそも東部の大量犯罪ではまず生存者が少なく、犠牲者が加害者の顔や名前、所属などを特定することには極度の困難がともなう。夜中に一斉検挙されて銃殺現場に連れていかれたり、絶滅収容所へ移送されたりしたような場合、作戦を実行した人間がどの部隊に所属し、階級がなんであり、指揮官は誰であったかなど知りうる犠牲者はほとんどいない。生存者が証言できるのはせいぜい、銃殺隊の制服の色や、顕著な外見的特徴のある人物の存在、もしくは加害者に現地の対独協力者が含まれていたかどうかくらいである。これに対して一定の期間、犠牲者が加害者と空間的に近接して暮らす労働収容所やゲットーでは、ドイツ人指揮官や看守の名前や顔を覚えるということはありうる。占領地のドイツ人は部署の異動を繰り返し、戦況によって頻繁に移動もしたが、特定の人物が繰り返し残虐行為を働くような場合は、囚人たちの記憶に強く残った。ただし犠牲者が生き残って、自分に危害を加えた人間を特定でき、その人間の居住地を突き止め、自らドイツで告訴するのは相当難しい。

こうした困難にもかかわらず、ドイツの街中で被害者が加害者を発見し、そのまま相手を警察に突き出したといった話は少なからずある。戦後初期のドイツには、東欧出身のホロコースト生存者が滞留する難民キャンプが多くあり、偶然にも東部の強制収容所の看守や警察官だった人間とミュンヘンあたりで鉢合わせするようなこともあったからだ。また在独ユダヤ人中央評議会など、ホロコースト生存者の団体が多くの告訴・告発を行っていることも重要である。被疑者不詳のままの告訴であることも少なくなかったが、記録に残すことが大切だと考えた。このため戦後初期の訴追では、検察側が特定の犯罪を自ら捜査して起訴するというよりは、大半が被害者側の告訴・告発によって手続きが開始されている。しかし大半のホロコースト生存者は一九五〇年代前半にはイスラエルやアメリカへ移住しており、告訴してもその後の検察の対応を見届けられる者は減っていった。

一九五〇年代に入ると、起訴件数も有罪判決数も目に見えて減少の一途をたどった。その理由は複数あるが、まず二度にわたる「刑免除法」（一九四九年、五四年）により、軽罪はすべて恩赦の対象となり、起訴できなくなったためである。次に、一九五二年以降はナチ犯罪者を裁く根拠法はドイツ刑法のみとなったため、それまで管理理事会法第一〇号の範疇にあった「人道に対する罪」は訴因から消えた。さらに故殺罪の時効が一九六〇年に完成し、謀殺と謀殺幇助以外の罪はすべて時効が成立したため、六〇年以降必然的に数は減った。また一九五〇年代のドイツの裁判所自体が、ナチ時代に裁判官を務めていたような者たちに占められていたため、犯罪人の追及に意欲が薄かったとも指摘されている。

起訴・有罪判決ともに低調となっていた一九五〇年代後半、ドイツによる最初のホロコースト裁判とも呼べるウルム行動隊裁判が一九五八年夏に開廷した。独ソ戦開始後、リトアニアで半年ほどの間に一三万人の民間人を殺害したとされる「ティルジット行動隊《アインザッツコマンド》」の隊員に対する裁判である。行動隊は、移動殺戮部隊であった行動部隊《アインザッツグルッペン》の下部の実働部隊である。

行動部隊の犯罪に関しては、アメリカ軍政府がニュルンベルク継続裁判のひとつである「行動部隊裁判」において、一九四八年にオットー・オーレンドルフ以下、一四名に死刑判決を下していた。しかし当時はまだ戦争犯罪と、人種や世界観の違いを理由とするナチ犯罪の違いはあまり意識されておらず、その特異さ、残虐性が一般市民に理解されたとは言いがたかった。一九五〇年に朝鮮戦争が勃発したことで、連合国側からもドイツの軍事貢献を求める声が高くなり、同時に戦争犯罪人の恩赦と釈放を求める世論が国内で沸騰すると、アメリカ高等弁務府はランツベルクの刑務所に収容されている戦犯の処遇を再考せざるをえず、一九五一年初頭に八四人の恩赦を決定した。その中には行動部隊裁判の被告たちも含まれ、死刑判決を受けた一四人のうち七名が減刑された。実際に死刑執行されたのは四名にすぎず、恩赦を受けた者の大半は一九五五年以前に釈放されていた。[79]

行動部隊裁判から一〇年が経過した一九五八年夏のウルム行動隊裁判は、ドイツ占領下の東欧でのユダヤ人の大量殺害を初めて人びとの認識の地平に押し出した裁判となった。八月に判決が出たすぐ後の一〇月に、州司法相会議において「ナチ犯罪糾明のための司法行政中央本部」(以下、ナチ犯罪追及センターと記す)をルートヴィヒスブルクに設立することが決定された。ナチ犯罪に特化して、集中的に捜査する中央機関が設けられたことの意味は大きい。なぜならセンターの設立以前は、捜査は州の間の十分な協力体制を欠くまま行われており、たとえばベルリンに住む人が南ドイツのバイエルンで告訴されていても、情報共有がなされないと起訴につながらないといった問題があった。またセンターは原則的に戦争犯罪以外を扱うとされたため、「人道に対する罪」に該当するような占領下の東部でなされた大量犯罪を扱うことができるようになった。ただしセンターは捜査のみを担当し、起訴を行う権限は有していない。各州の検察からセンターに派遣された捜査官が捜査を担当し、起訴自体は従来通り州の検察が行うため、センターは起訴できると判断された案件を州の検察に送致するまでがその役割である。センター長にはウルム裁判の捜査・起訴を担当した検察官、エルヴィン・シュレが任命された。

一九六〇年代に入ると、アイヒマン裁判がホロコーストに対する世界的関心を喚起したことにより、ドイツによるナチ犯罪人に対する訴追も本格化してゆく。その中でドイツの過去に対する認識においてひとつの大きな転換点となったとされるのが、一九六三年に開廷するフランクフルトのアウシュヴィッツ裁判である。アウシュヴィッツ強制収容所所長ルドルフ・ヘースの副官であった親衛隊中佐ロベルト・ムルカら二二名が裁かれたもので、初めてドイツでホロコースト生存者が舞台の前面に登場した。なぜなら、それまで生存者証言が裁判の中心となることは比較的少なかったからである。ニュルンベルク国際軍事裁判においては、ホロコーストはむしろナチの行った戦争の脚注扱いであり、裁判で証言した検察側証人は九四人いるが、ユダヤ人はそのうち三人にすぎなかった[80]。それに続いた「行動部隊裁判」も、生存者による証言よりも、むしろ親衛隊報告書をはじめとするドイツ側の文書を信頼できる証拠として採用した。証言者としての生存者の位置づけに対しては、その信憑性や記憶の正しさといった点で、懐疑的な立場を取る者が多かった。

ナチ犯罪追及センターにより正式に捜査が開始された件数の推移.
(1958 年から 2007 年, 全 7617 件)

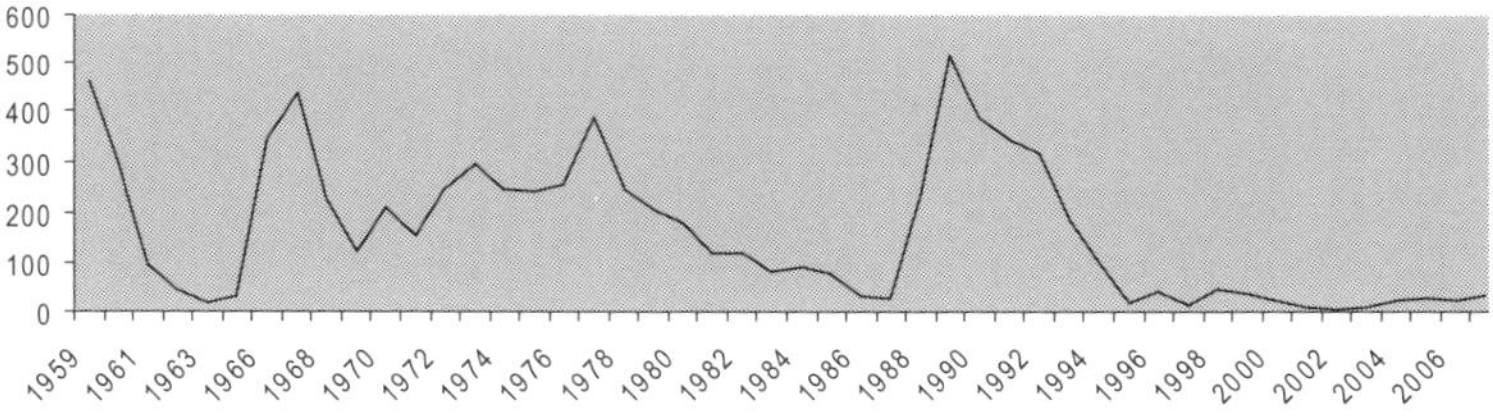

これに対しフランクフルト・アウシュヴィッツ裁判では、捜査の段階から新聞広告や生存者団体を通して、イスラエルやアメリカ、ポーランドなど、世界中から証人が集められた。裁判ではじつに二二一人のホロコースト生存者を含む三五九人の証人が呼ばれ、自らの言葉でその恐怖を語ったことで、彼らの体験が広く報道された。主要四紙（『フランクフルター・アルゲマイネ』『ヴェルト』『フランクフルター・ルントシャウ』『南ドイツ新聞』）が裁判の二二カ月間に掲載した関連記事は、九三三本に上った。[81] それは多くの国民にはそれまで知りようのなかった事実であったか、もしくは聞いても到底信じられないようなことばかりであったが、ようやくドイツが戦争の隠れ蓑の下で行った犯罪が可視化されるようになった。ただし世論調査を見ると、ドイツ市民の多くは過去を蒸し返すのはむしろ終わりにしたいと考えていたようだが、こうして動き出した「過去の克服」は、一九六〇年代末になると学生運動という強力な後押しを受け、ドイツの政治文化の核として確立してゆく。

しかし、ドイツ司法によるホロコースト犯罪者の処罰を量と質の観点から精査すると、また異なった印象がある。起訴への道筋をつけてきたのがナチ犯罪追及センターであるが、センターの設立から二〇一六年現在までに、センターの捜査により起訴へとつながった件数は七五九〇件である。[82] しかし、これだけの数を起訴へと持ち込むために予備捜査を開始した数は一一万件を超えている。前ページのグラフにあるように、正式な捜査が開始された件数は、時代の事情を反映したものになっている。たとえば一九六七年、六八年のあたりと七八年のあたりに件数の増加が見られるが、これはまず六九年に、次に七九年に謀殺罪の時効が完成すると考えられたための「駆け込み」を反映しているだろう。謀殺罪の時効が一九七九年に最終的に廃止されたことは、すでに指摘した通りである。またそれまでアクセスできなかった資料が開放されることで捜査環境が大きく変化することもある。一九九〇年前後に件数が激増したのは、八七年より連合国戦争犯罪委員会の記録の閲覧が許されたためである[83]。捜査は時間が経てば経つほど文書館史料に依存したものとなるが、センターは専属の歴史家を雇用しておらず、捜査官が大量の歴史文書を精査し、相当な労力をかけて起訴へとつなげているのである。

しかし、捜査が開始された件数は多くても、起訴されるのはそのごく一部にすぎない。捜査件数における起訴件数の割合は、一九四〇年代で三五％、五〇年代で九％、六〇年代で四％、七〇年代で二％、八〇年代にはすでに一％となっていた。その中から有罪判決が出るのはさらに少なく、センターの設立から二〇〇五年までの期間における有罪判決は五八三件である[84]。年代別に見ると一九五〇年代が一四三八件、六〇年代が三五五件、七〇年代が一四二件、八〇年代が四七件、九〇年代が四件と、確実に減っている。したがって、捜査件数の増加は起訴と有罪判決の増加には必ずしもつながっていない。その理由が、被疑者の死亡や、謀殺罪以外の犯罪の時効の完成などであることはすでに見た通りである。二一世紀に入ってからは起訴数が年一、二件、有罪判決は平均するとゼロに近いという状況が続いてきた（二〇一一年以降は、わずかながらの増加があるが、その理由については本章の最後で見ることにする）。

犯罪者の量刑に関しては、さらに厳しい見方ができる。たとえば、一九五八年のウルム裁判の被告人である行動隊員らに下された刑は、最長で一五年の自由刑（受刑者の自由を剝奪し拘禁する刑罰の総称）である。独ソ戦後の行動部隊による大量銃殺の多くは、女子供を含む無抵抗の民間人を森や渓谷、沼地などに集め、大きく掘られた穴の前で一斉射撃するという凄惨なもので、現地人の協力を得た行動部隊員が一日に何千人も殺害することも少なくなかった。まさに彼らの手は血に染まっていた。またフランクフルト・アウシュヴィッツ裁判でも、収容所所長の副官ムルカに対して下されたのは一四年の自由刑である。なされた犯罪の規模や性格と、これに対する処罰の間にあまりにも大きなギャップが存在するのはなぜなのか。

それは、刑法の謀殺罪規定による。繰り返すように、ドイツは人種的・民族的な集団をターゲットとした大量犯罪を「人道に対する罪」として刑法に取り入れることはせず、刑法の謀殺罪で裁いてきた。刑法二一一条は、「謀殺者」とは「殺人嗜好から、［…］物欲から、もしくはその他の下劣な動機から、背信的に、もしくは残酷に、もしくは公共の危険を生ぜしめるべき方法を用いて、［…］人を殺した者である」と定義している[85]。つまり相当の計画性、残虐性が必要とされる。「下劣な動機」には、たとえば人種憎悪が該当するとされる。こうした定義にあてはまるのは、おおよそヒトラー、ヒムラー、ゲーリングなどの意思決定者か、もしくは映画『シンドラーのリスト』に出てくるアモン・ゲートのような、強制収容所に面した邸宅のバルコニーから囚人を狙撃して楽しむサディスト以外にはいなくなる。彼らがまさにホロコーストの「正犯」であったとすると、「命令に従っただけ」の者は必然的に「従犯」である。ある程度職務上の強制がある、もしくは命令を拒否した場合に処罰がともなうと信じられた場合、謀殺罪の適用は困難であり、したがって犠牲者のうなじを至近距離から撃ちぬいて殺害した行動部隊員や、毒ガスのツィクロンBを投入した者も、謀殺幇助犯でしかない。実際、裁判では被疑者らはみな口をそろえて「命令されたところの職務を行っただけ」と主張した。つまり、命令された範囲を逸脱して、自らのイニシアチブで残酷に殺害したのでなければ、たいていは「謀殺幇助犯」として裁かれる。ドイツ基本法が死刑を廃止していたため、謀殺罪は無期の自由刑であるが、謀殺幇助罪は三年から一五年の自由刑である。このため、アウシュヴィッツを運営していたムルカのような人物が謀殺幇助罪で一五年以下の刑となるのに対し、囚人の中から選ばれた残酷なカポの方が謀殺罪で裁かれ、終身刑を受けるといった、矛盾するように思える判決が下されるのも、謀殺罪の規定そのものが理由なのだ。ちなみに、刑法の謀殺罪はナチ時代の一九四一年に改正されており、刑法学者によるとこれは「ナチスの思想にとって好ましからざる者を謀殺者として死刑に処するとともに、好ましい者を、本来謀殺者とされるべきであるにもかかわらず、故殺者としてその処罰を軽減する途を開こうとするものであった」という。[86] ドイツはまさに罪刑法定主義の通り、ナチ時代に合法であった法律によって、戦後ナチ犯を裁いてきたのだ。そしてその法律は、ホロコーストの巨大な車輪を動かす小さな歯車であった多くの人間の責任を問うものではなかった。

ヘイトクライム、ヘイトスピーチ

ここでナチ犯罪者の処罰からいったん離れ、ナチズムが公的に否定された社会において発生する「ナチ的犯罪」の処罰へと目を向けよう。

戦後の「ナチ的犯罪」には、まず生身のユダヤ人に対する物理的暴力がある。ただしこれはユダヤ人人口が小さいこと、またユダヤ人自身が外部からユダヤ人と認識されるような恰好を極力避けてきたこと、ユダヤ人施設が警察に警護されていることなどにより、件数は少ない。直接的な暴力が厳しく取り締まられるため、反ユダヤ主義はむしろユダヤ人墓地の冒瀆や公的空間における落書き、もしくは必ずしも特定の個人に向けられない侮辱、暴言、さらには死者の記憶の冒瀆などとして表出してきた。

近年「ヘイトクライム」「ヘイトスピーチ」と呼ばれるようになったこうした犯罪を規制するのが、刑法一三〇条の「民衆扇動罪（Volksverhetzung）」である。人種的、民族的もしくは宗教的マイノリティなど、特定の集団に対する憎悪を煽るような言説や行為を禁止している。民衆扇動罪としての一三〇条は一九六〇年に成立した。一三〇条の発展については、法学の観点からは櫻庭総の『ドイツにおける民衆扇動罪と過去の克服』（二〇一二年）が詳しく[87]、基本的には櫻庭に依拠しながら、本節では刑事対応を迫られるドイツの事情、また一三〇条を通してドイツ社会はナチ的犯罪をどのように封じ込めているのか、事例を挙げて見てゆく。

さて、戦後ドイツの刑法は一八七一年の帝国刑法を引き継いだものであり、旧一三〇条は「階級闘争の扇動罪」を定めていた。国家秩序を転覆させるような行為から国を守るという観点から、もっぱら大戦間期に社会主義者や共産主義者などを取り締まるために使われた条文であったが、第二次世界大戦後のドイツでは、階級闘争はすでに時代遅れとなっており、とくに一九五六年にドイツ共産党が違憲判決を受け禁止されたため、一三〇条は形骸化していた。

戦後初期のドイツ社会にとっての脅威とは、明らかに残存したナチ勢力の方にあった。とくに一九四〇年代末から五〇年代にかけ、ヘートラー事件、ナウマン事件、ツィント事件、ナチのプロパガンダ映画『ユダヤ人ズュース』（一九四〇年）で知られた映画監督ファイト・ハルランに対する裁判などが続き、社会からナチ的要素が除去されていないことが明白となっていた[88]。また政治においてはネオナチ政党である社会主義帝国党の勢力拡大が見られ、同党は一九五二年に違憲判決が出され禁止されている。こうした勢力は、実際にナチ時代を生きた人たちにより担われており、彼らは「ネオナチ」と言うよりは実際に「ナチ」だったのであり、ナチズム復興を希求する性格を有していた。このような集団をいかに無害化し、主流派に取り込んでゆくかが政府の課題であったが、社会全体がまだナチ時代の延長線上にあり、中でも司法・行政における人的連続性は、刷新への明らかな阻害要素となっていた。

社会のこうした実情を露呈させたのが、一九五九年末のクリスマスから全国的に広がった反ユダヤ主義的な落書き事件であった。ケルンのシナゴーグに鍵十字が落書きされると、一カ月ほどの間に七〇〇件もの類似事件が全国で発生した。新生ドイツのイメージを大きく傷つけたこの事件こそが、民衆扇動罪の導入を強く後押しした。つまり民衆扇動罪は、ナチズムの影が色濃く残る当時のドイツ社会の現実に対応するためのものであったのである。

一九六〇年に民衆扇動罪が導入されてから、一三〇条は何度か拡張されて、現在の第一～六項の形に至っている。その骨子を示すと、第一項で公共の平穏を乱すような形で憎悪を煽って暴力を誘発したり、罵倒・中傷により人間の尊厳を傷つける行為に対し、三カ月以上五年以下の自由刑を定める。第二項で特定の民族・宗教集団などに対して憎悪を煽る文書を一般に流布する行為を、三年以下の自由刑もしくは罰金刑に処すとする。第三項でホロコーストを否定したり、著しく矮小化する行為に対し、五年以下の自由刑もしくは罰金刑を定める。第四項で集会のような場で公に向けられた場で、ナチ支配を賛美したり正当化したりする行為を、三年以下の自由刑もしくは罰金刑としている。(89)

第三項は一九九四年に（次節で詳しく見る）、第四項は二〇〇五年に設けられた。民衆扇動罪の他にも、反ユダヤ主義的なヘイトクライムに対しては、刑法八六条一項四号（ナチ・プロパガンダの禁止）、八六条a（ナチ標識の禁止）、一八五条以下の侮辱罪、一八九条（死者の記憶の冒瀆の禁止）なども適用しうるため、

刑法 130 条による有罪判決数（2014 年）

刑法 130 条（民衆扇動罪）	有罪判決総数	総数中、男性によるもの	総数中、21 歳以下の青少年によるもの
1 項（憎悪を煽り人間の尊厳を傷つける行為）	263	238	45
2 項（憎悪を煽る文書等の流布）	57	52	9
3 項（ホロコースト否定、矮小化）	79	74	9
4 項（集会などでのナチ支配賛美・正当化）	5	5	2

ドイツでは公道で親衛隊の制服を着てナチの鍵十字の付いた旗を掲げ、「ユダヤ人は出ていけ！」「ユダヤ人に死を！」などと連呼するような集会を開けば、その場で逮捕される。

もちろん、民衆扇動罪は個人がユダヤ人に偏見を抱いたり、嫌悪したりすることを防ぐことはできず、個人が家族などごく私的な場所でユダヤ人への憎悪を露呈させた場合も処罰されるということではない。あくまでこうした行為が社会一般の目につく形で、公然と行われ、社会的な平穏を危険にさらす場合に犯罪となる。これはユダヤ人に対する行為に限定されず、たとえば国内のトルコ人やイスラム教徒などに対するヘイト行為も範疇に入るだろうが、これまで一三〇条が適用されてきたのは、やはりユダヤ人に対するものが多い。逆に、二〇一四年のイスラエルによるガザ攻撃の際に、ドイツではイスラエルの政策に反対する大規模なデモが発生し、その時「ユダヤ人をガス室に」などというスローガンが見られたが、この時はイスラム教徒が反ユダヤ主義的な扇動で起訴されていることを付言しておく。

連邦統計局が発表する国内の刑事裁判に関するデータでは、直近では二〇一四年の刑法一三〇条による有罪判決数が明らかにされている。[90]

これを見ると、民衆扇動罪で有罪判決を受けるのは圧倒的に成人男性であること、大半が第一項（憎悪を煽り、罵倒・中傷で人間の尊厳を傷つける行為の禁止）を理由とすることが分かる。では実際に一三〇条はどのような場合に適用されるのか、事例を見てみよう。

二〇〇五年九月、ボッフム地方裁判所で、当時二二歳のネオナチの活動家に対し民衆扇動のかどで一年九カ月の自由刑の判決が下された。公開されている判決文に名前は出てこないが、被告はナチ時代を彷彿とさせるネクタイと黒の長い革のコート着用でアジ演説するネオナチとして全国的に名を知られていた、アクセル・ライツである。ライツはすでに一三歳より政治活動を開始し、一四歳で極右政党であるドイツ国民民主党（ＮＰＤ）に参加した経歴を持つ。禁止されているナチ旗や書籍などを海外から輸入し、何度も家宅捜索を受け、処罰されている。

さてボッフムでは、二〇〇三年に「水晶の夜」で破壊されたシナゴーグを再建する計画が持ち上がった。公法上の団体であるユダヤ人共同体のシナゴーグ建設には州から大きな補助が予定されており、現地のＮＰＤはシナゴーグ建設の公的助成に反対した。二〇〇四年三月、ＮＰＤが「シナゴーグの建設をストップせよ――四〇〇万ユーロは民族のために！」をスローガンにデモを計画したが、集会は許可されなかった。このため、スローガンを「シナゴーグ建設に税金を使うな――言論の自由のために」と変更して集会を申請し、認められた。

集会で、ライツは約一五〇人のネオナチを前に、「ドイツ人民族同胞たちよ！」と呼びかけて演説を始めた。「民族同胞」とは、ナチ時代に人種的な他者を排除する観点から使われていた言葉である。ライツは訴える。

この国の殺風景な風景を眺めれば、その時分かる、ここには老齢年金のための金がない、青少年センターのための金がない、ドイツ民族のための金がない、［…］だがシナゴーグ建設のためにはある。［…］このドイツの地にもかつて最も自由な国が存在したが、もはや神に選ばれし小民族に対して声を上げることはほぼ不可能だ。そんなことをすれば、このボッフム中央駅で麻薬を売るより早く逮捕されるだろう。この国の人間に一考を求めたい。ドイツでは小さな、消滅寸前のマイノリティが、政治を決定している[91]［…］。

演説は、「ホロコースト後の反ユダヤ主義」と呼べる言説のオンパレードであった。ドイツは敗戦国であるのでこうした状況を許している、そこでユダヤ人は永遠なる犠牲者である、ドイツ人とユダヤ人の待遇は平等ではない、ドイツではユダヤ人を批判する言論の自由がない、イスラエルはパレスチナ人を殺しているではないか、ユダヤ人指導者が繰り返しドイツを批判するのはドイツに対するヘイト行為である、等々。さらにユダヤ人に対して「ドイツ人の心情が気に入らないならば、この国から出ていけ」とまで言っている。

ボッフム地方裁判所は、こうした発言が、基本法五条一項にある「表現の自由」が保障する自由な言論の範囲を明らかに逸脱しており、公共の平穏を乱し、特定の集団に対する憎悪や暴力を煽り、また人間の尊厳も傷つける行為であり、民衆扇動罪一三〇条一項に違反することは疑いないとした。この判決時にライツは他の数件の犯罪で執行猶予中であったため、判決には執行猶予はつかず、さらに前の件の執行猶予も取り消されたため、併せて二年九カ月の自由刑となった。

同じ頃、ライツに関しては行政裁判所による判断で、その主催する集会が禁止されている。彼は二〇〇五年一一月九日の予定で、「一方的な過去の克服に反対する！」というスローガンを掲げる集会をケルンで開く申請をしていた。一一月九日とは、一九三八年一一月九日に「水晶の夜」のポグロムが発生し、全国のシナゴーグが燃えた日であり、かつデモが予定された場所は、ケルンのシナゴーグが破壊された場所であった。その悪意に満ちた意図は明らかで、実際に前年二〇〇四年の一一月九日にライツは同じスローガンのもとで集会を開いており、ここではナチのシンボルが使われ、ナチズムの無害化がなされていた。

しかし二〇〇五年三月に、集会のような公の場でナチ支配を賛美したり正当化したりする行為を禁止する、刑法一三〇条四項が新設されていた。二〇〇五年三月と言えば、ベルリンのホロコースト記念碑が完成目前の時期であり、まさにこの国家的な施設の横で、極右勢力が威圧的なデモ行進を行う可能性が懸念されていたためである。一三〇条四項は、そのような事態が発生し、国家の威信が傷つけられるのを未然に防ぐために、大急ぎで付け加えられたのであった。これにもとづきケルンの行政裁判所は、ライツの集会開催が認められたならば、一三〇条四項に違反する危険性が高いとし、申請を認めない判断を下した(92)。

その一年前にはこうした集会を前もって禁止することができなかったことを思うと、ドイツには単にヘイト行為を処罰するだけではなく、そうした行為が行われうるような状況の発生を、未然に防ごうとする意志が見られる。集会で「ユダヤ人は出ていけ」と言った者を事後的に処罰しても、こういった発言が公の場でなされてしまった時点で、害はなされている。実際、こうした扇動者の意図は、注目を集めることにあるため、最初からその機会を与えないという意図で一三〇条四項が設けられたのだ。

ホロコースト否定の禁止

刑法一三〇条の民衆扇動罪の中で、一項、二項、四項とは多少異なる性格を有するのが、第三項のホロコースト否定の禁止である。一九九四年に新設され、ホロコーストの事実を部分的もしくは全面的に否定したり、アウシュヴィッツにガス室はなかった、ヒトラーはホロコーストについて知らなかったなどと、史実を意図的に矮小化することを禁止している。

ホロコースト否定は、日本では「歴史修正主義（revisionism）」と呼ばれている。「修正主義」というと、何やら学術的に修正の余地のある歴史像が問題とされているような印象を与えるが、実際にはナチズムやホロコーストを無害化する意図でなされる、事実でない言説のことである。修正主義者の狙いは、一般的に確立している歴史理解に対し、あたかも議論に値する別の解釈が存在すると思わせることで、学術的な歴史解釈と同じ議論の土俵に這い上がろうとすることにある。歴史家からすれば、こうした輩を相手にすること自体が無意味であるが、これに対し修正主義者は、比較はすべての科学の基礎であり、それを拒否する者は研究者としての義務を果たしていないといった「こじつけ」で応酬する。また、こうした主張は、何もナチズムやホロコーストだけに限定されない。アジアの戦争の解釈においても修正主義的な言説は存在し、またジェノサイドやコロニアリズムの歴史に関連することもある。程度の違いはあれ共通するのは、長年の歴史研究の積み上げによって確立してきた歴史像の拒否であるが、こうした主張をする人に歴史学の訓練を積んだ人はおらず、たいていは特定の政治的意図が動機となっている。つまり、修正主義とは彼ら自身がそう呼んでいるのであって、実際には単なる「否定論」である。このため本書では修正主義者という言い方はせず、「否定論者」と呼ぶ。

逆説的に聞こえるが、ホロコースト否定は、むしろナチズムなき時代に「世界的」に観察されてきた。戦後初期においては、ホロコーストを否定したり矮小化したりするのは、そうすることで実際に処罰を逃れんとする者たちであったが、そうした世代が退場した後の一九七〇年代後半から八〇年代に、否定論者の活動が活発となった。おもに北米がその舞台となったのは、ドイツには民衆扇動罪があり、ユダヤ人を侮辱したり死者の尊厳を踏みにじる言動に社会と法の監視の目があったのに対し、アメリカは表現の自由を重視するがゆえに、こうした活動を規制しにくいという事情があった。たとえば、ドイツ出身のネオナチで、『本当に六〇〇万人が死んだのか？』と題された否定本をカナダで流通させ、ヒトラーを礼賛するパンフレットを出版し、何度も訴えられたエルンスト・ツンデル。ツンデルの裁判に際し、アウシュヴィッツで人間はガス殺されていないとする「報告書」を提出したアメリカ人技師、フレッド・ロイヒター。大筋において、ヒトラーはホロコーストを知らなかったと主張した著述家デイヴィッド・アーヴィングはイギリス人である。オーストラリアではドイツ生まれのフレデリック・トーベンが持論を展開していた。そしてフランスには、ヴィダル＝ナケが「記憶の暗殺者」と呼んだ否定論者の系譜があった(93)。それは、アカデミックな装いをまとって否定論を展開してきた大学教授ロベール・フォーリソンに始まり、近年では、ホロコーストはイスラエルによる政治利益の追求のための道具である、とした哲学者ロジェ・ガロディもその範疇に入るだろう。

ドイツでは、すでに見たような刑事規制により「土着の」否定論は拡大しにくいため、国内のネオナチや極右勢力は海外の否定論を「輸入」して「紹介」することに甘んじてきた。したがって自らはホロコーストを否定しているわけではない、と強弁することさえあった。ＮＰＤ党首であったギュンター・デッカートや、ゲルマー・ルドルフといった、ドイツ人の否定論者もいるにはいたが、頻繁に処罰されており、こうした言動の可罰性は広く認識されていたと言える。

さて、ホロコースト否定にはふたつのケースが想定されており、ひとつには「単純なアウシュヴィッツの嘘（einfacher Auschwitzlüge）」と呼ばれるもので、これはナチによるユダヤ人虐殺の事実を部分的もしくは全体的に否定したり、ガス室は存在しなかったなど明白に史実に反する類の言説を言う。もうひとつは、「重大なアウシュヴィッツの嘘（qualifizierter Auschwitzlüge）」と呼ばれるもので、六〇〇万人という犠牲者数は誇張であり、ユダヤ人がドイツから補償金を搾り取るための「嘘」であるといった、「嘘」の創作の責任までもユダヤ人側に負わせるようなものを指す。「単純」「重大」というと、嘘の「深刻さ」の程度の違いのように聞こえるが、「重大な」という意味は、むしろ普通より重く処罰されるのに適すという意味である。

一九九四年に第三項が加えられる以前に、ホロコースト否定に対する規制がなかったわけではない。刑法一八五条以下の侮辱罪規定と一八九条（死者の記憶の冒瀆の禁止）である程度対応することはできた。しかし侮辱罪は親告罪であり、侮辱されたユダヤ人本人からの告訴を待つ必要があり、ホロコーストを否定する書籍などが氾濫すると、侮辱罪では対応できなくなる。[94] 一般に、「単純なアウシュヴィッツの嘘」に対しては一八五条以下の侮辱罪で、「重大なアウシュヴィッツの嘘」に対しては、一九六〇年に民衆扇動罪が設けられてからはこれで対応してきたが、後者による処罰では、「扇動」に該当する行為のハードルが高いことが問題とされてきた。[95] またドイツ統一後の一九九〇年代に外国人排斥の動きが強まり、ネオナチ的な言説の拡散が問題とされるにつけ、従来のやり方で対処するには限界があると思われた。このため、ホロコースト否定のみで犯罪構成要件となるような法改正が求められたのである。

こうして生まれた一三〇条三項は、ホロコーストの矮小化・否定を行う関係者すべてに適用される。たとえば、ホロコーストの特定局面を否定したり、矮小化するような内容の本を作成し、印刷し、流通させた者たちがいるとすると、その著者もしくは翻訳者のみならず、編者、出版社、書店、さらにはその本を二冊以上所持している者すべてが処罰される。一九九四年にホロコースト否定の禁止が導入され

刑法130条3項（ホロコースト否定の禁止）による起訴・有罪判決件数

年度	起訴件数	有罪判決件数
1995	9	7
1996	20	12
1997	8	2
1998	17	11
1999	20	16
2000	8	7
2001	53	44
2002	22	17
2003	26	18
2004	31	24
2005	41	33
2006	35	26
2007	63	53
2008	57	45
計	410	315

てから二〇〇八年までの起訴件数、有罪判決数は上表の通りである（それ以前は、ホロコースト否定による起訴をそれとして統計化していないため、数は不明である）[96]。

さらに、二〇一四年度の連邦統計局のデータでは、この年の一三〇条三項による有罪判決件数は七九件であり、圧倒的多数（七四件）は男性によるもので、その中でも六六件は二一歳以上の成人男性によるものだ。年齢層では顕著な特徴はなく、どの年代でも比較的均等に見受けられる[97]。

ところで、ホロコースト否定は一般に、ヘイトスピーチの規制という観点から論じられることが多い。その理由は、ホロコースト否定は特定の民族・人種・宗教集団への憎悪や敵愾心を煽る行為に付随してなされることが多いので、ヘイトスピーチの一形態であると考えられるためである。確かに、ホロコースト否定を行う者は、多くがナチ・イデオロギーに共鳴しており、ユダヤ人に対する憎悪を抱いているため、否定そのものが反ユダヤ主義の表現であり、したがってヘイトスピーチであるというのは正しい。実際、ユダヤ人は補償金を得るために死者数や被害を誇張するという主張は、ヒトラーやナチズムを無害化し、その思想を広める目的でなされていることが多い。

しかし、特定の集団を攻撃するヘイトスピーチを禁止するのと、ホロコースト否定の禁止が有する社会的意味は異なるように思われる。前者は社会秩序の維持や、マイノリティの保護といった観点から重要であるが、現実の暴力をともなうヘイトクライムとは異なり、ホロコースト否定によってユダヤ人が身体の危険にさらされるわけではない。

では、アウシュヴィッツにガス室がなかったと言うことにより精神的に傷つけられるのは誰なのか。まず、死者の尊厳が傷つけられているだろう。また歴史的事実そのものが傷つけられているという意見もある。だが、死者も歴史も、もちろん訴えることはできない。刑法とはそもそも、実際に被害を受けた「人間」の存在を前提としている。したがって法は、歴史や真実、記憶といったものを守る手段としては適していないという法学者もいる。[98] 現実には、こうした主張により最も深く傷つけられる人びとがホロコースト生存者とその家族であることは明らかだが、現在こうした人はごく少数になっている。したがってこれは特定のごく少数の人たちを守るために設けられた法律だとは考えにくく、より広い社会に対する効果を目的として設けられている。法律の世界では、法令がある特定の行為を規制することによって保護、実現しようとしている利益のことを「保護法益」と言うが、ではドイツの場合、ホロコースト否定を禁じることで守ろうとしているものは何か。逆にこれがなされると何が損なわれるのか。

法的な観点からすると、民衆扇動罪の保護法益は、公共の平穏と人間の尊厳だという。[99] しかし、政治的・社会的な観点からすると、ホロコーストが否定されることで損なわれるのは、戦後ドイツの国家としての基盤そのものだと思われる。一三〇条三項の導入に先立つ議論では、ホロコースト否定の犯罪化の理由として、その害がまさに連邦共和国が拠って立つ民主主義的基盤を切り崩す点に求められていた。メディアの論調を見ても、「ナチの絶滅収容所に関する事実を否定する者は、ドイツ連邦共和国が建国された土台を放棄する者である」（『ヴェルト』紙）、「アウシュヴィッツを否定する者は、ユダヤ人の尊厳を攻撃するのみならず、この社会の自己理解の基盤を揺るがす」（『ヴェルト』紙）、「〔否定論者〕デッカートのホロコーストに関する見解が正しいとすると、連邦共和国は嘘の上に築かれたということになる。大統領の講話や、黙禱の時間や、教科書が、どれも嘘だったということになる。ユダヤ人虐殺を否定することによって、デッカートは連邦共和国の正統性を否定しているのだ」（『フランクフルター・アルゲマイネ』紙）[100]。ここにはホロコースト否定は、連邦共和国の国家的前提への挑戦であるゆえ、処罰せねばならないという姿勢が読み取れる。

法学者ローレンス・ダグラスが次のように要約している。

「ドイツの文脈においては、ホロコースト否定は〔社会の〕自由な規範に挑むのみならず、過去への反省を国家的正統性の根拠とする国の規範に対しても挑戦する。この意味では、ホロコースト否定は、ドイツ国内に暮らすユダヤ人への脅威となるのみならず、こうした形の償いを試みる国家に対しても脅威になる」[101]。

実際、ドイツの歴史を振り返ると、事実でないことがまことしやかに語られ、これにより人びとが動員され、破壊的な結果がもたらされる一因となってきた。代表的にはユダヤ人の長老が集まって世界征服を画策するという、『シオン賢者の議定書』である。これは帝政ロシアで創作された反ユダヤ主義的な偽書であるが、この本にある、世界を裏で操るユダヤ人のイメージは、ナチが繰り返し利用した。また、第一次世界大戦でドイツが敗北したのは、じつは国内のユダヤ人や共産主義者らがドイツを背後から一突きしたためであるという「匕首《あいくち》伝説」も、ドイツに伝統的にある反ユダヤ感情に油を注いだ。こうした流言を放置することで、もしくは政府がこれを悪用することで、単なる妄想から現実の暴力が誘発された。ホロコースト否定が国家の基盤を危うくするという主張は、決して誇張ではないことをドイツの歴史は示しているのだ。

修正主義と「公的な歴史」

ホロコースト否定が犯罪化されたことで、検察は社会の平穏や死者の尊厳が損なわれたことを立証するまでもなく、当該人物がホロコーストを否定したことを示せば有罪を勝ち取ることができるようになった。ここにおいて重要なのは、ホロコーストが疑う余地なき「歴史的事実」として最初から位置づけられている点である。一九八二年四月二七日の連邦憲法裁判所の決定が、ホロコーストが周知の事実であり、なんら証明を必要としないことを明確にしている[102]。言い換えると一三〇条四項に関連する刑事裁判で、訴えられたネオナチが「ではホロコーストが実際に起こった証拠を示せ」などと要求しても、退けられるということだ。これまでの判決から、ホロコーストに関しては以下の点が否定しようのない事実として原則的に了解されていると言ってよい。それは、①ナチは計画的かつ組織的にユダヤ人殺害を行ったこと、②殺害のためのガス室が存在したこと、③ユダヤ人犠牲者の数は約六〇〇万人であること、そして④ホロコーストは歴史上、特異な出来事であったことである[103]。

同様に重要なことに、ドイツ連邦憲法裁判所は、ホロコーストの否定は基本法五条一項で保障される表現の自由にはあたらないと断じている[104]。なぜならそれは意見の表明などではなく、虚言にすぎないからである。無数の目撃証言や文書があり、多くの刑事裁判で明らかにされ、また歴史学の知識により真実でないと分かっていることを主張することは表現の自由にあたらないとしたのである[105]。妄言に「自由な言論」などという看板を掲げさせてはならないということだ。

史実の否定を禁止するといっても、歴史学的には、ホロコーストの全容が解明されているとは言いがたい。他の歴史事象に比べると巨大な研究の蓄積があるが、大きな地理的広がりを持った出来事であっため、その全貌が明らかになることはこれからもないであろう。われわれのホロコースト理解とは、約七〇年間の歴史研究の積み上げが形成してきた歴史像にすぎないゆえ、新たな史料が出てきたり、研究が進んだりすれば細部において修正される可能性はもちろんある。したがってこれは、学術的にまだ論争の余地のあるものに対し、異論をさしはさむ余地を認めないということではない。

それでも、歴史事実に対し「悪意ある」疑義をさしはさむ余地を排除することが、修正主義の封じ込めには決定的に重要になる。この点は、ドイツ以外の国で否定論者に対してなされた裁判がどのような経緯をたどったかを考えると明らかである。

たとえば、一九七〇年代から北米で活発にホロコースト否定活動を行ってきたネオナチ、エルンスト・ツンデルに対するカナダの裁判では、ツンデル側の弁護人はホロコーストの事実そのものに公然と疑義をさしはさんだ。ホロコースト生存者を嘘つき呼ばわりし、検察側の専門家証人として呼ばれたホロコーストの歴史家、ラウル・ヒルバーグの実証研究までをも「技術的には伝聞証拠にもとづく」と位置づけるような、まったく倒錯したやり取りが展開された(106)。もちろん歴史学自体が、過去の事象を扱う以上、伝聞証拠に多くを依拠するというのは、ある意味では事実である。ちなみに、英米法では伝聞による証言は証拠として採用されないことが多い。

また、イギリスの否定論者、デイヴィッド・アーヴィングの裁判では、歴史家リチャード・エヴァンズが七五〇〇ページにもわたる報告書を用意し、さらにクリストファー・ブラウニング、ペーター・ロンゲリヒといった名だたるホロコースト研究者が専門家証人として呼ばれるなど、ホロコーストの事実認定に莫大な時間、費用が費やされている。そもそもイギリスにはホロコースト否定を罰する法はないため、この裁判では否定論者アーヴィングがその言説ゆえに訴えられたのではなく、彼を否定論者と著書の中で名指しして非難した歴史家デボラ・リップシュタットを、アーヴィングが名誉毀損で訴えた裁判であった。したがって、訴えられたリップシュタットが自分の主張の正しさを証明する必要があったのである。結果的にリップシュタットは勝訴したが、どちらにせよ否定論者の非歴史的な主張を「論破」するために、専門家が「証拠」を提示せねばならないこと自体、極めて不毛である。こうした事例からも、ホロコーストが証明の要らない事実として位置づけられていることの意味は非常に大きい。ホロコースト否定自体が犯罪を構成するならば、検察は当該人物がホロコーストを否定したことを示せばよい。

歴史的事実を否定する者を前に、学術的な理解を前提として議論を進められることは重要だ。なぜなら、専門家でもない限り、特定の歴史事象がどのような史料により裏づけられるのか、またどの点が解明されていないのか、こうしたことは普通分からない。日本の場合だと、たとえば従軍慰安婦の議論における軍の関与に関し、「軍の関与を示す文書は見つからなかった」、したがって軍が関与していたかは確定できないという主張がなされることがある。しかし歴史の学徒であれば、歴史を再構成するにあたり、署名された命令の存在は必ずしも必要でないことは誰でも知っている。それが見つからないとしても、関連する文書や目撃証言、写真、物的な痕跡などから、当時の状況が十分に推測可能であり、そうした全体の状況から判断するのが歴史学であるからだ。例を挙げると、ホロコーストの実施を「命令」したヒトラーの文書は見つかっておらず、そのような文書はそもそも存在しないだろうと考えられている。しかしそうだからといって、ヒトラーがホロコーストに関係していないと言うならば、それは荒唐無稽極まりない。したがって、「証拠がない」とは非常に稚拙な議論である。ただし、こうした理解なしに「物的証拠がない」とだけ聞くと、「証拠がない」イコール「史実でない可能性がある」、つまり推定無罪、と考える人は少なからずいる。そうした場合、特定の物的な「証拠」の提示に固執すること自体が、たいてい修正主義的な意図を有していることが認識されていない。

しかし、歴史を法的にも事実として位置づけることは、必然的に新たな問題をもたらす。それは特定の言説を処罰の対象にすることで、否定してはならない「公的な真実」、ひいては「公的な歴史」というものを国家が決めることになるという指摘である。こうした批判は、むしろ歴史家の側からなされてきた。たとえば、アーヴィング裁判に勝利したリップシュタットは、ホロコースト否定の禁止を法制化することに反対していた。また少なからぬホロコースト研究者が同じような立場に立っている。こうした危惧は、たとえばフランスでは「ゲソ法」をめぐる議論において現実のものとなっている。

じつは、フランスはドイツ刑法が一三〇条三項を導入するよりも先の一九九〇年に、ニュルンベルク国際軍事裁判における意味での「人道に対する罪」の否定を禁止した。これが「記憶の法」と呼ばれるゲソ法であり、一般にはフランスにおけるホロコースト否定禁止法として理解されている。この法の制定に関しては、当初からフランス国内で歴史家から懸念が表明されていたのだが、法実務においては、ホロコーストだけでなくアルメニア人の虐殺の否定も処罰対象となるのか、さらにさかのぼってアフリカからの奴隷貿易は人道に対する罪にあたるのかなど、まさに国家によるジェノサイド認定の問題として現出した。歴史的にアルメニア難民を多く受け入れてきたフランスは、アルメニア系の住民が多く、ロビー活動も活発な国であり、実際に二〇〇一年に国家としてアルメニア人の虐殺をジェノサイドと認定している。

法というものが本来、国の歴史や社会のあり方を反映したものである以上、国が法によって否定を禁止すべきと考える歴史事象が異なるのは当然である。後述するが、ＥＵでホロコースト否定を禁止する方向性が打ち出されたとき、東欧諸国が求めたのは、共産主義下でなされた犯罪の否定も処罰対象とすることであった。その意味では特定の歴史の否定の禁止は、つねに諸刃の剣としての危険性を内包している。対象となる歴史事象が学術的にもよく究明されており、学問の世界だけでなく社会的にも十分な認知があり、かつ人びとがそれについて自由に議論できる――こうした環境を欠く国においては、これはすぐに言論統制の手段と化すであろう。もしくは学術的には十分に究明されているにもかかわらず、社会に史実を受け入れる雰囲気がなく、歴史研究の積み上げによって確立された理解に対して、客観性を欠く「個人的な見解」が堂々とぶつけられるような国では機能しない。極端な例を出せば、かつてアフマディネジャド大統領のもとのイランでは、ホロコースト否定が国家的解釈として打ち出されていた。

したがってこの種の規制は社会の規範と民主主義の浸透、そして歴史教育の実践と密接に関係している。学校において客観的な歴史教育を行うことが、将来的には刑事規制の機能を担保することになる。したがってドイツでは教育現場におけるホロコースト否定が厳しく監視されている。次にその例を見てみよう。

教育現場で

ホロコースト否定に関連する有罪判決数は、毎年数十件と、決して少なくはない。中でも教員や警察官など、民主主義の理念を教え守る公務員が処罰されている事例が少なからずある。(107) たとえば、一九九四年にホロコースト否定の禁止が導入されるきっかけとなった、極右政党ＮＰＤの活動家ギュンター・デッカート自身も元教員であった（もちろん解雇されているが）。子供たちの世界観、歴史認識の形成に重要な役割を担う学校の教員が起訴される事例は、検証に値するだろう。

じつは刑法一三〇条三項の導入以前から、教員が処罰されるケースが散見される。一九八〇年代初頭にゴスラーの実科学校の教員が刑事訴追された事例では、その人物はクラスによるダッハウ強制収容所への見学旅行を前に、第三帝国下に絶滅収容所など存在せず、それはユダヤ人が平穏に暮らせる労働収容所であったと発言した。ある生徒がユダヤ人の虐殺に関するドキュメンタリー映画を見たことがあると反論すると、それはアメリカ人のでっち上げだと一蹴し、さらに自分には養う家族がいるからこの件は口外しないようにとくぎを刺した。これが学内で噂になり、学校新聞がこのクラスの四人から教師の発言に関する文書による証言を入手すると、この教員はこの四人を除く生徒たちに、そのような発言はなかったとする文書に署名させ、これを手に四人の親を個別に訪問し、撤回しなければ法的手段を検討すると脅すに至った。結局この教員には刑法一三〇条（当時の民衆扇動罪）、一八五条（侮辱罪）、一八九条（死者の記憶の冒瀆の禁止）にもとづき、執行猶予付き六カ月の刑が言い渡されている。[108]

より間接的な、オブラートで包まれたホロコースト否定の事例では、バーデン＝ヴュルテンベルク州で一九九六年、授業において海外の否定論者であるフレッド・ロイヒターやデイヴィッド・アーヴィングの主張を、これが史実に反すると断ることなく紹介し、アウシュヴィッツであれほどの数のユダヤ人がガス殺されるのは不可能ではないかと示唆した教員に対し、二年間にわたる減給を命じる判決が出ている。[109] 公判で教員は、自身はロイヒターやアーヴィングの言説を引用したにすぎず、自らホロコーストを否定してはいないと主張した。この時にはすでに一三〇条三項は存在していたが、この教員の懲戒処分はこの条項を根拠としたものとはなっていない。現実にこの教員はホロコーストの歴史事実を否定してはおらず、その点では公の場で事実に反する嘘を流布させたと見なすことはできないと裁判所も認めている。むしろ、公務員とは基本法が示すところの民主主義的基本秩序に奉仕し、これを維持するように努めることが義務であるのに怠った（公務員法違反）、また州の学校法が生徒に対して人間の尊厳や、

読者カード

みすず書房の本をご愛読いただき，まことにありがとうございます.

お求めいただいた書籍タイトル

ご購入書店は

・新刊をご案内する「パブリッシャーズ・レビュー　みすず書房の本棚」（年 4 回 3 月・6 月・9 月・12 月刊，無料）をご希望の方にお送りいたします.

（希望する／希望しない）

★ご希望の方は下の「ご住所」欄も必ず記入してください.

・「みすず書房図書目録」最新版をご希望の方にお送りいたします.

（希望する／希望しない）

★ご希望の方は下の「ご住所」欄も必ず記入してください.

・新刊・イベントなどをご案内する「みすず書房ニュースレター」（Eメール配信・月 2 回）をご希望の方にお送りいたします.

（配信を希望する／希望しない）

★ご希望の方は下の「Eメール」欄も必ず記入してください.

・よろしければご関心のジャンルをお知らせください.
（哲学・思想／宗教／心理／社会科学／社会ノンフィクション／教育／歴史／文学／芸術／自然科学／医学）

（ふりがな） お名前　　　　様	〒
ご住所　　都・道・府・県　　市・区・郡	
電話　　（　　　）	
Eメール	

ご記入いただいた個人情報は正当な目的のためにのみ使用いたします.

ありがとうございました．みすず書房ウェブサイト http://www.msz.co.jp では刊行書の詳細な書誌とともに，新刊，近刊，復刊，イベントなどさまざまなご案内を掲載しています．ご注文・問い合わせにもぜひご利用ください.

郵便はがき

料金受取人払郵便

本郷局承認

9196

差出有効期間
平成29年12月
1日まで

113-8790

東京都文京区
本郷5丁目32番21号

505

みすず書房営業部
行

通信欄

（ご意見・ご感想などお寄せください．小社ウェブサイトでご紹介させていただく場合がございます．あらかじめご了承ください．）

自由な民主主義的秩序を学ばせることを求めているのに従っていない（学校法違反）、という理由で処分相当と判断されている。平たく言えば公務員の服務義務違反ということである。

こうした事例を見ると、これらが社会的な奥行きを持つことが分かる。なぜなら、こうした裁判に関わることになった生徒たちの後ろには家庭や地域が控えているからである。教員のこうした言動を問題視し、告発も辞さない保護者の意志と連携、それを是とする社会的雰囲気がある。学校側も教員の問題行動をもみ消すのではなく、きちんと公の目にさらし、法的に対処する姿勢が求められる。これを可能とするのは、客観的な歴史認識にもとづく社会規範の確立である。戦後ドイツの長い政治的・社会的・教育的積み上げのゆえに、こうした規制が意味を持つのだ。

ヨーロッパの方向性

現在、ホロコースト否定を刑事規制の対象とする方向性は、ヨーロッパ全体で共有されていると言ってよい。二〇〇七年には国連総会はホロコースト否定を「いかなる留保もなしで」非難するという決議を、イランを除く全会一致で採択している。[110]国連加盟国も、ホロコーストを否定することは、どのような形であれ拒否するよう要請されている。さらに翌二〇〇八年、EUは「人種差別および排外主義の克服に関するEU枠組み決定」を採択した。[111]これは、ヘイトスピーチやホロコースト否定に関し、EU加盟国間で刑事的対応が異なる状況を是正し、相互に協力することを目的とし、最終的には加盟国がホロコースト否定を刑事罰の対象とする法の制定を求めている。[112]枠組み決定によると、ジェノサイドや一九四五年の国際軍事裁判所憲章（ニュルンベルク憲章）の第六条で定義されるところの戦争犯罪や人道に対する罪を「公の場で、大目に見たり、否定したり、ひどく矮小化したりすること」を処罰しなければならないとされている。[113]

じつは、枠組み決定は二〇〇一年に提案されて以来、長く議論が続き、ようやく合意されたものだ。提案が出された当時、ホロコースト否定を禁じる国内法を有していたEU国家は、ドイツ、フランスなど一〇カ国であった。現在ヨーロッパではほとんどの国がヘイトスピーチをなんらかの形で規制する法を有するが、ホロコースト否定を明示的に禁止する法律を持つ国はその半分ほどである。二〇一四年の時点では、EU内の一三カ国で、フランス、キプロス、ルクセンブルク、スロヴァキア、ベルギー、チェコ、ドイツ、リトアニア、ハンガリー、オーストリア、ルーマニア、スロヴェニア、ポーランドである。EU外ではスイスもこうした法律を有する。ただし、禁止の対象は「ホロコースト否定」に限定されているわけではなく、たとえば前述の最初の四カ国（フランス、キプロス、ルクセンブルク、スロヴァキア）は一九四五年のニュルンベルク国際軍事裁判において定義された犯罪の否定や矮小化を禁じている。ドイツやオーストリアは、処罰対象をナチ・ドイツによりなされた犯罪の否定に限定しているが、他の国は他のジェノサイドも含めていたり、もしくはリトアニアやポーランドのように、自国民に対してなされたナチ犯罪の否定に限定する国もある。[114]ヨーロッパ外では、イスラエルでホロコースト否定が犯罪になるのはもちろんである。

EU加盟国でそのような法律を有していないのは、イギリスを筆頭に、北欧諸国を含む一五カ国である。こうした国々は、表現の自由の保障をホロコースト否定の犯罪化よりも重視していると言え、たとえばイギリスではヘイトスピーチを規制する法律はあるが、ホロコースト否定や矮小化を取り締まる法律はない。ヨーロッパ外では、アメリカにもない。ただし、ホロコースト否定を明示的に禁止する法律がない国でも、この種の暴論が野放しになっているわけではなく、こうした国々でもさまざまな法律を適用して、否定論者の活動を封じ込めることにある程度成功している。加えて、欧州人権裁判所は、重大な差別扇動やホロコースト否定については、欧州人権条約における表現の自由の保障を認めない姿勢を明確に打ち出している。(115)

現在、ホロコースト否定論者に対しては、ヨーロッパ規模の包囲網ができあがっていると言ってよい。各国の規制が否定論者を「ペルソナ・ノン・グラータ（好しからざる人物）」とし、そのヨーロッパ内での移動や活動を困難にしている。たとえば、先のアーヴィングはロンドンでの敗訴の後、二〇〇五年にオーストリアで逮捕され、三年の自由刑の判決を受けて実際に一年以上、ウィーンの刑務所で暮らしているが、その根拠は自身のホロコースト否定によりオーストリアで一七年前に出された逮捕令状であった。またカナダのエルンスト・ツンデルも、最後は出身国ドイツの刑務所で過ごすこととなった。カナダでの一連の裁判の後ツンデルはアメリカに移住したが、その時点でも国籍はドイツであったため、ドイツ政府は「民衆扇動罪」でツンデルの逮捕状を取り、二〇〇五年にドイツへ送還された。その後の裁判で、ツンデルに対し「民衆扇動罪」では最大にあたる五年の自由刑の判決が二〇〇七年に下っている。ツンデルは二〇一〇年に釈放され、現在は生まれ故郷でひっそりと余生を送っていると言われるが、どちらにせよツンデルに自由な移動の余地はほとんどない。大半のヨーロッパ諸国では逮捕される可能性があるうえに、もはやアメリカやカナダは入国を認めないだろう。

デムヤニュク裁判以降——新たな解釈と新たな裁判

章の冒頭で、ここ数年、強制収容所の元看守らに対する裁判が続いていることを指摘した。もちろん被疑者は相当な高齢者で、みな九〇歳を超えている。こうした人びとに対し、七〇年以上前の行為を問う裁判が開廷すること自体、ある意味では驚くべきことだ。裁判以前に、高齢や病気のため公判に堪えなかったり、認知症で訴訟能力なしと判断されたり、さらには証人が誰も存命していないこともありうる。有罪判決を受けても健康上の理由で勾留されない、もしくは控訴中に死亡し裁判が維持できなくなる可能性が高い。したがってドイツによるナチ犯の刑事訴追は、生物学的な意味でもまさに最終段階にあるが、なぜ今になって裁判が続いているのか。

それは、二〇一一年にミュンヘン地方裁判所でイヴァン（ジョン）・デムヤニュクに対して下された判決が、それまでのナチ犯罪人の訴追にある転換をもたらしたためである。まず、デムヤニュク裁判とはなんだったのか(116)。

イヴァン・デムヤニュクは一九二〇年にウクライナの貧農の家に生まれ、十分な教育を受けることもなく、コルホーズで働き、第二次世界大戦ではソ連兵士として出兵した。しかし一九四二年にドイツ軍の捕虜となり、ポーランドのトラヴニキという場所にあった捕虜収容所でナチ強制収容所の看守として訓練され、絶滅収容所ソビブルを含むいくつかの強制収容所に配属された。ドイツがソ連兵捕虜をナチの共犯者へと仕立て上げたのは、単純にも、占領した広大な地域の支配を維持するためのマンパワーを欠いていたためである。恒常的な人手不足にあったため、たとえば民間人の大量銃殺を行った行動部隊では、一人のドイツ人隊員につき、約一〇人の現地人補助員がついていた。ホロコーストの実行において、ドイツは対独協力者たちに大きく依存していたのである。

独ソ戦開始当初、ドイツ軍に捕まったソ連兵士には、捕虜収容所でのたれ死ぬか、対独協力者になるかの選択肢しかなかった。大戦中、約五七〇万人の赤軍兵士がドイツ軍の捕虜となったが、そのうちなんと三三〇万人が捕虜状態のまま死亡している。これは明らかに意図的な絶滅政策であり、捕虜たちは収容所とさえ呼べないような場所に入れられ、不十分な食料しか与えられなかったため、死因は多くの場合、餓死、病死、衰弱死である。たとえば、ドイツ北部のベルゲン・ベルゼンでは、捕虜はほとんど何もない野外に鉄条網で閉じ込められているにすぎなかったので、照りつける太陽や寒さから身を守るために掘られた穴が、敷地を月面のようにしていたほどだ。またソ連兵捕虜でも出自により待遇が異なり、ユダヤ系の兵士はすぐに殺害され、ロシア系は衰弱死するに任されたが、ウクライナ系はトラヴニキへ選別される者が多かった。ドイツによるこうしたソ連兵の扱いが、まさに人種や民族を理由としたナチ的な絶滅政策であったことが認識されるようになったのは比較的近年のことである（二〇一五年に連邦議会は元ソ連兵捕虜への補償を決定している）。

さて、看守としての訓練を受けたデムヤニュクは、「ポーランド総督府」に配置された。東部には、ベウジェツ、ソビブル、トレブリンカ、ヘウムノ、マイダネク、アウシュヴィッツの六つの絶滅収容所が存在した。前の三カ所は、「ラインハルト作戦」と呼ばれたポーランドのユダヤ人の抹殺計画の中で生まれた、純粋に殺害のみを目的とした施設であった。マイダネクとアウシュヴィッツは労働収容所も併設していたが、アウシュヴィッツⅡ（ビルケナウ）では毒ガスによる大量殺害が行われた。こうした絶滅収容所は、ドイツ領内にあった多くの強制収容所とは区別される。デムヤニュクはまずマイダネクに送られ、その後ソビブルに配置換えされ、戦争末期には赤軍の攻勢にあってドイツ軍とともに退却し、フロッセンビュルク強制収容所でも看守を務めた。

戦後、デムヤニュクは故郷に帰ることはしなかったが、それは戦時中に対独協力を行った者は、ソ連に戻れば処刑されると考えられたためである。難民としてミュンヘン近郊の難民キャンプで暮らした後、一九五二年にアメリカに移住して、ウクライナ系が多く移住したクリーブランドに落ち着いた。当時のアメリカは、ホロコースト生存者より、むしろ反共を理由に移住してくる者たちを好んで受け入れていた。デムヤニュクはフォードの自動車工として働き、一九五八年にアメリカに帰化した。

名をイヴァンからジョンに英語化したデムヤニュクがごく平凡な生活を送っていた一九七〇年代、アメリカはヨーロッパからの移民の中に紛れていた戦争犯罪人やナチ協力者の本格的な捜査を始め、七九年には司法省内に特捜課（Office of Special Investigation）が設けられた。市民として暮らす「隣のナチ」をあぶりだすことを任務とし、その捜査リストにはこの自動車工の名が早くから挙がっていた。[117] デムヤニュクにかけられた嫌疑とは、トレブリンカのガス室を任されていたウクライナ人の看守――残酷さと非道さで「イヴァン雷帝」と恐れられた――と同一人物であるというものであった。

当初からデムヤニュクの身元はあまりはっきりしなかった。トラヴニキ収容所での写真つきの身分証明書が残っており、ここにはデムヤニュクがトレブリンカではなく、ソビブルに配属されたことが記されていた。同じ人物が、同じ時期に、一六〇キロも離れたソビブルとトレブリンカにいることは不可能であると思われたが、イスラエルに暮らすトレブリンカの生存者らが複数名、写真のデムヤニュクを「イヴァン雷帝」と同定したため、司法省はこの男をどうするか検討を始めた。

じつはアメリカにとって、帰化して自国民となったナチ犯罪者の問題は、まったく頭の痛い話であった。アメリカはニュルンベルクで確立した「人道に対する罪」を国内法に取り入れておらず、どちらにせよ外国人であったデムヤニュクがヨーロッパで犯した犯罪を裁く権限もない。しかし「米国移民国籍法」（一九五二年）は、ナチ政府やそれと協力した政府のもとで、人種・宗教・民族的出自・政治信条を理由として迫害を命令・幇助した者の帰化の取り消しを認めていた。このため、デムヤニュクは移住の際に強制収容所の看守としての経歴を隠して入国したとして、市民権剝奪の裁判がなされることとなった。しかし帰化を無効としても、その人間を受け入れてくれる国を見つけるのに難儀する。中でもドイツは各国からナチ犯罪者が送りつけられることを危惧して、ほとんど受け入れてこなかった。このためナチ犯罪者が無国籍のままアメリカ国内に滞留する状況がしばしば発生したが、今回はイスラエルが引き渡し請求を行うというので、デムヤニュクは一九八六年二月、イスラエルに引き渡された。

デムヤニュクに対する裁判は、前に見た一九五〇年の「ナチとナチ協力者（処罰）法」にもとづくが、この法律を根拠として非ユダヤ人に対して裁判がなされるのは、六一年のアイヒマン以来であった。生存者証言により「イヴァン雷帝」として裁かれたデムヤニュクは、一九八八年に「ユダヤ人に対する罪」や「人道に対する罪」で死刑を宣告された。一般の犯罪における死刑をすでに廃止していたイスラエルでは、「ナチとナチ協力者法」にある罪を犯した者のみが死刑になるが、アイヒマン以来の死刑宣告であった。

ところが、デムヤニュク側が上告している間に共産主義体制が崩壊するという大きな状況の変化があり、それまで公開されていなかった資料が出てきた。ソ連の秘密警察の資料から、「イヴァン雷帝」はじつはウクライナ人イヴァン・マルチェンコという人物であったことが判明したのである。マルチェンコはデムヤニュクより年上であり、髪の色なども違ったようだが、耳が突き出て額が広いなど外見上の共通点があったとされる。こちらのイヴァンは、一九四四年頃に目撃されたのを最後に、消息は分かっていない。つまり同じ時期にトラヴニキで訓練を受けた看守の中にイヴァンという名のウクライナ人が二人おり、一人はトレブリンカに、一人はソビブルに配属され、前者はその残虐さで際立った男であったが、もう一人のイヴァンはこれといった特徴のない、状況と自身の心の弱さによりホロコーストの従犯という立場に行きついた男であった。一九九三年、イスラエル最高裁は、証拠不十分として死刑判決を破棄した。

デムヤニュクはアメリカに戻されて市民権を回復したが、彼が「イヴァン雷帝」でなくとも絶滅収容所の看守であったことに変わりはなかったため、今度はソビブルの看守として、いわば「小イヴァン」として二度目の市民権剝奪手続きが開始され、二〇〇二年に正式に無国籍となった。司法省による交渉の結果、今度はドイツが引き渡し請求を立てることを承諾した。

ドイツがアメリカに渡ったナチ犯罪者の引き受けに消極的であったのは、アメリカにおける行政処分のレベルでは間違いなく問題ありと認定可能なケースでも、ドイツにおける刑事手続きの厳格な基準では有罪にできない可能性があるためであった。有罪にならない人間を引き受けたとなると、ドイツは元ナチの避難所であるという批判を受けかねず、確実に有罪にできない者は入国させたくないというもっともな理由があった。加えてデムヤニュクは外国人であり、ドイツに管轄権があるかという問題があった。

ではドイツはなぜデムヤニュクを入国禁止リストから外し、引き渡しを求めることにしたのか。アメリカから引き受けを強く要請されたのは間違いないが、ドイツがナチ犯罪人の訴追に関して、国としての姿勢を示す政治的な意図があったのかもしれない。もしくは検察側にデムヤニュクを有罪にできる勝算があったのかもしれない。その本当の理由が判明することはないだろうが、二〇〇九年、八九歳のデムヤニュクはアメリカの政府専用機でドイツに送られた。(118)

国際的な関心を集めてミュンヘンで裁判は開廷した。しかし当初は、デムヤニュクを入国させても、有罪判決を勝ち取ることができるかは専門家の間ではなはだ疑問視されていた。すでに見たように、ドイツ刑法の謀殺罪は、相当な計画性や残虐性、「下劣な動機」が明白でなければ適用されず、「命令に従ったたけ」の親衛隊員らはもっぱら謀殺幇助罪で裁かれてきた。さらに一九六三〜六五年のフランクフルト・アウシュヴィッツ裁判とその判決を確認した六九年の連邦通常裁判所（ドイツの最高裁）判決以降、ホロコーストへの関与で有罪とするには、被疑者により具体的な殺人がなされたことを立証する必要があるとされてきた(119)。つまりデムヤニュクの特定の行為により殺された、特定の犠牲者の存在が必要だというのだ。しかし、収容所の看守の仕事は本来「見張り」であるため、個人として自発的な殺人に及ぶことはむしろ稀である。そもそもトラヴニキで訓練された外国人看守はドイツ人の監督下にあるため、権限を逸脱した行為は許されていなかった。脱走者の射殺が、看守も関わりうる最も可能性の高い事例だが、仮に個別の殺人がなされたとしても、これを裏づける証拠、もしくは証人が必要となる。忘れてならないのは、「ラインハルト作戦」の三つの絶滅収容所に送られた約一五〇万人のユダヤ人のうち、生還者はわずか一二〇人であるという事実だ。死亡率は限りなく一〇〇％に近く、そのような状況下で、特定の看守が特定の行為を働き、特定の人物を殺害したと証言できる人間がいると期待することはできない。

しかし看守は、殺害を目的とする施設の運営に関わるという意味では、殺人システムの一部である。絶滅収容所ではいかなる作業も（囚人の誘導、逃亡の監視、ガスの注入、清掃、死体の焼却など）、すべて殺害のプロセスを円滑に進めるために必要不可欠な要素であり、どれが欠けても滞る。つまりひとつひとつがつながっているため、絶滅収容所の運営自体が、総体として殺人というひとつの犯行を構成すると解釈することもできる。この点は一九六五年のフランクフルト・アウシュヴィッツ裁判において、すでにヘッセンの検察長官フリッツ・バウアーが指摘していた。バウアーは、絶滅収容所のシステムに組み込まれていた者は、看守も含めすべて殺人に関与したのであり、個別の殺人の証拠を必要としないと主張したのである。バウアーの言葉を借りると、「社会学的には、そこ〔絶滅収容所〕にいるということだけでも、すでに心理的な幇助」なのである。[120]

しかしこの見解を最高裁は認めなかった。アウシュヴィッツ裁判の被告人の一人、収容所の歯科医であった親衛隊員シャッツについて、絶滅収容所における単なる職務上の所属だけでは、その間になされた殺害の責任を負わせることはできないとの見解が示され、証拠不十分として無罪としたのだ。[121] 実際にはシャッツはアウシュヴィッツに列車で到着したユダヤ人らをガス室行きか労働従事かに「選別」し、ガスの注入さえ監督したのだが、この判例により「自らの手で」特定の誰かを殺したのでなければ、謀殺幇助を問うことも困難とされた。この結果、個別の殺人が立件できる者を除き、強制収容所の看守らはほとんど起訴されることもなかったのである。

ミュンヘン地方裁判所のデムヤニュクに対する判決は、それまでの流れを変えた。フランクフルト・アウシュヴィッツ裁判から四〇年以上が経過し、その間にホロコーストの歴史学的研究は目覚ましい発展を遂げていた。特に冷戦終結後、旧ソ連を含む東欧の文書館が開放されたことで、ナチの東欧支配の実態が詳細に分かるようになった。近年ではとくに対独協力者によるホロコーストへの加担の実態が解明され、デムヤニュクが訓練を受けたトラヴニキ捕虜収容所についても、詳細な研究が出ている。[122] 確かにデムヤニュクによる個別行為としての殺人を証言できる者は存在しなかったが、それを十分に補う歴史知識の蓄積があった。歴史研究から、トラヴニキ出身の看守は、むしろ最後まで自らの選択でドイツに奉仕を続けたことが分かっている。脱走する看守がかなりの数に上ったのは事実だが、長期休暇をもらって帰省した者も、休みが明ければ職場に復帰してきた。ドイツ人の下で働けば、多少の給与とともに食料や酒も手に入り、自分が職務中に死亡したならば、残された家族に少額ながら年金も出た。[123] 戦後、彼らはドイツ人ナチ犯罪者とともに、自らの犯罪について口をつぐんできた。正犯と従犯の利益共同体は、長い間暗黙のまま保たれてきたのである。

二〇一一年五月、ミュンヘン地方裁判所はデムヤニュクに、ソビブルにおける少なくとも二万八〇六〇人に対する謀殺幇助の罪で五年の自由刑を言い渡した。ただし、これはフランクフルト・アウシュヴィッツ裁判と、これを確認した一九六九年の最高裁の判例を覆したわけではない。なぜなら判決では、いわゆる「絶滅収容所」とされるもの（ベウジェツ、ソビブル、トレブリンカ、ヘウムノ、マイダネク、アウシュヴィッツⅡ）と、強制収容所・労働収容所（ダッハウ、フロッセンビュルク、ザクセンハウゼン、ラーヴェンスブリュックなど）は区別されている。前者では、まさに「殺害」のみが意図され、実際に死亡率は九九・九％を超えたという意味で、ここで働いた者はその仕事の種類にかかわらず、全体としての殺人プロセスに関わったのであり、したがってこうした場所では特定の個人を殺害したという証拠がなくても、謀殺幇助罪が成立するとしたのである(124)。

しかし、絶滅収容所と強制収容所の区別の妥当性には異論もある。強制収容所ではユダヤ人はすぐにガス殺されなかったかもしれないが、そこでは「労働を通した殺害（Vernichtung durch Arbeit）」が行われていた。極端に少ない食料に加え、長時間の労働、劣悪な衛生状態、こうした中で最期の瞬間まで労働力が搾取された。これもやはりナチの絶滅計画の一部であり、なぜこうした場所の看守は幇助罪に該当しないのかという疑問が残る。また絶滅収容所の職員でも、有刺鉄線の間際で銃を携帯して脱走者を見張った者と、収容所職員に食事を提供したり宿舎の清掃を行った衛生兵とでは、区別が必要だという指摘もある(125)。

判決の後、デムヤニュクは老人福祉施設に送られた。弁護人が直ちに控訴したためであるが、判決から一年もせぬ二〇一二年三月、施設で亡くなった。したがってミュンヘン地方裁判所の有罪判決は確定しておらず、デムヤニュクはいわば法的には「無罪」のまま死亡したのである。しかし、この判決の影響はすぐに現れた。ルートヴィヒスブルクのナチ犯罪追及センターが、デムヤニュクの判例をひとつの転換点と見なし、同じような立場にあった看守らに対する捜査を開始したのだ。この結果、東部の六つの絶滅収容所で看守や事務員を務めた者たち数十人に対し、新たな捜査が開始されることとなった。これが近年裁判が増えた理由である。すでに、二〇一五年七月、リューネベルクの法廷で一九四二年から四四年にかけてアウシュヴィッツで働いていた元親衛隊員、オスカー・グレーニングに対する判決が言い渡されている。グレーニングは、アウシュヴィッツに送られた囚人から没収された所持品の管理を担当する、いわゆる帳簿係であり、殺害に直接関与したわけではなかったが、三〇万人の殺害幇助の罪で四年の自由刑が宣告された[126]。判決時のグレーニングは九四歳であった。翌二〇一六年六月、デトモルト地方裁判所で、一九四三年から四四年にかけ同じくアウシュヴィッツの看守であった元親衛隊員、ラインホルト・ハンニングに対する判決が出た。一七万人の殺害幇助の罪により、五年の自由刑である。ハンニングも九四歳であった。

現時点で、デムヤニュクの判例により訴追がどの範囲まで拡大するのか、絶滅収容所に勤務した限りにおいて、もはや個別の殺人を立証する必要がないという新たな解釈は維持されうるのか、それに対する答えを出すのは時期尚早であろう。どちらにせよ物理的な意味での訴追の終焉は、もうすぐそこに迫っている。近年の展開が遠からぬ加害者の消滅を視野に入れたものであったとしても、現段階で言えるのは、ドイツはホロコーストに関わった人間を、自国民であれ、外国人であれ、最後まで裁き続ける道を選んだということだ。

第3部　記憶

ホロコーストを想起するための記号は、終戦から七〇年以上経ったにもかかわらず——もしくは七〇年以上も経過しているがゆえに——現代社会に溢れている。大方の歴史事象は、時間の経過とともに記憶が色褪せてゆき、歴史の中にしかるべく整理されてゆくが、ホロコーストだけが時間の経過に逆行して、その記憶はますます拡散していっているかのようにさえ見える。史跡、記念碑、歴史博物館、映画、小説、アート。私たちは、毎年新しい「ホロコースト映画」が公開され、ベルリンのホロコースト記念碑や、ワシントンのホロコースト博物館に観光客の長い列ができる時代に生きている。記憶は、「忘れまじ」を警句とする社会において集客力のある新しいアトラクションになりつつある。

ここにおいて一般にホロコーストの「記憶」という言葉で表現されているものは、すでに個人の体験にもとづく、肉体的な感覚による記憶を意味しない。ある意味では、フランスの社会学者モーリス・アルヴァックスの言ったような、特定の社会の価値観や思考様式、言語などの枠組みの中で生成する「集合的記憶」をも超越しようとしている。なぜならホロコーストは、本来この歴史事象といかなる接点もない人びと、地域、世代に対しても一定の影響を与える、グローバルな何かになっているからだ。ホロコーストが本来有していた地理的性格は失われ、現在、まさに世界的なホロコーストの記憶が興りつつある。

こうした状況はいかに生まれてきたのか。第二次世界大戦中の死者数で言うと、ユダヤ人の六〇〇万人の死者より、ソ連の民間人の犠牲者の方がずっと多いが、ソ連の犠牲の記憶は世界的に共有されることはなかった。では、ホロコーストの記憶に与えられた政治的重要性は、何に由来するのか。

加害者であるドイツ人と、犠牲者であるユダヤ人は、それぞれに何を心にとどめ、どのように想起しようとしてきたのだろう。とくに、自身が犠牲者の「代弁者」であることを自明としてきたイスラエルにおいて、遠く離れたヨーロッパで起こった出来事はどのように国民的記憶として提示され、継承されてきたのか。逆に、ユダヤ人迫害に対する「集団の恥」（大統領テオドール・ホイス）は認めても、ドイツ人としての「集団の罪」は認めなかったドイツでは、加害の歴史はどのように想起されたのか。ナチの強制収容所やシナゴーグ、ユダヤ人墓地といった「記憶の場」（ピエール・ノラ）は、戦後ドイツでどのような変遷を遂げ、何が記念碑に刻まれ、どのようにして公的な記憶は形成されてきたのか。そして戦後生まれがドイツでもイスラエルでも国民の圧倒的大多数を占める現在、経験していない過去を想い起こすには、何が求められるのか。これから遠くない将来に、ナチ加害者はもとより、ホロコースト犠牲者がこの世に一人として存在しない日が来るが、その時われわれはどのように記憶を継承してゆけばよいのだろうか。もしくはその時に継承されている記憶とは、実際にはなんなのだろう。

本論に入る前に、「記憶」そのものについて、多少の整理と説明が必要だろう。記憶とはじつに多義的な概念であり、社会的な記憶の研究が近年とくに活発となっている。それは先の戦争の当事者世代が消えゆく中で、記憶のあり方に変化が生じ、それゆえに過去の表象のされ方や、記憶の政治利用や濫用が問題とされるようになったためでもある。

まず一般論として、記憶は個人のみに属すという考えがある。体験者、つまりその場に物理的に居合わせた人が、個人の視覚や聴覚などの五感を通して得た情報が記憶として整理され、必要な時に引き出されて想起されるという理解である。たとえば、アウシュヴィッツを経験した人だけがアウシュヴィッツの記憶を有し、そうでない人がいくら想像をたくましくしても、それは社会が「アウシュヴィッツ」として理解するものを想像しているにすぎないので、個人を越えて記憶が「継承」されることなどありえないと考える。ここでは記憶は、個人により有機的に占有されており、社会一般が記憶を「有する」とは考えられていない。

これに対して、「集合的記憶（collective memory / kollektives Gedächtnis）」という考え方がある。ブーヘンヴァルトで殺害されたアルヴァックスはすでに一九二〇年代に、記憶は個人が属す集団が共通して持っている価値観、思考体系、解釈の図式などを通して呼び起こされるゆえ、本質的に社会的なものであるとした。したがってこうした社会的枠組みの外には記憶は存在せず、つまり純粋に個人的な記憶というものはない。またそういった意味では、この枠組みなしでは集団も存在せず、個人の記憶は集団の記憶に参画することで初めて可能になるという(1)。

こうした記憶の構築性から出発し、現在、記憶研究の第一人者であるヤン・アスマンとアライダ・アスマン夫妻は「コミュニケーション記憶」と「文化的記憶」という概念を提唱している(2)。前者は、個人の有機的な記憶を基盤とし、家族や社会などとのコミュニケーションを通して共有されている。たとえば、戦争を経験した世代の記憶は、当事者が子や孫に体験を語ることに加え、家の中に当時の写真が残っていたり、軍服が大切にしまってあったりすることにより、伝達され、生きている。こうした記憶は、その担い手が生物学的に交代することにより三、四世代で消えてゆく、短いスパンの記憶である。

コミュニケーション記憶より長期的に持続するのが、「文化的記憶」であるという。ここでは、より距離の遠くなった過去に、テキストやイメージ、儀礼、記念碑などを通して規範的な意味が与えられ、制度化され、これを通して社会の自己アイデンティティが演出される。これは歴史的出来事の当事者が不在であっても、社会の中で繰り返し想起される記憶である。アスマンの意見では、ホロコーストの記憶は、戦後七〇年が経ち、コミュニケーション記憶から文化的記憶へと変容しつつある。

こうした議論を踏まえ、本書では記憶を個人のものであると同時に、社会的・集合的なものとしても理解している。記憶が本質において選択的であり、過去に実際に起こったことと同一ではないことは自明であるが、こうした記憶を社会が特定の意図でさらに選び出し、記念の対象とし、記念碑を建てたり、国家的記念日に指定したり、教育制度の中で位置づけたりすることを通して制度的に想い起こすことにより、集合的記憶が形成される。集合的記憶とは、雑多な記憶が抽出され、蒸留され、現在の共同体・社会・国家などの集合の要請に合わせて形を与えられた記憶である。したがって本章では記憶の中から記念（commemoration, memorialization /Kommemoration, Gedächtnis）の対象を選び、これを制度化、儀式化することにより集合的に想起（remember/gedenken）するという関係性を前提としている。

第5章　犠牲者の記憶

メモリアル・ブックの編纂

数ある人類の悲劇の中で、ホロコーストほどその記憶が広く共有されるに至った歴史事象は存在しないように思われるが、ホロコーストの記憶が拡散し、象徴性を獲得してゆく背景にあった要因とはなんだろうか。

最初の出発点には、死者に「墓がない」という事実があったと思われる。非常に多くの人びとが、いつ、どこで、どのように最期を迎えたのか不明なのだ。森の中で集団銃殺され、大きな穴に埋められた人びとの身元が判明することはもはやない。ナチは犯罪の痕跡を隠蔽することには極めて周到で、敗北間近になると大量埋葬地は掘り起こされ、死体は燃やされ、骨は粉砕された。絶滅収容所に到着した時、腕に囚人番号を入れ墨された者は番号として記録に残されたが、すぐにガス室に送られた人の場合、記録だけでなく物的なもの――遺骨のような――も残っていない。彼らの死について証言する死体すらないということだ。彼らはまさに「消えて」しまったのである。こうした人びとの出生記録などの公文書さえ戦火で消失してしまったならば、特定の個人がかつてこの世に存在したということを証明するものはなくなる。これらの人たちについて語る者がいなければ、また彼らについて記憶する者もいなくなれば、犠牲者は完全なる証言不可能性の中へ、まさにアーレントの言う「忘却の穴」に堕ち込んでゆく。(3)

こうした死者たちには、名がない。彼らは誰かの息子や娘として生きた歴史を持つ個人として弔われる権利を奪われている。イスラエルのホロコースト記念施設であるヤド・ヴァシェムは、ホロコーストで命を落とした人びとの名前とライフヒストリーを収集しデータベース化しているが、現在その数は約四五〇万件である。つまりあと一五〇万人については、死という事実以上の情報を欠くということだ。

こうした人びとをどのように追悼し、記念すればよいのか。追悼とは、まず個人的な行為である。死者を個人として思い浮かべ、その人生を想い、その人に死者としてのしかるべき場所を与えることである。そのために、多くの共同体では埋葬や葬儀といった、生者と死者の境界を確立するための社会的な儀式に重要な役割を与えている。ここにおいて墓とは、生者と死者の分離の儀式が物理的な「場」として固定化されることを意味している。したがって埋葬すべき遺体がない、墓がないということは、弔うことができないことであり、生き残った者が死を受け入れ、区切りをつけることも困難にする。それゆえにユダヤ人はまず、死者が象徴的にも属すべき場所をつくる必要性があった。死者がとどまるべき場所、墓の代替となるものを求めたことに、彼らの追悼の原点があったのだ。

ユダヤ教は弔いの儀式を重視する宗教である。死者が出ると家族は家から出ずに一週間喪に服し、故人を想う（シヴァ）。しかし戦時中はユダヤ教の教えが求めるような形での儀式が執り行えないまま、多くの死者が庭の隅や森、非ユダヤ人墓地などに埋葬されていた。しかるべき弔いのなされていない死者の魂はさまよい続けるとされ、こうした死者に、宗教儀礼に則った葬儀を行うことが、生き残った者の義務であった。

しかし、東欧のゲットーや強制収容所から戻ってきたような者は、それさえも困難な状況にあった。ドイツ軍の敗走後、故郷に戻ったユダヤ人が今度はかつての隣人であるポーランド人らに殺害される事件が相次いでおり、一九四四年のドイツ軍撤退から一九四七年の夏までにポーランド人により殺害されたユダヤ人の数は、一五〇〇人から二〇〇〇人とも言われる。何よりも生き続けることが重要であったので、ホロコースト生存者は相も変わらず身の危険にさらされるヨーロッパを去る決心をし、パレスチナやアメリカへの移住を求めて西へ南へと移動を始めた。故郷を離れる前に彼らは、死者が眠っているとされるその地の上でカディッシュを唱え、木や石で即席の墓標を建てた。石碑を建て、崩壊した共同体の歴史をしのぶ銘を刻むこともままならなかった。

しばらくして東欧諸国は共産主義化し、土地を離れた生存者が故国を訪れる機会は失われた。もし彼らが東欧の故郷でふたたび生活を立て直すことができたのならば、死者は死した場所で追悼されたのだろう。しかし、ポーランドなど東欧の「死の現場」に残ったユダヤ人はほとんどいなかった。

弔う人と、弔われる場所は、切り離された。追悼のための物理的な「場」を欠くユダヤ人が試みたのは、「メモリアル・ブック（Yizkor Book）」（図版①）と呼ばれる、ユダヤ人共同体の歴史とその破壊を記した本の編纂であった。終戦直後から一九七〇年代くらいにかけ、同郷団体が呼びかけ人となり、おもにイスラエルとアメリカで特定の村や町のメモリアル・ブックが編纂された。同郷出身者に配布することを目的とするため、大半がヘブライ語もしくはイディッシュ語で書かれており、発行部数も数百部程度と少ない。中には歴史家の手による本格的なものもあるが、大半は生き残った者自らが執筆し編集した。どのような本をメモリアル・ブックと見なすか確立した定義はないが、その数は七〇〇から八〇〇冊ほどとされる。(4)

メモリアル・ブックの編纂は、ホロコーストで始まったわけではない。ヨーロッパ社会では中世より、疫病が蔓延したり、社会不安が高まったり、もしくは人びとが宗教的熱狂にとりつかれた時、ユダヤ人が迫害され追放された。この頃からアシュケナズィム（ドイツ系）のユダヤ人は、失われた共同体の歴史とその犠牲者の名を記録するようになった。最初のメモリアル・ブックは、一二九六年にニュルンベルクで編纂されたものとされる。「神よ忘れたもうな」と始まり、ユダヤ人の追放や殺害が起こった日付、場所、そして死者の名が記されている。そしてこれを毎年、シャブオット（収穫祭）の前の安息日の祈りの中で読み上げることで語り継いできたのだ。文字で記し、声に出して読むことによって死者を想起するユダヤの伝統の中から、ホロコーストのメモリアル・ブックも生まれてきた。

メモリアル・ブックは、いわば、持ち運び可能な墓標である。実際に本の中表紙には墓石や、灯のともされたロウソクが描かれていることが多い（図版②）。安らぎを得られぬ死者が属すべき場所、つまり墓を与え、彼らの不安定な存在に終着をもたらすことが意図されている。西部ポーランドの町、プシェデチ（イディッシュ語ではプシャイチュ）のメモリアル・ブックは、まさに墓としての意図を明白に語る。ホロコースト以前はこの町の住民の大半がユダヤ人であったが、多くはヘウムノ絶滅収容所で殺害され、現在この町にはユダヤ人はいない。一九七四年にイスラエルで出版されたその本には次のようにある。

われらの肉親や友人、プシャイチュのユダヤ人を永遠の記憶にとどめるメモリアル・ブックは、彼らの墓の代わりとなるであろう。この本を開くときにはいつも、その墓石の傍らに立つように感じるだろう。殺人者は彼らに墓さえも許さなかった。われらの肉親のいたぶられた肉体は死体焼却場で燃やされた後、その骨は砕かれ、撒かれて地の肥やしとなったからである。(5)

(左) 図版① ポーランドのヴアウィストク近郊の町，ゴニォンツのメモリアル・ブック中表紙（New York Public Library, Droit Jewish Devision, Yizkor Book Collection, http://yizkor.nypl.org/）.（右）図版② ロウソクの下に「聞け，イスラエル」とある.

図版③ シナゴーグを頂くゴニョンツの風景.

メモリアル・ブックの特徴は、かつて存在したユダヤ人共同体について、その歴史から個人の生活に至るまで、非常に詳細に記述することにある。生き残った者が余すところなく記さなければ、永遠に忘れ去られるという危機感が編纂の動機となっている。たいていシナゴーグや学校、墓地、市場などの場所を細かに示す村の地図で始まり、建築物の写真やイラストとともにその歴史が語られる（図版③④）。さらに村でのユダヤ人の生活――どの通りの何番地にどの家族が住んでいたか、家族構成やその生業まで――が詳細に語られる。歴史的には重要性が低いと思われるような詳細が続くこともあるが、これも証言者がいなくなればまさに「忘却の穴」に堕ち込み、記憶をすくい上げることも不可能となるという理解ゆえであろう。

メモリアル・ブックは、ホロコーストから最も時間的距離が近い「証言集」でもある。ナチの侵略と破壊の様子、そしてユダヤ人がどのように生き延びたか、また終戦直後の状況などについて記されている。「オーラルヒストリー」の名のもとに、生存者証言が組織的に集められるようになる数十年も前に、彼らは証言集を編纂していたのだ。そこにはドイツ人とその協力者に対する怒りや憎しみ、復讐への願望が率直に語られていることもあり、こうしたナラティブは時間が経つと姿を消してゆくため、それ自体で史料的価値があると言える。そして本の最後には、たいてい共同体の死者のリストがついている。アルファベット順になっているため、同じ苗字が数ページにわたり続くことがあり、そういう場合は家族全員、もしくは親類一同、根こそぎにされたことを意味するだろう（図版⑤）。

死者の名を集め、記録する――ここに最も原初的な記念の形がある。どの社会においても、記念碑は戦争や災害の犠牲者の名を石に刻んだものであることが多いが、ホロコーストの場合、名を刻むには死

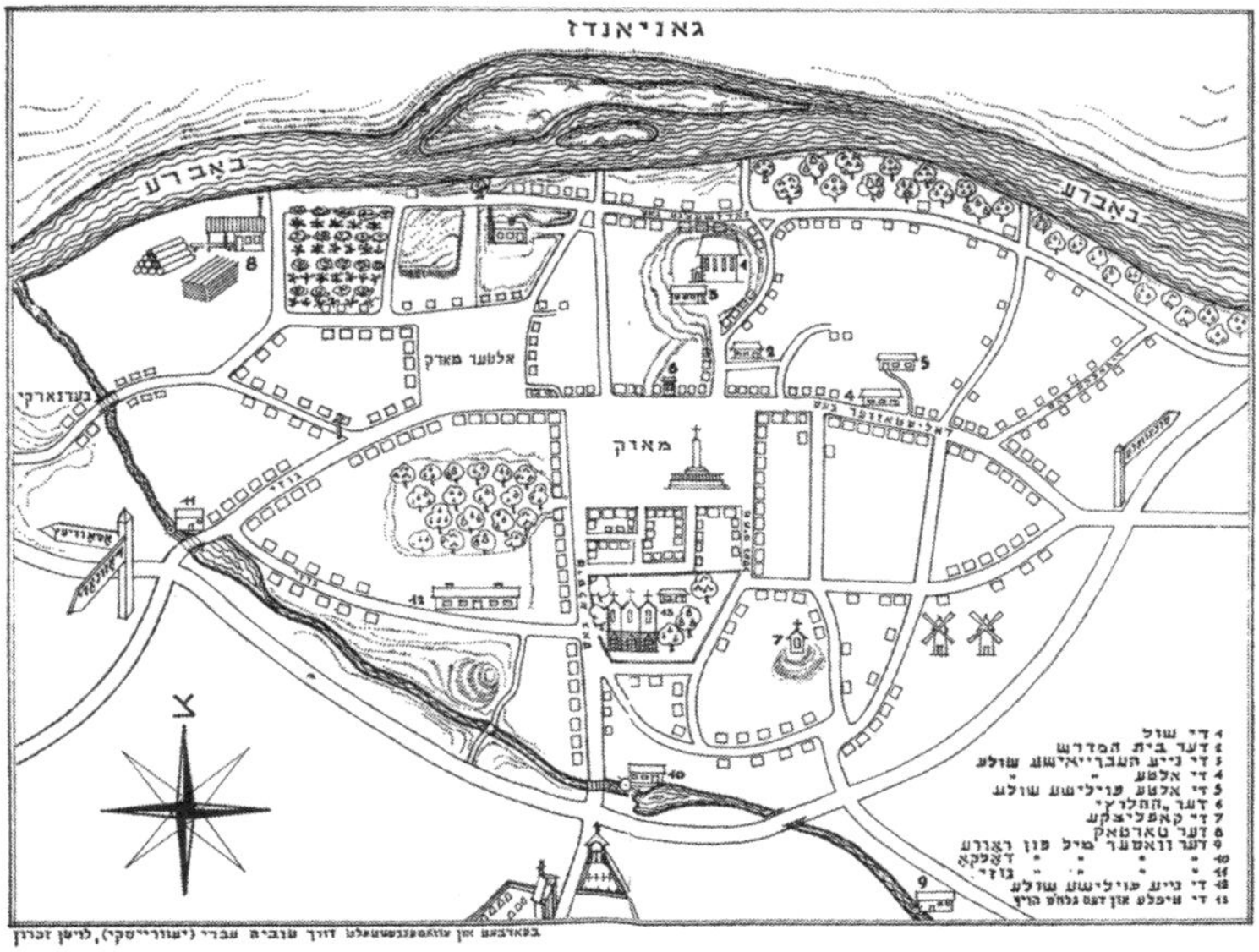

図版④ ゴニォンツの手書き地図.

者数が多すぎた。しかしこれを六〇〇万という集合体で代表させると、死者は無名性に閉じ込められる。六〇〇万分の一という、ほとんど何の具体性もない数として扱われる者たちにふたたび名と顔を与えることは、個の回復に他ならない。現に、ヤド・ヴァシェムの犠牲者のデータベースは、まさに「名を取り戻すプロジェクト」と呼ばれている。また、同記念館の「名前のホール」では、六〇〇〇枚の故人の写真がタワーのように円錐状に頭上に展示され、死者がそれぞれの顔を持った個人であったことを思い出させる（カバー写真）。同じようなコンセプトに立つ記念は世界各地で見られる。ワシントンのホロコースト記念博物館の「顔のホール」は、ホロコーストで消滅したリトアニアのあるユダヤ人村に住んでいた住民の戦前の写真で埋められている。またここでは、ホロコースト記念日（ニサン月二七日）に数日にわたって犠牲者の名前を読み上げている。希望者が博物館に直接出向くか、もしくは自宅からインターネットなどを通して、家族など個人的なつながりのある死者の名前を読み上げる。サンプルから読み上げることも可能で、一人につき五分読むと、一時間で六五〇人ほどの名前を読み上げることができるという。つまり、一〇〇時間読んでも六万五〇〇〇人分にしかならず、六〇〇万という数がいかに膨大なものであるか人は身をもって感じるのである。

メモリアル・ブックは、死者の眠る動かすことのできない場所に対して、追悼する人間の移動という、両者の分離を背景として生まれてきた。人と場所の分離という側面は、その後のホロコーストの集合的記憶の形成と想起のされ方に、大きな意味を持ったと思われる。場が固定化されないことで、想起は出来事が有した本来の地理性から自由になり、むしろ抽象化された行為へと昇華する。墓に出向き花を手向けることではなく、記し、語り、伝えることで記念されるようになるのだ。

しかし、ヘブライ語かイディッシュ語で書かれたメモリアル・ブックは、本質的に内輪の弔いであった。ここで語られる記憶が、ユダヤ人社会を越えて拡散することはなかった。

イスラエルへ移植される記憶

一九五〇年代に入ると、ユダヤ人がほとんどいなくなった東欧の国々では、ホロコーストの犠牲者の追悼と記念はおもに非ユダヤ人の手に、つまり共産主義政府に託された。共産主義的な理解からすると、ファシズムの最たる犠牲者は宗教や民族に関係なく、労働者と民衆である。こうした過去のイデオロギー的な解釈において、勇敢にファシズムと闘った社会主義者・共産主義者が英雄と位置づけられ、ユダヤ人はこれと対置される受身の犠牲者として、国家的な追悼と顕彰の周縁に追いやられていった。ファシストとそうでない者、英雄と犠牲者という極めて二元的な分類に公的な承認が与えられたため、両者の中間に位置していた大多数の人間――ユダヤ人迫害の積極的な受益者となることもあれば、ユダヤ人の救済者にもなった「傍観者」たち――は、国家化された白黒の歴史像の中に不可視に塗り込められていったのである。共産主義国家においては、記念行事とは政治体制の正統性を示す手段に他ならず、かつての強制収容所など「記憶の場」は公認された記憶の展示場と化していった。

フランスやオランダ、ベルギーなどの西欧諸国では、追悼と記念の仕事は疲弊した現地のユダヤ人共同体が請け負った。どの国でもユダヤ人人口は大きく減少していたが、東欧のように共同体が完全に消滅するようなことはなかったからだ[6]。しかし彼らの弔いは、非ユダヤ人社会の参加を欠いた孤独な作業であった。みながナチの占領に抵抗したかのような「レジスタンスの神話」が多くの国で戦後の民主主義再建の文

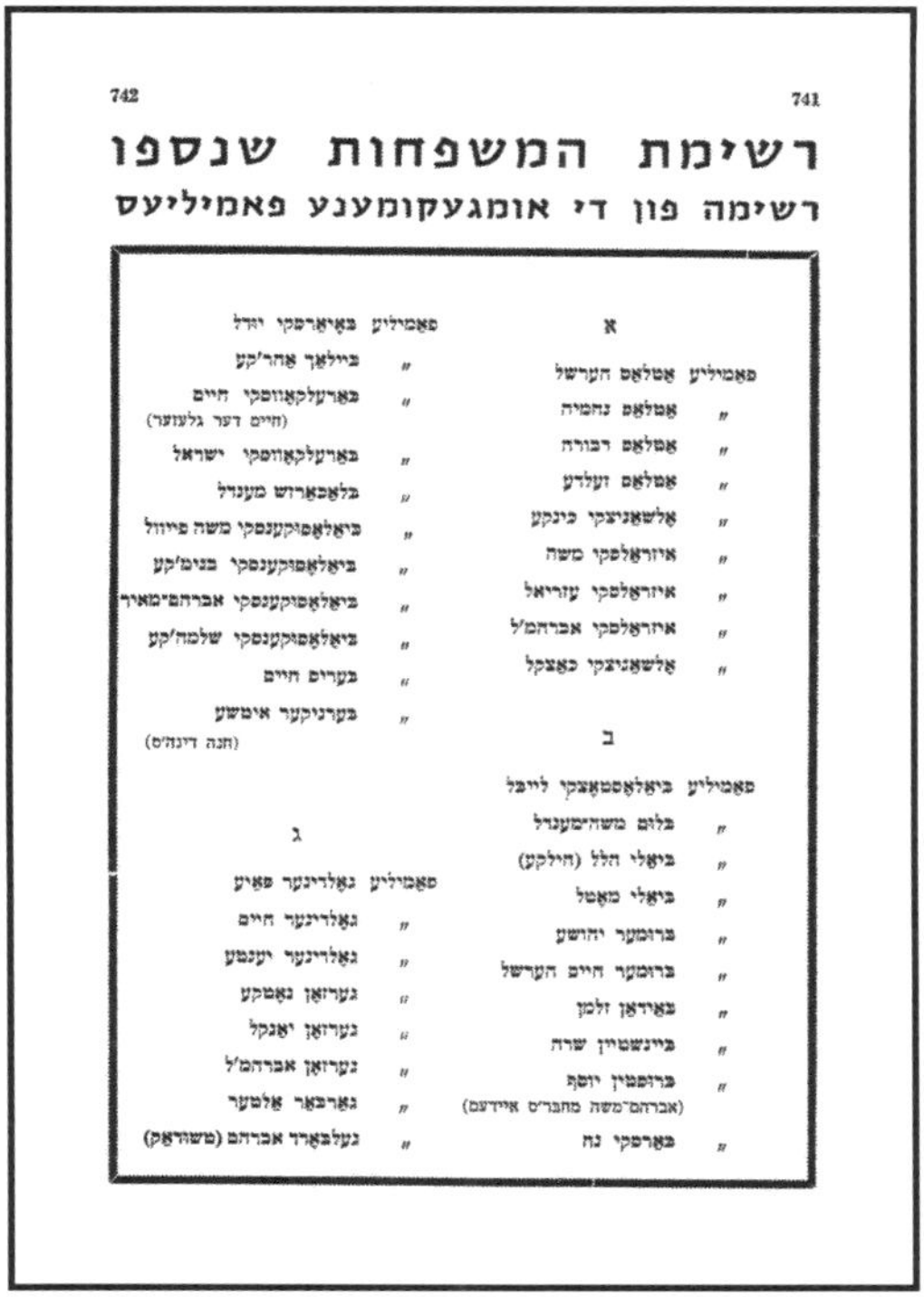

741 742

רשימת המשפחות שנספו

רשימה פון די אומגעקומענע פאמיליעס

א

פאמיליע אטלאס הערשל
" אטלאס נחמיה
" אטלאס דבורה
" אטלאס זעלדע
" אלשאניצקי פינקע
" איזראלסקי משה
" איזראלסקי עזריאל
" איזראלסקי אברהמ'ל
" אלשאניצקי כאצקל

ב

פאמיליע ביאלאסטאצקי לייבל
" בלום משה־מענדל
" ביאלי הלל (הילקע)
" ביאלי מאטל
" ברומער יהושע
" ברומער חיים הערשל
" באידאן זלמן
" ביינשטיין שרה
" ברומפין יוסף
(אברהם־משה מחבר'ס איידעם)
" בארסקי נח

פאמיליע באיארסקי יודל
" ביילאך אהר'קע
" בארעלקאווסקי חיים
(חיים דער גלעזער)
" בארעלקאווסקי ישראל
" בלאכארוש מענדל
" ביאלאסוקענסקי משה פייוול
" ביאלאסוקענסקי בנימ'קע
" ביאלאסוקענסקי אברהם־מאיר
" ביאלאסוקענסקי שלמה'קע
" בערים חיים
" בערניקער איטשע
(חנה דינה'ס)

ג

פאמיליע גאלדינער פאיע
" גאלדינער חיים
" גאלדינער יענטע
" גערזאן נאטקע
" גערזאן יאנקל
" גערזאן אברהמ'ל
" גארבאר אלטער
" געלבארד אברהם (משוראק)

図版⑤ 死者の名前のリスト．ヘブライ語のアルファベット順になっている．

柱とされる中、ユダヤ人の排除に目をつむり、その不在から利益さえも得ていた市民との間に生まれた溝は容易には埋まらなかった。追悼が社会全体で共有されることはなく、ユダヤ人の犠牲の記憶は、特定の集団の特殊な経験の枠内にとどまった。フランスでヴィシー政権によるホロコーストへの関与が広く認知されるようになるのが一九九〇年代に入ってからであったように、ホロコーストがそれぞれの国の歴史の一部であるという認識が共有されるようになるには、半世紀以上待つ必要があったのだ。

こうしたヨーロッパ諸国の状況に対し、殺害されたヨーロッパ・ユダヤ人の記憶の継承者であることを自ら宣言したのがイスラエルであった。ホロコースト生存者を受け入れるという大義のもとに建国された国である以上、最初からこの悲劇を国家建設の基盤となる記憶の一部として位置づけるのは当然である。実際、一九五〇年代の初頭において、イスラエルの国民の四人に一人がホロコースト生存者であった。

イスラエルの建国以前から、一部では戦争が終わる以前から、パレスチナのユダヤ人社会で直近のユダヤ人の悲劇をどう記憶するか議論が始まっていた。その中心的人物は、ロシア生まれでキブツ運動の指導者の一人であったモルデハイ・シェンハビである。(7) シェンハビは、ヨーロッパでホロコーストが進行していたまさにその時、一九四二年九月に、パレスチナで植民のための土地購入と開発を進めるユダヤ民族基金に対し、ユダヤ人の死者全員の名が記されたメモリアルの建設を提案した。(8) また死者のための「象徴的な墓」の建設や、終戦の年の案では、身元不明の死者のための特別な記念碑の建設も求めた。

シェンハビは、後につくられるホロコーストの国立記念施設に、ヤド・ヴァシェム（「場所と名」を意味する）という聖書に由来する名称を与えたその人である。「わたしは彼らのために、とこしえの名を与え／息子、娘を持つにまさる記念の名を／わたしの家、わたしの城壁に刻む。その名は決して消し去られることがない」(イザヤ書五六―五、日本聖書協会、新共同訳)。ヤド・ヴァシェムとはつまり、死者とその名を永遠に記憶にとどめるための場所という意味である。

戦争が終わると、次々と生存者がパレスチナに到着し始めた。彼らはそれぞれの体験にもとづく記憶をイスラエルにもたらし、同郷団体や政治団体を中心に独自にホロコーストを記念し始めた。まず、一九四六年にワルシャワ・ゲットー蜂起の中心人物であった、モルデハイ・アニェレヴィチを顕彰するキブツが建設された。一九四七年には、ラビたちがテベット月一〇日(バビロンのネブカドネザル王によるエルサレム攻撃の日とされ、グレゴリオ暦では一〇月)をホロコースト記念日と定め、追悼行事を行うようになった。[9]一九四九年のこの日には、シオンの丘のダビデ王の墓所とされる場所に、宗教省の手によって「ホロコーストの室」と名づけられたホロコースト追悼施設が開館した。

ただし、犠牲者の記念と想起が国家的な営みへ制度化、体系化されるのは比較的遅く、一九六〇年代に入ってのことである。その理由は、建国と同時に始まった戦争と経済危機が続く中で、国家の存続という最優先課題以外の問題はすべて棚上げされたためである。同時に、ホロコーストを社会の中でどのように位置づけるかという問題において、移民の出身地域や政治潮流などを越える合意が形成されなかったこともある。というのも、ホロコーストの記念に関し、シオニスト的観点から重要とされたのは、ワルシャワ・ゲットー蜂起やパルチザン活動などのユダヤ人による武装抵抗の存在であった。ユダヤ人はみなが羊のように黙従して殺されたわけではなく、命を賭して闘った者もいたという事実が、他民族の中の寄留者として生きてきたユダヤ人の名誉を救うものと見なされた。このため武器を手に立ち上がった彼らは、圧政者からの自由と独立のために命をも奉げる「強い」ユダヤ人の系譜に連なるとされ、イスラエルの建国神話に織り込まれた。

対して、抵抗しなかったディアスポラ・ユダヤ人は、「恥辱」の象徴とされた。武装抵抗を行った一握りの者たちが、「羊のように従順に屠畜場に引かれていった」とされるディアスポラのユダヤ人の上位に位置づけられ、英雄と犠牲者の記憶は分け隔てられた。しかし現実として、ホロコースト犠牲者の圧倒的多数は武装蜂起の英雄などではなかったため、シオニスト的なホロコースト記念は最初から解決不可能な矛盾を内包していた(10)。

政治イデオロギーによる相違のみならず、宗教的な観点からもホロコーストに関する合意はなかった。世俗的シオニストはホロコーストをディアスポラ状態がもたらす必然的な帰結と見なしたのに対し、宗教的なユダヤ人はこれを有史以来の迫害と追放の歴史に連なる一例と考え、それゆえに死者の追悼も従来の宗教的慣習に則った形で行うことを求めていた。したがって宗教省やラビたちは、伝統的に死者を弔う日であるテベット月一〇日にホロコースト犠牲者も追悼していたが、シオニストはワルシャワ・ゲットー蜂起の始まった日であるニサン月一四日（グレゴリオ暦四月一九日）を記念日とすることを主張した。結局、一九五一年四月にイスラエル国会であるクネセトは、ニサン月二七日を「ホロコーストとゲットー蜂起の記念日」と指定するが、これは国民の祝日として法令化されなかったため、宗教的なユダヤ人たちはテベット月一〇日にも独自に記念行事を続けた(11)。

さまざまなユダヤ人集団がそれぞれにホロコーストを位置づけ、記念を行う中、一九五〇年代に入るとイスラエルではホロコーストの記憶を「公的」に位置づける必要性が生じてきた。それは国民統合の観点からも、英雄と犠牲者、シオニズム主流派とシオニズム右派、世俗的ユダヤ人と宗教的ユダヤ人といった「分断された記憶(12)」の状態を克服する必要性が認識されたのに加え、国外の要因にも影響されていた。戦後のユダヤ世界の中で、ヨーロッパ・ユダヤ人社会の継承者としての地位をめぐる競争が生まれつつあったのである。

ヤド・ヴァシェムの設立

イスラエルの建国の目的のひとつは、行く先のないホロコースト難民の受け入れという点にあり、実際に世界で最も多くの生存者を受け入れている。したがってイスラエルこそが死者の代弁者であり、ひいてはイスラエルという国そのものが、ユダヤ人の虐殺の「記念碑」であるという考え方はごく自然に人びとに受け入れられていた。首相ベングリオンも、「ヨーロッパのユダヤ人の記憶にふさわしい唯一の記念碑は、イスラエル国家そのものである」と語っている[13]。

しかし、もし終戦直後にアメリカ移住の可能性が大きく開かれていたのならば、イスラエルではなくアメリカに行ったホロコースト生存者は少なくなかったであろう。現にニューヨークやパリにも生存者のコミュニティがあり、何かしらの形で、自分たちを殺害された同胞の記憶の守り人であると宣言していた。事実、大規模なホロコースト・メモリアルをつくる案はニューヨークにもあり、すでに一九四七年には、マンハッタンのリバーサイド・パーク内に具体的な建設予定地まで決まっていたのである[14]。さまざまな事情でこのメモリアルが建設されることはなかったが、同様の計画はパリにもあった。じつはパリで計画されたホロコースト・メモリアル建設に対する対抗意識が、一九五三年にイスラエルで「ヤド・ヴァシェム法」が制定され、エルサレムに国立の追悼施設が建設される背景にあったのである。

モルデハイ・シェンハビの提唱した中央追悼施設が、経済的な問題や、社会集団の間の意見の相違によって実現しない一方で、フランスでは一九五〇年代初頭からパリの「現代ユダヤ資料センター（Le Centre de Documentation Juive Contemporaine　ＣＤＪＣ）」が中心となって、メモリアルの建設計画がパリで進んでいた。ＣＤＪＣは、ホロコーストに関する資料や証言の収集を行う文書館兼研究施設である。その活動は戦争が終わる前から始まっており、ユダヤ人の悲劇を記録し、また集めた証拠を犯罪者の訴追に役立てるという点では、ＣＤＪＣはヤド・ヴァシェムの先を行っていた。ＣＤＪＣは早くも一九四七年末に、ヨーロッパで最初の国際ホロコースト会議を開催している。

ＣＤＪＣを単なる研究機関から、記念事業も行う総合的な施設へ発展させようという案が出されたのが一九五〇年である。具体的には、複数の絶滅収容所の灰を収める「無名ユダヤ人殉教者の墓碑」を建て、殺害されたユダヤ人を追悼し、その横に計画されるメモリアル・ホールの壁に、判る限りのすべての犠牲者の名を刻むというものだ。パリ市から土地の提供を受け、また国からも資金援助を受け、ＣＤＪＣは墓碑建設のための国際委員会を立ち上げた。その賛同者には、ユダヤ人のみならず、仏外相ロベール・シューマン、前英外相アンソニー・イーデン、前英首相ウィンストン・チャーチル、前米大統領夫人エレノア・ローズベルトなど、錚々たる面々が名を連ねたのである(15)。

こうしたニュースは、イスラエルに死者の代弁者としての地位の喪失を大いに危惧させた。折しも、パリのメモリアル建設が動き出す時期は、イスラエルがドイツと補償交渉を開始してルクセンブルク協定調印へと至る時期と重なっている。記憶の継承者としての認知要求は明らかに政治的な性格を持ち、イスラエルによるさまざまな法的要求と無関係ではない。なぜならイスラエルがユダヤ人になされた不正に対する補償や、奪われた財産の返還を求めるならば、理論的には、イスラエルは殺害されたユダヤ人個人と、その崩壊した共同体の継承者でもある必要がある。実際、イスラエルが一九五一年の三月、英米仏ソ連への親書でドイツに対する補償要求を表明した時、イスラエルは自らを「ユダヤ民族を代弁することができる唯一の国家」と定義していた(16)。したがって、死せる六〇〇万人の継承者としてのイスラエルの地位に挑戦するようなフランスの記念碑に対しては、先に嫡出子としての地位を宣言し、記憶の「占有」を確保する必要があったのだ。

パリに先を越されまいと、議会で十分な議論がなされないまま、一九五三年三月に「ヤド・ヴァシェム法」（正式には「殉教者と英雄の記念のための法律」）が可決された。[17] こうして想起のための国家的な整備が本格化し、メモリアル・ブックにおける個人的な想起から、集合的な記念への移行が始まった。博物館やメモリアルの複合体である国立記念施設ヤド・ヴァシェムがエルサレムに誕生し、その任務と権限のひとつとして、記念碑の建立、ホロコースト証言の収集と公開などが定められ、国主導の追悼と記念が徐々に体系化されていった。その後一九五九年に、すでに一九五一年にホロコースト記念日として指定されていたニサン月二七日を公的な祝日とし、この日にどのように追悼式典を行うか具体的な形態を定めた「ホロコースト犠牲者と英雄の記念日法」がクネセトを通過した。これにより、記念日前夜の娯楽施設の営業禁止、国家主席の参加による式典の実施、全国的に二分間の黙禱の実施などが定められたのである。

一方、パリのメモリアルは、一九五七年にパリ市庁舎にほど近いジェフロワ・ラニエ通りに完成した。建設には、ユダヤ人の補償請求の窓口である対独物的損害請求会議（請求会議）からの大きな資金援助があった。請求会議はルクセンブルク補償協定にもとづき、イスラエル外に住むユダヤ人犠牲者の援助のために四・五億マルクをドイツ政府から受け取り、分配してきた。この中からパリの記念碑が助成されており、平たく言えばドイツからの補償金で記念碑が建ったのだ。さらに補助金の分配に際し、ヤド・ヴァシェムとＣＤＪＣの間で、興味深い合意がなされている。ＣＤＪＣは請求会議から補助を受ける代わりに、ユダヤ人犠牲者すべてを追悼するといった、世界的なメモリアルとしての自己定義を放棄することを了解したのである。[18] つまり、ホロコースト犠牲者の記念の中心地はあくまでヤド・ヴァシェムであるということが、ユダヤ人同士で合意されたのであった。

死せるユダヤ人の嫡子としてのイスラエルという位置づけは、ヤド・ヴァシェム法がホロコーストで死亡したユダヤ人に対しイスラエルの「名誉国籍」を与えたことで完成しただろう（二条四項）。死者を死後にイスラエル国民としたことで、ヨーロッパのユダヤ人社会の継承者としてのイスラエルの主張は、法的にはともかく、少なくとも道義的な面では支柱を得ることとなった。一九六一年のアイヒマン裁判において、イスラエル検察のギデオン・ハウスナーが、まさに「六〇〇万人の告発者とともに」ガラス箱の中のその男を指さして糾弾した時、死者はイスラエル国民であったのである。

ホロコーストの「教訓」

一九六一年にエルサレムで開廷したアイヒマン裁判は、イスラエル国民のみならず、国際社会のホロコースト理解をまったく新たな次元に引き上げたとされる。イスラエルでは、建国期の「分断された記憶」の状態から、国家的な介入による集合的な記憶への移行が明白となった。公判において生存者がテレビやラジオの前で証言したことにより、それまで武装抵抗の英雄の顕彰の影で語られなかったホロコーストの悲惨さが理解されるようになった。こうした中、ホロコーストがユダヤ人の悲劇を繰り返させないための教訓と位置づけられ、これが記念碑や式典、教育といった国民の社会化の道具を媒介にして浸透してゆくようになる。「教訓としてのホロコースト」は、一九六七年の六日間戦争をはじめとする複数の対アラブ戦争において、国民を心理的に動員するキーワードとなり、ホロコーストの社会的記憶は政治情勢を色濃く反映する場所となる。こうした国家化された記憶の時代は、アイヒマン裁判から一九八〇年代に入る頃まで続いたと考えられている。

この時期、記念日や記念碑などとともに、公的な記憶の形成と維持において重要な役割を果たすようになるのが教育である。一九五四年に初等教育の八年生（日本では中学生にあたる）の歴史の授業でホロコーストについて学ぶ方針が打ち出され、指針は一九五七年により体系化された。しかし、教育の現場で実際にホロコーストを教えるかどうかは、学校によってまちまちであった。一九六〇年の調査によると、四分の一の学校が八年生のホロコーストの授業をまったく行っておらず、実施されている場合も、授業時間は年間二、三時間にとどまっていた[19]。一九五九年にニサン月二七日が正式にホロコースト記念日とされると、学校でその日にどのように記念行事を行うかが議論され、朝八時にいったん掲揚された国旗を半旗へと降ろし、二分間の黙禱を行い、その後に五年生以上の生徒がホロコーストと英雄的行為をテーマとした特別授業を行う慣例ができ上がった。

興味深いことに、イスラエルの初等教育で生徒がホロコーストについて触れるのは、歴史の授業ではなく、むしろ文学として、つまり国語の授業であった。アハロン・アッペルフェルドやウーリー・オルレブのようなホロコースト生存者の作家による小説や、ダン・パギスの詩などの朗読が特別授業の定番とされた[20]。低学年では、詩や生存者の体験記、日記などを学習テキストとした。史実として学ぶのではなく、より感情移入しやすい文章として触れる機会が圧倒的に多く、授業時間数も多かったのは、ホロコースト学習は一種の情操教育であり、「価値観」を学ぶことだとされたためである。

一九五〇年代、六〇年代のホロコースト教育はシオニスト的な国民統合のためのひとつの手段であった。国民の約半分が世界中からの移民であるという国家において、さまざまな背景を持つ人びとをメルティング・ポットの中でイスラエル人につくりかえるイデオロギーがシオニズムであったが、ホロコーストはこれを支える一要素だった。したがって勇気や自己犠牲、国家（民族）への愛、こういったものを考える例として、ワルシャワ・ゲットー蜂起が引用されてきたのである。

歴史教育におけるホロコーストの重点化は、一九七〇年代にますます進んだ。先立って、一九六九年に教育相は、ヤド・ヴァシェムやキブツ「ゲットー闘士の家」などホロコースト記念施設の訪問を授業に組み込むことを決定していた[21]。そして一九七九年の教育省の指令により、ホロコーストが歴史の授業の必修テーマとされ、最低でも三〇時間以上をホロコースト教育に充てることが求められ、重点化が加速した。翌一九八〇年の国民教育法の改正において、ホロコーストは高校生の歴史のカリキュラムの中で唯一、正式に位置づけられたテーマとなった[22]。これにより、歴史の授業の約二割が、ホロコーストに関係する内容となり、大学入学資格試験において必ず出題されるテーマとなったのである。

なぜ一九七〇年代にこうした変化があったのかという点については、いくつかの鍵となる要素が指摘される。まず、一九六七年の六日間戦争の勝利で政府が慢心していたところ、一九七三年のヨム・キプール戦争で一転して国家滅亡の危機に直面し、教育を通した国民意識の発揚が求められたこと、一九七七年にリクード党のメナヘム・ベギンが建国来の労働党政権に代わって首相に就任したことなどが挙げられる。

ロシア生まれのベギンは、ナチのポーランド侵攻の際にリトアニアのヴィルニュスに逃れたが、ソ連当局により逮捕されシベリアの労働収容所に送られたために、独ソ戦開始後に始まる行動部隊による虐殺を免れたという背景を持つ。ベギンは一九四三年にパレスチナに到着したが、ヨーロッパに残った彼の家族は殺害されており、まさに「ホロコースト生存者」という定義のあてはまる人物であった。こうした個人的な背景もあって、ベギンは政治の場においてホロコーストを引き合いに出すことがとくに多いことで知られていた。彼はよくホロコーストから得たとする「教訓」を、現在のイスラエルが置かれた状況になぞらえて語り、世界はユダヤ人の抹殺を傍観して見殺しにしたと繰り返し非難した。そして国際社会の良心の呵責を突いて、「第二のホロコースト」を防ぐためにイスラエルへの支援が必要であると主張した。またユダヤ人に対する脅威はナチの敗北で終わらず、ドイツによる殺戮を生き残った者たちを、今やアラブ人が抹殺しようとしていると言い、PLOのアラファトをヒトラーに喩えることさえした。

一九六九／七〇年のイスラエルとエジプト間のいわゆる「消耗戦争」の後、アメリカ大統領ニクソンが両国の和平を仲介しようとした際には、まだ野党の立場にあったベギンは、クネセトからニクソンにこう訴えていた。

ユダヤ民族の血と未来を犠牲にして、あなたたちは〔和平を〕合意させようというのか。われわれの世代に六〇〇万人のユダヤ人が抹殺されたが、アメリカはその一人として助けはしなかった。ホロコースト生存者がアラブのカチューシャ砲の脅威にさらされている。大統領、われわれはあなたに、ユダヤ人に対してそのようなひどいことを許さないようにお願いする。とくに、この世代に対しては。(23)

ベギンはホロコーストからユダヤ民族が生きる権利、自由と安全に対する権利（つまり軍事力の行使）、そしてパレスチナの地に対するユダヤ民族の不可侵な権利（つまり占領の正当化）を演繹するのであった。(24)しかしながら、これをベギンによる歴史の政治利用とする見方はいささか短絡的であろう。実際、首相としてのベギンは、エジプトのサダトと一九七八年にキャンプ・デーヴィッドで合意し、シナイ半島を返還し、翌年平和条約を締結したその人であったことを忘れてはならない。ベギンにおけるホロコーストの引用は、むしろ歴史的な「喩え」であった。イスラエル政治においては、政敵をナチに喩えることはよくなされる。それがまさに最大級の侮辱とされるためであるが、とくに実利を道義や名誉に優先させた者が、同胞を「売った」ゲットーのユダヤ人評議会の長老に喩えられたり、対独協力者のペタン元帥に喩えられたりしてきた。ベギンはドイツとの補償協定に踏み切ったベングリオンを「ファシスト」と呼び、また一九九三年のオスロ合意で、パレスチナ暫定自治政府の承認へと踏み切ったイツハク・ラビン首相に反対するデモでは、ポスターのラビンには親衛隊の制服が着せられ、実際首相はその後、暗殺された。

つねに軍事的脅威とともにあったイスラエルは、教育の場に国家的価値観と、これにもとづく「公的」な歴史観を反映させることをある意味で当然としてきた。国家的価値観の表現という点で、イスラエル独立宣言に次いで重要と見なしうるのが国民教育法であるが、ここで教育は郷土愛、国家やユダヤ民族への忠誠心といった価値観にもとづいてなされねばならないとしている。そして一九八〇年以降は、ここにホロコーストと英雄的行為に対する自覚が付け加わっている。(25)

したがって、学校で何がホロコーストとして教えられているのか、その内容こそが重要であるが、一九七〇年代までホロコーストはもっぱら「ユダヤ人の」悲劇として教えられ、ロマや同性愛者など「他の」犠牲者の存在への視点は欠落しがちであった。ただし一九八〇年代以降は、より客観的、かつ世界史的な文脈の中でホロコーストが位置づけられるようになってきた。英雄的な人物ばかり取り上げるのではなく、この時代のユダヤ人が置かれた状況の複雑性――ナチに抵抗した者もいたが、多くの人間はそれが不可能な状態に置かれ、ナチに協力したとされたユダヤ人評議会の長老らも、人間として極限の選択を強いられたことなどが記述されるようになった。[26] こうした流れは、「新しい歴史家」と呼ばれる若手の研究者たちがそれまでのシオニスト的な歴史観に大きなゆさぶりをかけ、いわゆる「ポストシオニズム論争」が起こり、記憶の政治利用が批判されるようになったことと無関係ではない。[27] それまで主流派の中で周縁に位置づけられてきた複数形の記憶——宗教的ユダヤ人、女性、子供の生存者、パレスチナ人などの記憶——が認知を求め始めたのである。こうした流れの中、ホロコーストは公的な役割を担う国民教育の手段から、再度、家族など親密な関係において伝達される私的な記憶へと転換してゆく。この過程で、戦後初期とは逆に、ホロコースト生存者こそが苦難を生き抜き、屈辱の中から立ち上がった「英雄」であるという、価値の逆転が生じてきた。アイヒマン裁判から生まれた究極の犠牲者としての生存者ではなく、困難の時代を生き抜き、イスラエル市民として生活を再建し、その生を次世代へとつなげた、国の礎としての生存者が評価されるようになるのである。

また、客観的な歴史知識の伝達という観点からは、一九八一年に始まる西ドイツ＝イスラエル教科書会議の存在も重要だろう。一九八〇年代のドイツの歴史教科書では、ナチ時代のユダヤ人迫害と殺害についてはすでにかなり詳細に扱われており、教科書会議に参加するイスラエル側が「隠蔽も矮小化もされていない」と評価せざるをえない記述となっていた。[28] かつての加害者と犠牲者の間で、歴史の記述をめぐる検証がなされるということは、現在的な意図による歴史の政治利用を困難にする。学術的合意の形成により、ある程度は歴史の政治問題化の芽は摘まれる。もちろん、ドイツとイスラエルの場合、ナチズム＝悪、ユダヤ人＝犠牲者という基本的な図式には異議を申し立てる余地がなく、ドイツ自身がこれを出発点として受け入れたことが重要なのだろう。ドイツの姿勢については、次章で扱うこととしよう。

体感される記憶

イスラエルにおけるホロコーストの想起の実践には、いくつかの顕著な特徴がある。ひとつには、ホロコーストが国家的な「大きな物語」の中に配置される点である。ホロコースト記念日であるニサン月二七日の「ヨム・ハ・ショアー」は、グレゴリウス暦ではたいてい四月末から五月にかけての時期にあたるが、この時期にホロコーストの死者を追悼するのは世界的な慣行ではない。国連は二〇〇五年にアウシュヴィッツが解放された一月二七日をホロコースト記念日とし、多くの国はこの日に追悼式典を実施している。しかしイスラエルにとって四月末のホロコースト記念日の位置は十分に理由があり、それはジェームズ・ヤングがその先駆的な研究で指摘したように、四月末から五月上旬にかけての時期は、建国の歴史を再演する重要な「記念週間」であるためだ。ニサン月二七日の一週間後には、これまでの戦争で命を落としたすべてのイスラエル兵を追悼する戦没者記念日が位置しており（イヤール月四日）、その翌日はイスラエルの「独立記念日」である。ディアスポラの死、建国のための戦い、そして「独立」と、ホロコーストは破壊と再生という国家的ナラティブの中に定位置を見出したのである。

もうひとつは、想起が土地という「場」の力と結びつき、人と集合的記憶とのより根源的かつ有機的なつながりが演出される点だ。例を挙げると、エルサレムの西方の丘陵地帯に、「殉教者の森」と名づけられた緑地が広がっている。これはユダヤ民族基金と、「反中傷同盟ブネ・ブリ」として知られるアメリカのユダヤ人団体が、一九五〇年代初頭より進めてきた植樹によりでき上がったものだ。世界中のユダヤ人が、苗木購入の名目でユダヤ民族基金への寄付を行ってきた。六〇〇万本の植樹が目標とされ、民族基金はこの森を「第二次世界大戦で命を落とした六〇〇万のわが同胞のための、永遠に緑のメモリアル・キャンドルによる生きた記念碑」と位置づけている。[29]森にはワルシャワ・ゲットーのレリーフで有名なナータン・ラパポルトの彫刻や、アンネ・フランク・メモリアルなど、いくつかホロコーストに関する記念碑が点在する。

こうした形の記憶の継承には、さまざまな意味が込められている。イスラエルでは植樹による森の再生は、聖書の土地でのユダヤ民族の復活と重ね合わされて、特別な意味を有している。[30]それに加え、家族をホロコーストで亡くした人などが特定の故人を想って苗木を購入することにより、木はホロコーストで断ち切られた命を象徴的にも「生き直す」ものと見なされる。殺された家族の分身が、ユダヤ人の国で根を張り、実をつけ、青々とした葉がそよ風に揺れる様子を思えば、家族にとってはまさに心の救済に他ならない。実際、寄付をすると苗木購入の「証明書」が送られてくるが、一九五〇年代のそれには「六〇〇万の殉教者のための生きた記念碑」に対する貢献が感謝され、死者の魂はこの森に「永遠に生きる」と記されていた。[31]亡くなった家族の名前を新生児につけるのと同じ、命の循環の思想がある。したがって子供が生まれたり、子が成人したり、人生の節目とされるような機会に苗木が購入されてきた。

同時にこうした想起は、イスラエルに移住することなくして、ディアスポラのユダヤ人によるユダヤ人国家への貢献と、同胞との連帯を可能にする手段でもある。なぜなら植樹は、記憶の継承のみならず、緑化による領土の明確化、現地の雇用の確保といった具体的な利益ももたらす。木々は、緑の軍隊としてイスラエルの国土を敵や乾燥から守る。さらに土に触れる作業は、大地に根差すユダヤ人によるイスラエルの建設というシオニストのイデオロギーにも合致する。緑豊かな風景は、「ユダヤ人の土地」の「原風景」として理解され、その美しい国土を守るという使命感にもつながる。

ホロコーストによる破壊と再生の物語は、こうして国土という土地の神話と結びつく。そして土地の神話は、悠久の「ユダヤ人の地」としてのパレスチナという、より原初的な神話へと回帰する。何よりもこの神話は、頭で理解するというよりは、まさに五感で感じ取るものとして機能する点に、イスラエルの想起の強みがある。ひとつの例として、ヤド・ヴァシェムの施設全体の設計を考えてみたい。

ヤド・ヴァシェムは、エルサレムの西端に位置する小高い丘の上にあり、敷地内には博物館を中心として多くのメモリアルが点在している。イスラエルで最も訪問者の多い場所であり、年間一〇〇万人を超える人が訪れる。目玉は二〇〇五年に新しくなったホロコースト歴史博物館である。その展示は、ナチズムの登場からホロコーストの展開、解放、イスラエルの建国へと続く約一五年を、多分に視覚的に示す。言い換えると、目を背けたくなるような写真や映像とともに、犠牲者の日記、服、靴など、深く感情移入を要求する展示物で溢れている。このため、薄暗い複数の展示室を小一時間も歩けば十分に気も滅入るが、これを途中で放棄するわけにはいかないという思いで訪問者は見学を続ける。そして一九四五年のあたりまで来ると、多くの人は半ば安堵し、イスラエルの建国によりホロコースト生存者が新しい故郷を見出すエピソードにおいては、自身がホロコーストから、もしくはホロコースト博物館から、解放されたような気分になっている。

展示路は最後に訪問者を「名前のホール」へと導く。ホールは円形になっており、真中には六〇〇枚の故人の写真からなるタワーが円錐状に上にのびている（カバー写真）。ホールの壁面には本棚がつくりつけられており、背表紙にすべて「イズコール（記憶）」と記された黒いファイルが上からびっしりとおさめられている（図版⑥⑦）。ヤド・ヴァシェムによると、ファイルにはこれまでに当施設が収集し、分析した三〇〇〇万ページにも上るホロコースト証言が綴じられているという。ホールに立つ訪問者はフ

図版⑥ 300万ページにも上るホロコースト証言が綴じられたファイル（2015年7月，筆者撮影）.

アイルをじかに手に取ることはできないため、実際に文書が入っているのか、それとも単なる展示用の空ファイルなのかは確認できないが、そこに膨大な死の記録の存在を感じ取る。空いた本棚のスペースが、ファイルはこれからも増え続けるであろうことを暗に示す。

ホールを出ると、突然視界が開け、薄暗闇に慣れた目に強烈な光のシャワーが降り注ぐ。目が光に慣れると、エルサレム西方の丘陵地帯を見渡せる巨大なガラス張りの場所に自分が立っていることに気づく。その光景は感動的である。多くの人がこの場所でしばらく立ち尽くしている（図版⑧）。ユダヤ人であれば、眼前に広がる風景に、ユダヤ民族数千年の歴史と、現在を生きる自分が有機的に結合する瞬間を感じるに違いない。降り注ぐ陽光、鳥のさえずり、乾いた空気に漂う木々の芳香。暗い時代を経て生まれたユダヤ人の国土のなんと美しいことか。この土地での安全な生活こそが、ホロコーストで命を落とした者たちが欲してやまなかったものではないか。この土地こそが、ユダヤ人国家の正当性の証ではないのか？――こうしてホロコーストを生き残った祖父母から生まれてきた自分の肉体と、ユダヤ人に属す土地は不可分となる。

「血、人間、土地（Dam, Adam, Adama）」という、シオニズムのイデオロギーの本質を表す言葉がある。神により「土（Adama）」からつくられた最初の「人間（Adam）」は名をアダムというが、人間において「血（Dam）」は生命の維持に最も重要な要素である。つまり「血、人間、土地」とは、最も根源的かつ本質的なものを表す言葉である。イスラエルにおいては、これがユダヤ人という「血」の集団によるパレスチナという「土地」への権利を含意する。その権利は不可侵である。なぜなら、神により与えられているからである。

ヤド・ヴァシェムに立つユダヤ人が感じるのは、こうした、神秘的に体感される連続性である。ホロ

図版⑦「イズコール（記憶）」と背表紙に記されたファイル.

図版⑧ 名前のホールを出ると，突然視界が開ける（上下とも 2015 年 7 月，筆者撮影）.

コーストは、民族のＤＮＡの中に書き込まれた記憶となる。それは、ナチ思想の核をなした「血と土地（Blut und Boden）」の神話と、どこか似ている。

想起のパフォーマンス

知覚によって呼びさまされる感情は、つねに理性より強く人を動員する。ナチズムが政治的動員においてさまざまなシンボルや儀式を導入し、これにより一体感や臨場感といった集団への所属を演出することに長けていたことは知られているだろう。レニー・リーフェンシュタールが『意志の勝利』に撮った一九三四年のニュルンベルクの党大会のように、巨大な鍵十字の旗の間をぬうナチ党員の一糸乱れぬ行進に、多くのドイツ人は若い国の力強さを感じ、この共同体に属することを切望した。

それと同じことは、想起についても言える。過去との有機的な結合を体感することこそが、国家が記念碑や記念行事などを通して試みるものに他ならない。想起は生きた体験でなければならず、制度化され、マンネリ化すると、その効果は失われる。想起されるものがとくに国家の正当性に関わるような歴史である場合は、「死んだ」記憶にならないように、国はさまざまな趣向をこらす。この過程で、想起は個人の主体性を最大限に引き出せるような「参加型」へと変化してゆく。

ホロコーストの想起においても、「参加すること」に重点が置かれるようになっている。たとえばイスラエルの青少年によるアウシュヴィッツの「巡礼」である。

イスラエル教育省は、一九八八年より自国の若者をポーランドの強制収容所をめぐるツアーに送り出してきた。最初は数百人の規模であったが、二〇〇五年には年間二万八〇〇〇人がプログラムに参加し、のべ参加人数はこれまでに一五万人になるという[32]。民間の旅行業者の参入もあるが、それでもツアーの理念や旅程、内容に認可を与えるのは教育省であり、また教育省主催のツアーは参加者の自己負担が少ないことにも、ツアーの半公的な性格が示されている。プログラムが始まった当初、ツアーの目的のひとつとして、教育省は次のように述べている。

自らの共同体の過去とのつながりを若いイスラエル人が感じ、理解しようとすること。自分とユダヤ民族の運命を、より深く自分のものとして考えること。ユダヤ人の生活が継続し、そして主権国家としてのイスラエルが存続するよう、個人としてさらに関わってゆくこと。(33)

ツアーが、参加者とユダヤ民族・ユダヤ人国家との紐帯を強めることを意図しているのは明白だ。興味深いことに、ここで過去とのつながりは「感じ取る」ものであり、「同一視」が求められている。集団でその場所に立つことでもたらされる感情の高まり、死者への自己移入、参加者との一体感などが肯定されている。その場に居合わせること、参加すること、集団で何かをともに行うこと、こうした身体的動員は、「自分たち」と「他者」の区別を明確にする。いわば体で感じる行動主義である。

実際、百聞は一見にしかずのことわざ通り、強制収容所への訪問は参加者に学校の歴史の授業では得られない次元の認識をもたらす。これはその場にいた人間でないと共有できない。プログラムは帰国後の活動にも重点を置いており、参加者にはこの体験を広く伝えることが期待されている。つまり、ユダヤ人の破壊の現場を「目撃（witness）」した人が、その「証言者（a witness）」となり、記憶のリレーをつなぐわけだ。

こうした想起の実践は、容易に政治利用に転化するゆえ、イスラエル国内でも批判が多い。現にこの種のツアーから生徒が得る「教訓」とは、極めてシオニスト的なものである。参加者を対象にした調査からは、ユダヤ人の生きる場所はイスラエルのみである、このような悲劇を二度と繰り返さないためにもイスラエルは軍事的に強力であらねばならないといった感想を持つ者の方が、ジェノサイドはどこでも起こりうる、したがってマイノリティに対する寛容が求められるといった普遍的理解に到達する学生よりかなり多いという結果が出ている。(34)

同じことは、おもに北米のユダヤ系青少年・大学生を対象に行われる「マーチ・オブ・ザ・リビング（生者の行進）」にも見られる。このプログラムは、四月末のホロコースト記念日にあわせて集団でポーランドの強制収容所を訪ね、最後にアウシュヴィッツとビルケナウの間の三キロをみなで行進するというものだ。「生者の行進」という名称はもちろん、ホロコーストの最終段階で見られた、「死の行進」に対するものとして使われている。一九八八年より始まり、すでに二二万人以上の参加があったという。(35)ツアーの参加費用は、アメリカのユダヤ人団体や個人による大口の寄付などにより補助されており、個人で現地を回るより、ずっと参加しやすくなっている。

「生者の行進」には、青少年だけでなく、ホロコースト生存者とその家族が参加することも多い。つまり死に対する勝利として、生き残った者たちとその子孫がこの場所に集まるのだ。四月のポーランドと言えば、春の陽はまだ弱く、冬の名残は消えていないが、その中を多くの若者がイスラエル国旗を掲げ、手を取り合い行進する。こうした環境が生み出す心理的効果は絶大である。そして団体はこの後、間を入れずにイスラエルへと移動する。イスラエルでは、新緑美しく萌えるガレリア湖などをめぐり、「聖書の土地」の美しさと、それへの「権利」を体感するという手順になっている。イスラエルの光と芽吹く大地には、まさに従属から自由を勝ち取ったユダヤ民族の歴史が投影される。

こうした想起のパフォーマンスは、まさにホロコーストが遠い過去となったゆえに生まれてきた記憶の継承の形と言える。過去の悲劇が日常とほとんどなんの接点もない中で、想起にいかに具体性を持たせるかが焦点となるのである。

参加型の想起は、「記憶の場」に集団で出向くという次元にとどまらない。一九九〇年代より、なんらかの共同作業を通して、ホロコーストを想起する試みが見られる。たとえば一九九五年にヒューストンのホロコースト博物館は、一五〇万匹の折り紙やおもちゃの蝶の収集を始めた。ホロコーストで亡くなった一五〇万人の子供を記念するためのプロジェクトとして発案されたものだが、蝶である理由は、テレージエンシュタットのゲットーに閉じ込められていた青年が、外界から境界を越えてふわふわと飛んでくる蝶を眺めながら、「ゲットーに蝶はいない」とうたった有名な詩にちなむ。これまでに一五〇万匹以上が集まってプロジェクトは終了し、博物館は集めた蝶で展示を行う予定だという。[36]同じように、イリノイ州ペオリアのユダヤ人コミュニティは、六〇〇万個のボタンを集め、これを展示するためにホロコースト・メモリアルを建てた。[37]なぜボタンなのかというと、収容所においては殺害される前に脱衣させられた事実に加え、円形のボタンは生命の循環を象徴するのだという。

こうした参加型の想起には、記念碑や博物館など、すでに形が与えられた「記念」に追従するのではなく、「記念碑化（memorialization）」のプロセスそのものへと回帰するという意図が読み取れる。犠牲者と接点のない現代人が、直接的な関係性を欠く過去の人間に接近するには、こうした働きかけを通してのみ可能となる。広島を訪問する日本の小中学生が、千羽鶴を折るのも同じ理由だろう。

想起のパフォーマンスは、ユダヤ人、非ユダヤ人を問わず広がっている。ユダヤ系の生徒がほぼ皆無であるテネシー州のホウィットウェルという町の中学校が、一九九八年より「ペーパー・クリップ・プロジェクト」として六〇〇万個のクリップを集めた例がある。この学校では人権の授業でホロコーストを扱うことに決めたが、現実離れして実感がわかないという生徒の声があり、死者と同じ数のクリップを自分たちで集めてみようという話になったのだ。クリップは買ってはならないルールとし、生徒たちは家族だけでなくコミュニティを巻き込んでクリップ集めを始めた。しかし六〇〇万個クリップを集めるのは容易ではなく、地元の政治家などに賛同を呼びかけたところ、マスコミに取り上げられ、ハリウッドの著名人などがクリップの寄付を申し出るようになり、瞬く間に全国的なキャンペーンへと変容した。寄付は国内にとどまらず、とくにドイツの新聞で紹介されてからはドイツからも届き始めた。最終的には目標を大きく上回る一一〇〇万個のクリップを集め、ユダヤ人が絶滅収容所に移送される際に使われたような貨車におさめられることとなった。現在この貨車は学校正門の横に置かれ、ホロコーストで亡くなった子供たちのメモリアルとして、ホウィットウェル中学校のシンボルとなっている。

　クリップを集めることが本当に人権教育に役立ったのかは、不明だ。実際、ホウィットウェルの近くには一九六〇年代にアメリカ公民権運動の激震地となった場所がいくつかあったが、これについて学ぶプロジェクトは立ち上げられなかった。またホロコーストとはなんの関係もない「物」を集めることで六〇〇万という数を「体感する」記念の仕方に対して、批判的な意見は多い。事実、ワシントンのホロコースト博物館は、こうした活動をまったく支援していない。なんの縁もゆかりもない場所に、出来事が起こった文脈から離れて想起を移植することはできない。イスラエルにはホロコースト生存者がおり、ヨーロッパにはナチの殺害現場が存在した。ペーパー・クリップ・プロジェクトが、いわゆるポリティカル・コレクトネスの典型例と見なされるのは、これが適切な「記憶の場」を欠いていたためであろう。

　ペーパー・クリップ・プロジェクトから見えてくるのは、ホロコーストが普遍的な人権のバロメーターとされるに従い、その記念はますます非ユダヤ人の参加を前提とするようになっているという点である。それは容易にポリティカル・コレクトネスの指標と化す。普遍的な人権の問題と結びつくことで、記憶の継承に参画することは現代社会に生きる人間の責務とされるようになる。その過程で、それまでむしろユダヤ人社会内で担われてきた追悼と記念に、非ユダヤ人が記憶の担い手として登場してきたのである。それがホロコーストの記憶がグローバル化する背景でもある。この点については第6章で扱うこととしよう。

第6章　加害者の想起

現在、ドイツを訪れる人は一様に記念碑の多さに驚く。とくにベルリンはまさに「記念碑の首都」と呼ばれるにふさわしく、いたるところにナチズムとホロコーストを想起するためのメモリアルやオブジェが点在する。その多くは芸術としても成立しており、しかるに訪問者はドイツの過去に対する姿勢にまず感心し、同時にこれらを誰に対しても開かれた場所として違和感のないように町の景観に組み込み、観光資源とさえしてしまうドイツの手腕に脱帽するのである。しかしこうした「負の歴史」を想起させる記念碑群の中に暮らすドイツ人は、これらを不快に感じることはないのだろうか、過去について語り続けることにうんざりすることはないのかと、訪問者は不思議に思う。これらは長い過去の克服を通して確立されたドイツの民主主義の「証」なのか。それともすでに世界的な「記憶ビジネス」の一部であるのか。

ドイツによるホロコーストの記憶との向き合い方は、二重の意味で特殊であった。まず、加害者が自らの「加害」を記憶するという点である。戦勝記念碑や戦争の犠牲となった市民のための追悼碑がどの国にも存在することを思えば明らかだが、戦争は通常、「英雄」もしくは「犠牲者」としての記憶に収斂されてゆく。これに対し、犯罪の記憶は抑圧され、忘却される。過ぎ去ったことを水に流すことで犠牲者による復讐の連鎖を断ち、秩序を保とうとする心理が働くからだ。そうした中、ドイツは自らの犯罪を心にとどめ、負の歴史を次世代に伝え続けることを義務づけられた。これは英雄の物語とも殉教者の悲話とも結びつかない、ネガティブな想起である。こうした想起は、加害者が社会の中で暮らしている間は、彼らの言い訳や史実の歪曲に対して目を光らせ、警告するという点では十分に意味がある。しかし、加害者の世代が物理的にも退場した時、負の想起は社会においてどのような意味づけと役割を与えられるのか。

ふたつ目は、不在であるものを想起するという点である。戦後ドイツのユダヤ人人口は激減し、戦争の経験がある人が国民の半分以下となる一九八〇年代には、ユダヤ人の知り合いもいなければ、ユダヤ人に会ったこともないという人が国民の多数を占めるようになった。彼らにとっての想起とは、「不在となった」人を想い起こすというよりは、失われることがなかったならば、そこにいるはずである人や、あるはずのものを「想像」することである。つまり、もともと「ないもの」を、感情移入や想像力で想うことであり、ここでは当事者世代とは本質的に異なる想起が必要とされる。

ドイツにおける想起の歩みを、終戦から二〇〇〇年代までを歴史的な観点から大雑把に区分すると、だいたい四つの段階に分けられるだろう。ただし、社会的記憶というものの性格上、区分はあくまで便宜的なものであり、決して断絶を意味していないことを付言しておく。

まず、終戦から一九五〇年代初頭の連合国管理下の時代である。ドイツは勝者の監督の下にあるゆえ、政治的自由は制限されている。この時期においては、ドイツ人としてのホロコースト犠牲者の追悼はほぼ不在である。敗戦の混乱の中でドイツ市民には他者を悼む余裕はなく、むしろ自分たちこそが犠牲者であると考えている。

次の一九五〇年代前半から六〇年代は、歴史の痕跡が見えなくされてゆく時代である。ドイツが西側陣営の中で地歩を固め、主権を回復し、飛躍的な経済発展を経験する時代は、ドイツ自らが過去に対する決定権を回復する過程でもある。この時期にはアイヒマン裁判（一九六一年）や、フランクフルトのアウシュヴィッツ裁判（一九六三～六五年）があり、ホロコーストに対する認識の萌芽期でもあるが、これが社会的に共有されるようになるにはまだ時間がかかる。

そして一九七〇年代から八〇年代は、先の時代に不可視とされたものを発掘し、可視化してゆく時代である。学生運動による既存の体制への異議申し立ては、歴史認識をも新たな地平に押し上げた。一九七九年のテレビシリーズ「ホロコースト」の放映や、一九八五年の終戦四〇年に際するヴァイツゼッカー大統領の有名な演説があり、過去との真剣な取り組みが、新たな社会規範として確立してゆく時代である。

最後に一九九〇年代から二〇〇〇年代は、想起が国家的な営みとして定着する時代だ。ドイツ統一によって、ナチズムへの反省にもとづく連邦共和国的な歴史認識を欠いた旧東ドイツの国民を吸収したこともあり、ホロコーストに対する認識が東西共通の過去として、上からの大きな後押しを受けて浸透してゆく。冷戦の二極構造が崩壊した後、ホロコーストが連邦共和国の一種のネガティブな「建国神話」とされる時代である。

こうした流れを意識しながら、犯罪現場の保存や記念碑の建立といった、過去を想い起こすための社会的装置を軸に、記念と想起の展開を追ってみよう。

犠牲者は自ら追悼した

東西ドイツの領域にはアウシュヴィッツのような「絶滅収容所」こそ存在していなかったが、ベルゲン・ベルゼン、ノイエンガメ、ダッハウ、ブーヘンヴァルト、フロッセンビュルク、ザクセンハウゼン、ラーヴェンスブリュックなどの強制収容所や、これに付属する小規模な労働収容所などは少なからずあった。こうした場所には、終戦間際にポーランドなど東部の収容所の囚人が「死の行進」で連れてこられたため、戦争の最終段階で被収容者が増大し、死者数も増えた。また収容所に行き着く前に死亡したり、銃殺されたりした者たちが急いで埋められた場所が、南ドイツを中心に点在していた。

強制収容所や集団埋葬地などにおいて、最初に追悼碑を建てたのはドイツ人ではなく、犠牲者本人であった。生き残った者たちが、解放の日を迎えることができなかった仲間のために碑を建てたのが、ドイツという場所における追悼と記念の始まりであった。生存者が建てるのでなければ、解放者である連合軍の命令により碑が建てられた。最初期のものはほとんどが木製か石を削った簡素なもので、ヘブライ語やイディッシュ語、もしくは解放された囚人たちの出身国の言葉であるフランス語やポーランド語、ロシア語などで碑文が記されていた。たとえばフランクフルトでは、フリートベルガー・アンラーゲの五～六番地にあったシナゴーグを記念する石碑がアメリカ軍の命令で一九四六年に建てられたが、その碑文は英語とヘブライ語で記されていた。逆に「殺人者の言葉」とされたドイツ語の碑は少なかった。あるとすれば、それは社会主義者などドイツ人の犠牲者を悼むためのものか、もしくはドイツ人市民に自らの犯罪を知らしめる意図で、戦勝者があえてドイツ語で記させたのであった。

アンネ・フランクの最期の場所として知られる、北ドイツのベルゲン・ベルゼン強制収容所でも、追悼と記念のイニシアチブを担ってきたのは犠牲者本人であった。ベルゲン・ベルゼンは、一九四五年四月にイギリス軍が到着した時には、すでに死者と生存者の区別さえ難しく、無数の遺体が散乱する状況で、さらに飢えや病気で解放後にも二万八〇〇〇人もの人が亡くなっている。チフスや赤痢が蔓延していたため、イギリス軍は衛生上の観点から、遺体をブルドーザーで集めて敷地内に大きく掘られた穴に埋め、収容所のバラックを焼却した。バラックがなくなった後も、監視塔や死体焼却場などの一部は原形をとどめていたが、この地を「墓地」にするというイギリス軍の方針により、これらの暴力の証拠も一九四五年末までに撤去された。ベルゲン・ベルゼンという場所自体が巨大な墓とされたのである。現在のベルゲン・ベルゼン跡地には、草の生えた、平たくならされた巨大な盛り土のような箇所が点在している。これが七〇年前の集団墓地である。盛り土のへりには「二〇〇〇人の死者がここに眠る」、もしくは単に「数えきれぬ死者がここに眠る」などと記されている。

この場所に最初に石で恒久的な追悼碑が建てられたのは、ベルゲン・ベルゼンの解放一周年の一九四六年四月のことである。強制収容所の近くに「ベルゼン」と呼ばれるユダヤ人専用の難民キャンプがつくられ、一万人ほどのホロコースト生存者が生活していた。ここに住むユダヤ人が、ベルゲン・ベルゼンで命を落とした同胞たちのために追悼碑を建てたのである。その碑には、ヘブライ語と英語で次のように記されている(38)。

イスラエルの民とこの世界は忘れまい
三万人のユダヤ人を
ベルゲン・ベルゼン強制収容所において抹殺された

殺人者ナチの手によって
大地よ　お前の上に流された私の血を覆うな！

この碑文は、ドイツ人社会に向けたものというよりは、むしろ生きて解放の日を迎えることができなかった仲間たちに向けられている。したがってここにおける「忘れまじ」は、記憶の担い手としての生存者の決意表明であり、仲間への誓いと言えるだろう。

この碑に見られるように、犠牲者自身が終戦直後に建てた碑には、犯罪者に対する強い怒りが明瞭に示されていることが多い。これが現実に墓碑であり、その下に眠る死者の存在を指し示すがゆえに、誰がこの死に責任があるのかを語ることは、死者を想うことの一部をなしている。碑文というテキストの性格上、文章が「AがBを殺した」といった能動態を取ることは極めてまれだが、それでも行為者について言及しないものはない。「殺人者」「ナチ犯罪者」、時には実際に手を下した者たちに限定されず、単に「ドイツ人」と名指しされていることもある。

加害者の「名指し」は、最初期の追悼碑の特徴でもある。たとえば、ミュンヘン近郊のガウティングには、殺害された六〇〇万人全体を追悼する、いわば国内初の「ホロコースト記念碑」がある。ガウティングはユダヤ人難民のための病院があった場所で、強制収容所を生き残った者たちが治療を受けたが、結核などで亡くなる者が後を絶たなかった。[39] その死者が埋葬されたユダヤ人墓地に一九四七年に石碑が建てられ、その碑にはヘブライ語で次のように記されている。[40]

記念する

永久《とわ》の民を
死者の永遠の中に
邪悪なる民は犠牲者の血に染まり
殺し　絞め殺し　焼き殺し　殺害した
六〇〇万の
殉教者　われらの兄弟

石碑をヘブライ語で刻む理由はいくつかあるだろう。まず、宗教的には弔いの儀式はつねにヘブライ語でなされてきたことがある。また死者がさまざまな国籍・母語のユダヤ人からなる中で、ヘブライ語は共通言語であったこともある。同時にドイツ人が解さない言葉によって、内なる怒りや憎しみを表現する意図もあったと思われる。もちろん、記念碑の落成式にはドイツ人市長や政府関係者も招待されることがあったが、こうした時も、本当の意味でドイツ人が犠牲者の追悼を共有することは意図されていなかった。彼らが追悼に参加するに値する、つまりそれだけ改心したということが自明でなければ、犠牲者や解放者である連合軍兵士と同じ位置に立つことは認められないという主張は、長らく正当な意見とされてきた。現に、ドイツの首相が連合軍のノルマンディー上陸を記念するＤデー記念式典に初めて参加したのは、二〇〇四年のシュレーダー首相が最初であった。

戦後初期には、ドイツ人の戦争の記憶の地平にユダヤ人の悲劇はほとんど昇っていない。大多数の市民は、単純にドイツの悲劇の語りを受け入れていた。実際に彼らにとっては、この戦争体験は悲劇に他ならなかった。戦後の食糧難や住宅難、東部領からの避難民、男性不在の家庭、こうした現状をともなう戦争はまだ過去ではなかった。迫害された体験を有する者は社会に存在したが少数派であり、とくにユダヤ人との物理的な接点はほとんどなかった。迫害を生き残ったドイツ系のユダヤ人は、ベルリンやミュンヘンなどの一部の都市で隠れるように生きており、大半のドイツ市民にとってユダヤ人はもはや可視的な存在ではなくなっていた。一時期、ドイツ国内にはホロコーストの生き残りである東欧出身のユダヤ人難民が多くいたが、彼らの大半は専用の難民キャンプに暮らしており、またユダヤ人の側で「殺人者ドイツ人」との接触を断っていたため、ドイツ市民にとっては一時的に滞留する「外国人」にすぎなかった。そうした人たちが建てた追悼碑が、自分たちドイツ人に責任のある過去であるという認識は薄く、碑文がドイツ語以外の言葉で記されていた点も、これに拍車をかけた。

　さらに、強制収容所などの「記憶の場」が、戦後も比較的長い間、用途を替えて使われていたことも、ドイツ市民がユダヤ人犠牲者の追悼に関心を持てなかった一因であったと思われる。多くの都市が爆撃で破壊されたのに加え、西ドイツだけでも八〇〇万人を超えるドイツ人被追放民を受け入れたため、まだ使える施設は、かつての強制収容所も含め、利用せざるをえなかったのである。強制収容所は皮肉にも、まず戦争犯罪が疑われたドイツ人を収容する場所となった。その後ユダヤ人を含むさまざまな国籍の難民や、ドイツ人被追放民の宿泊施設として使われた。

　例を挙げると、ミュンヘン近郊のダッハウは、まずアメリカ軍により親衛隊員などドイツ人戦争犯罪人を収容する場所となり、ここでダッハウ裁判が行われた。一九四八年に一連の裁判が終わると当地の管理はバイエルン州に委託され、チェコスロヴァキアのズデーテン地方から追放されたドイツ人の施設へとつくりかえられ、一九六〇年代に入るまで五〇〇〇人もの被追放民の家族が暮らす場所となっていた[41]。同じバイエルンにあるフロッセンビュルク強制収容所も、まず捕虜収容所などとしてアメリカ軍の利用に供された後、難民や被追放民の施設となり、バラック群は一九五五年に解体されて被追放民のための住宅群が建設された。かつて囚人を集めて点呼していた広場は、市により産業地区とされた。

北ドイツの強制収容所ノイエンガメも、最初はイギリス軍によりドイツ人戦争犯罪人の収容所として使われた。一九四八年にその管理がイギリス軍からハンブルク市に移行すると、市は一九四九年にバラックを取り壊し、そこに新しく建物を建て、ナチ時代から使われていた石造建築物とあわせて二〇〇〇年代に入るまで刑務所として使っていた。ナチ時代の強制収容施設の中には、それ以前から矯正院や刑務所などとして使われていた場所もあり、これらが有する社会的な周縁性は、ナチズムに起因するというより、その場所に本来備わる特性と見なされた。そうした場合、意識の上では必ずしもナチ支配の終焉による断絶はなく、テロの場をそれとして位置づけようという意欲も希薄であった。

見えなくなる過去

一九五〇年代に入ると、国内の強制収容所など旧ナチ施設の管理権限は、戦勝者から徐々にドイツ人の手に移管されていった。それまでの記念の担い手であったホロコースト生存者は、イスラエルの建国とアメリカの移住規制緩和により一九五〇年代初頭にはおおむねドイツを去っており、また連合国も、一九四九年に連邦共和国が成立し、軍事的占領から高等弁務府による文民支配へと移行すると、段階的に関与の度合いを弱め、軍事や外交などを除いて行政権をおおむねドイツ側に委譲していったためである。先述のベルゲン・ベルゼン跡地は、一九五二年には現地ニーダーザクセン州へ管轄が移行しているが、これは先立つ一九五一年夏に近接する難民キャンプ、ベルゼンが完全に閉鎖され、現場で記念と追悼を担ってきたユダヤ人が不在となったことと関係している(42)。こうした状況の変化を受け、ドイツの主権回復を定める一九五二年のドイツ条約には、行政がナチ犠牲者の墓地を管理する義務が盛り込まれた。

占領者と犠牲者の去った後、一九五〇年代半ばに公的な想起の仕事はドイツ行政により担われるようになった。歴史的建造物や史跡の管理に責任を持つのは州（ラント）であり、地方自治体が何を記念保護の対象にするかを決める。ここでドイツ行政に与えられた役割とは、いわば墓守としてのそれであったが、彼らが真摯な墓守であったかは疑わしい。収容所などが用途を替えて使い回され、その需要がなくなると、前世代の遺物は放置されるか、建物の老朽化、崩壊の危険性、新たな住宅地の確保などを理由に解体された。このため多くの場所で犯罪現場は物理的にも姿を変えてゆき、その記憶は希釈されていった。

管理の移行が、負の歴史をできるだけ目につかないよう塗り込める機会となることもあった。ダッハウでは、解放時にアメリカ軍により撮影された写真の展示がなされていた場所があったが、市は写真があまりにも残酷で衝撃を与えるなどの理由で撤去を求め、ついに一九五五年に閉鎖に追い込んでいる(43)。それだけでなく、ダッハウ市議会は死体焼却場の撤去をバイエルン州に求め、犠牲者団体の反発を受けて撤回したという経緯もある(44)。ダッハウの歴史記念館が開館するのは一九六五年であるが、これもダッハウを生き残った者たちによる国際組織、「ダッハウ国際委員会」が収容所の保存と修復、記念碑の建設を強く求めた結果であった。しばらくしてダッハウは皮肉にも強制収容所の町として観光客を集めるようになり、まさに記憶と忘却の政治力学がせめぎ合う場所となっていった。

刑務所として使われるようになったノイエンガメも、過去を葬り去らんとするハンブルク市の姿勢を反映する歴史をたどった。刑務所であるとの理由で外部の立ち入りは禁止され、元囚人や遺族による追悼訪問さえ許されない時代があった。一九六五年に記念碑が建てられるが、これは本来収容所があった場所から離れた所につくられ、その建設を推し進めたのも、ノイエンガメの元囚人からなる国際的な団体であり、場所の管理者としての自治体ではなかったのである[45]。

そして一九五〇年代、六〇年代は、強制収容所などの加害の痕跡のみならず、犠牲者の痕跡、つまりかつてドイツに存在したユダヤ人社会の痕跡も消えていった時代でもあった。ユダヤ人共同体が有していたシナゴーグや学校、老人ホームなどの施設がドイツ行政に委ねられ、もしくは売却されて、民間の手に渡っていったためである。戦後の小さな共同体が必要とする最低限の施設と、墓地など売却に適さないものを除き、ユダヤ人共同体の財産は大規模な都市整備をともなう経済復興が始まりつつあった不動産市場に放出された。損壊がひどく買手が見つからないようなものは、最終的に州政府に一括して売却された。こうして所有者を替えた建物は取り壊され、その上に新しい建物が建ち、ドイツにかつて豊かなユダヤ人共同体が存在した痕跡は、戦後の復興の名のもとに消えていった[46]。こうした戦後初期の諸状況により、一九六〇年代には、ドイツ社会の中でナチ時代の遺物や、かつてユダヤ人が生活を営んでいた痕跡は比較的目につかないものになっていた。

一九五〇年代にホロコースト犠牲者の記念がドイツ行政に託されたことにより、その性格に変化が生じた事実は、記念碑の碑文にも読み取ることができる。一九八〇年代末までにドイツで建てられた記念碑のテキストを分析したウルリケ・ハースによると、一九四〇年代後半の碑文では、死とは具体的な対象をともなうものであり、「殺された者」の存在を強く訴えていた。ところが、ドイツが何を記憶にとどめるか、何を忘却するのか自ら決定するようになる一九五〇年代後半、死は抽象化され、同時にその行為主体もぼかされていったという。典型的には「ファシズム」や「独裁」といった名詞が主語に据えられ、具体的な行為者が不明なまま、ユダヤ人の犠牲が受動態で語られるようになった。「ナチにより殺害された」と言うのと、「第三帝国下で犠牲となった」と言うのでは印象も意味合いもまったく異なり、それにより誘発される想起のあり方も異なることは言うまでもないだろう。また、「ナチ」「親衛隊」「権力者」といった集合名詞が主語として使われることで、これらを構成していた人間が具体的な個人として認識不可能となっていった。「暴力支配」「非人道性」「狂気」「残虐性」などの抽象名詞が主語とされるに至って、この傾向は加速した。さらに「ナチ支配の時代に」「第三帝国下で」「ユダヤ人迫害において」犠牲になったという風に、副詞的用法を使えば、文章の構造上、主体さえも必要なくなる。あたかも行為者不在の中で人間だけが死んでいったような印象が生まれる。[47]

近代以降のドイツの記念碑群を分析した松本彰によると、第二次世界大戦後、比較的早い時期に建てた記念碑には、「暴力支配の犠牲者に」と刻まれたものが多い。[48] しかし、「暴力支配の犠牲者」という大釜には、ありとあらゆる死者が、加害者も犠牲者も、死に至った理由、背景を問わずして投げ込まれ、その経験の差異は溶解させられる。ユダヤ人の経験は、社会主義者など政治的な被迫害者の経験とは同じではなかったし、ドイツ人犠牲者の代名詞であった被追放民でも、何世代も暮らしていた場所から追われた者と、ナチの侵略に便乗して東欧に入植し、追い出された者とでは、その意味合いはやはり同じではなかった。こうした違いは、あえて曖昧にされた。その結果、ドイツ国民の名においてなされた犯罪を想起させるはずの記念碑が、じつは犯罪のさらなる抽象化に貢献してしまうという、逆説的な結果が生まれたのである。

犠牲のナラティブ

ナチズムの犠牲者に対する追悼碑と並行して、ドイツ人は「自分たち」の悲劇を記憶するための記念碑を、終戦直後から各地に建ててきた。戦没兵士に対する追悼碑はもちろんだが、ヒトラーへの抵抗運動を行った者、また「戦争の結果」により苦しんだ人びと――東部からの被追放民、連合軍による爆撃の犠牲者、ソ連に抑留された戦争捕虜、廃墟と化したドイツの町々を片付けた「瓦礫の女たち」、そしてドイツ分断による犠牲者など――に捧げられた碑が一九五〇年代に多く生まれた。こうした人びとこそがドイツ社会が「自分たちの」犠牲者であると見なした人びとであり、その表象もこのような理解を明確に示していた。典型的には、うなだれ、足取りも重く西へ向かう群像、乳飲み子を背負った母親、もしくは痩せこけ、両手を縛られて自由を奪われた人物像などで、ドイツの犠牲は表現された。

この時代のドイツの犠牲のナラティヴを代表するのは、ゲッティンゲン近郊のフリートラントにある「帰郷者の碑（Heimkehrerdenkmal）」である。小高い丘に高さ三〇メートル近い三角形のコンクリートの四枚の壁がそびえたつ、巨大な記念碑である。これは一九五七年に当時の首相アデナウアーが提案し、一〇年後の一九六七年に完成した。

フリートラントという場所が選ばれた理由は、ここに難民や被追放民、ソ連から帰国した戦争捕虜などが一時的に生活する施設があったためである。一九五五年のアデナウアーのモスクワ訪問によりソ連の捕虜となっていたドイツ兵の帰国が実現し、東ドイツ国境に近いこの町は、抑留されていたドイツ兵士や民間人が帰国する列車の到着地点となった。フリートラントは、戦争の爪痕が残る中で家族を待ちつつも、徐々に平穏を取り戻し、始まりつつある「経済の奇跡」への期待に胸を躍らせる、どこか宙ぶらりんな一九五〇年代のドイツの心象風景に他ならなかった。フリートラントは、列車から降りる帰還者の中に、自分の息子や夫を探してこの場所に何度も出向いた多くの家族の記憶に、喜びと悲しみとともに深く刻まれている。(49)

当時のドイツは、国を挙げてこうした帰還者を歓迎した。列車の到着を知らせる鐘が鳴り響き、長い抑留と強制労働で人相も変わった男たちを抱きしめる家族の写真が連日新聞を飾った。しかしこれを眺める国内のユダヤ人たちの思いは複雑であった。一九五五年、国内のユダヤ人新聞はこう書いていた。

われわれだって、帰って来ぬ者たちを想っている。無慈悲にも、卑劣にも人生を断ち切られた何百万もの者たちのことを。［…］こうした〔帰還者の〕歓迎では、何か決定的に許しがたい怠慢があるように思われる。［…］不運と外国の不正がこうした不自由をもたらし、ドイツを引き裂いたわけではない。塵芥に帰した犯罪体制が、道徳的にも政治的にも間違いを犯したためであるという、根本的な理由がまったく語られていない。(50)

フリートラントの記念碑が重要なのは、これが本来、第二次世界大戦のさまざまな犠牲者のための「国家的」記念碑として構想されたものであるためだ。国家的記念碑とは、まさに国による過去の解釈を示すものに他ならない。一九五〇年代半ば、アデナウアーはここにドイツ人の戦争体験を集約させるような記念碑の建設を望んだ。しかし計画が持ち上がった一九五七年当時は、まだソ連から帰国者が毎日のように到着し、また被追放民の定住問題も未解決であった。このため、心情的には巨大な記念碑建設は時期尚早と見なされ、また建設費用の点でも、生きている人間の援助が優先されるべきだという声は強く、建設はいったん凍結された。その後一九六〇年代半ばになって、国立の施設としてではなく、元戦争捕虜らの帰還者団体の主導で「私的」な記念碑として建設されることとなった。(51)

一九六〇年代にフリートラントの記念碑が公的な位置づけを失ったのは、時代の変化ゆえであろう。

一九五〇年代のドイツにおいては、戦争捕虜とその家族の団体は、東部からの被追放民の団体と並んで最も参加者の多い団体であり、自分たちの待遇改善やソ連に残された同胞の早期帰国実現を求めて政府に対し強く働きかける、強力なロビー団体でもあった。したがって建設費としてかなりの額の寄付も集まったのだが、一九六〇年代後半になり「経済の奇跡」を経て戦争体験が急速に遠のいてゆくドイツにあっては、こうした圧力団体の影響力には陰りが見え始めていた。それでも一九六六年の記念碑の定礎式には、すでに首相の座を退いていたアデナウアーも参加している。

翌一九六七年に記念碑は完成し、四枚のコンクリートの壁面に、碑文の刻まれた石板が取り付けられた。最初の碑文は次の文章で始まる。「われわれは戦争と抑留、追放と迫害の道を、故郷を追われ、ここに来た」。この後、さまざまなドイツ人の犠牲者集団が、かなり具体的な数、もしくは概数で列挙される。


九三四万九〇〇〇人のドイツ人が第二次世界大戦で命を落とした。

二八九万二〇〇〇人の兵士が戦死し、二八四万六〇〇〇人の民間人と一二五万人の戦争捕虜が亡くなった。

一一六万三六〇〇人の兵士が、一〇万三〇〇〇人の戦争捕虜が、一〇八万九〇〇〇人の民間人が行方不明となった。

一九四五年以降にオーデル／ナイセ線の東から、ボヘミアの森から、東欧から、そして南東欧から、一五〇〇万人のドイツ人が追放された。

一九四四年から一九四七年の間に、女子供を含む一〇〇万人のドイツ民間人が、遥か東へと連れ去られた。

二〇〇万人を超える罪なき人びとが、道半ばで惨めに亡くなり、疲労困憊で力尽き、また人の暴力に倒れ、追放の犠牲となった。

一〇五〇万人のドイツ兵が、七一〇万人が西欧で、三四〇万人が東欧で捕虜となり、何千もの収容所に散り散りとなった。(52)

要するに、これは「ドイツ人」の犠牲の記憶なのであった。彼らが苦しむこととなった原因であるナチズムとその暴力については触れられておらず、したがってこの悲劇に責任のある者についても名指しされていない。ここにはナチ体制へのドイツ人抵抗者も、政治的被迫害者も、ユダヤ人も不在だ。碑文は「諸民族よ、和解せよ！」「憎しみを棄てよ――和解せよ――平和のために尽せ――互いに橋を架けよ！」と続けるが、その呼びかけは空転している。ここに見られる犠牲のナラティブこそ、まさに一九五〇年代にドイツ人が直近の過去をいかに理解していたかを示すものであった。

しかし、碑の建設がようやく動き出した一九六〇年代半ばとは、すでにドイツ社会が大きく変容する新しい時代の幕開け前夜でもあった。定礎式には参加したアデアウアーも、翌年の落成式の時には故人となっていた。一方的な犠牲のナラティブは、すでに市民の支持を失いつつあった。記念碑の落成式は、帰郷者団体の要請の甲斐なく、著名な政治家の参加を欠いたまま行われた。政治家は時代の流れを敏感に察し、元抑留者の団体や被追放民団体などの圧力団体から距離を置くようになっていた。

それだけではなく、こうした戦争の記念碑に対しては、まったく別の方向から攻撃が加えられるようになっていた。犠牲の記憶を、先世代による欺瞞と見なす戦後世代が登場していたのである。一九六〇年代末より、戦没者慰霊碑の銘板などが学生らにより破壊される事件が各地で報告されるようになった。フリートラントの記念碑も、一九六七年末、ライトアップ用の照明設備が破壊され、石碑に「ダッハウ」「リディツェ」と落書きされた。リディツェとは、ナチ高官の暗殺に対する報復として、村人が虐殺されたチェコスロヴァキアの村である。先の戦争の想起は、敗戦により味わった苦痛の記憶から、ドイツの犠牲となった者たちと自らを同一視するものへと移行しつつあった。ドイツを「加害者」として位置づける集団的記憶が登場する時代が、始まりつつあったのだ。

「不在」の発見

六〇年代末になって、若い世代が祖父や父親にナチ時代の行為を問いただすようになった時、戦後生まれの彼らは、犯罪の現場が注記も付されず荒れるに任されていたり、かつてのシナゴーグが駐車場になっていたり、倉庫が建っていたりするのを見つけ、驚愕した。彼らは歴史の痕跡が消されているのは、先の世代が過去との対決をないがしろにしてきた証拠であると考えた。このため彼らは、戦後の繁栄の中に塗り込められたナチズムの「痕跡」を探し出し、「不在」となった人たちの記憶を掘り起こすことを、自分たちの使命としたのである。

こうして一九七〇年代後半から一九八〇年代に入ると、「記憶の場」に「しるし」をつけ可視化し、これを保存する運動が草の根レベルで広がった。たとえば、シナゴーグがあった場所にプレートを付けて破壊の経緯について記したり、地方の小規模な労働収容所の歴史が掘り起こされ、被収容者の運命が調査されたり、もしくは忘れ去られていた集団埋葬地が整備され、無名の囚人の墓に石碑が建てられたりした。こうした行為はドイツ語では「証跡捜査（Spurensuche）」と呼ばれ、Spuren（痕跡）を suchen（探す）ことを意味している。本来は犯罪が行われた現場でその痕跡を採取し、保管することを意味する警察用語だという(53)。運動に参加する市民には、むしろかつて暮らしていた犠牲者たちの「足あと探し」に近い感覚であったと思われる。

運動には多くのアマチュア郷土史家も関わっていた。自分の周りにあって幼少期から見聞きしてきたものに対する関心から活動を始めた人が多く、運動は本質的にローカルな性格を有していた。またこれは、戦後の歴史研究の流れと関連している。一九七〇年代の社会史の流行、日常史、郷土史など、「下からの歴史記述」の興隆は、もっぱら国家や政治的エリートを歴史のアクターとして想定する従来の政治史的歴史記述とは異なった、「普通の人びと」の歴史を浮き上がらせた。こうした社会史の運動が「君が立っている場所を掘り起こせ」をスローガンとしていたのはじつに象徴的だ。(54)

社会史の影響は、大学でそうした訓練を受けた教員により、初等・中等教育にも降りてきた。一九七〇年代には子供たちの歴史作文コンクールも始まり、一九八〇年からの三年は「ナチズム下での日常」をテーマに応募が呼びかけられている。生徒たちは自分の町のナチズム体験を明らかにすべく聞き取り調査を始めるが、日々の生活や人びとのより親密な関係性の中から歴史を読み直すことで明らかになったのは、じつはナチ体制が一部の確信犯だけにより運営されていたわけではなく、それそのものとしては犯罪性のない市民の日常が織りなされる中で、犯罪的政権が維持されてきたという事実であった。こうした教育学習活動が、記念碑の設置で締めくくられるのは、ごく自然な流れである。地元の中高生の郷土史研究に端を発し、生徒らのイニシアチブで建てられた記念碑が少なからずあることは、指摘に値するだろう。

草の根で始まった「足あと探し」は、一九八〇年代に入ると、「記憶の場」を法的に保護の対象と指定し、整備し、記念碑を建てるという点で、公的な過去へと位置づけられていった。この一九八〇年代にドイツの集団的記憶の転換があったという点で、多くの研究者が合意している。犠牲者としてのドイツ人像から、加害者としてのドイツ人像への明確な移行があり、それは一九八〇年代の記念碑建設、記念プレート設置の急増に明白に表れている。[55] 多くは一九八五年の終戦四〇周年、さらに一九八八年の「水晶の夜」の五〇周年に間に合わせる形で計画されたのである。一九九五年の時点で、連邦共和国領内にナチ犠牲者（ユダヤ人以外の犠牲者も含む）を追悼するメモリアルは大小すでに三〇〇〇カ所以上存在し、その後、数はさらに増えた。[56]

この時期に想起の転換をもたらした本質的な要素は、世代交代である。一九八〇年代は戦争体験のない国民が全体の過半数を占めるようになり、当事者でないからこそ、犠牲者の側への感情移入が容易になったのである。意地悪な言い方をすれば、自分と直接に関係がないゆえに、善と悪の白黒の線引きが容易になったのだ。なぜなら同時代人は、その時代を生きた人間の「感覚」として、当時どうであったのか知っており、戦争が善と悪の対決でもなく、大量殺人者とされる人たちが個人としてはごく普通の人間であり、また無関係とされる人もまったく無罪とは言えず、誰もが状況と偶然によって加害者にも、犠牲者にもなりうる余地があったことを知っている。しかしこうした当時の雰囲気を知らない世代には、悪の断罪は比較的容易である。それゆえに、善と悪の判断基準においては、戦後世代はより厳格になる。その厳しさは、過去に蓋をしてきた張本人と見なした祖父や父親たちへの暴力的な攻撃をも生む。つまり、実体験のない世代が主流化することにより、過去の解釈は規範化する。規範とは、現実より一歩先の目標である。六八年世代は、自分たちが祖父や父親世代の残した負の遺産を克服するという使命感に突き動かされていた。ここでは自らの行動主義を実践することこそが重要であった。

ユダヤ人の歴史の再発見が、六八年世代の強いイニシアチブに引っ張られていた事実を示した例が、フランクフルトのベルネ広場の開発をめぐる問題であった。この一帯は、かのロスチャイルド家も輩出したフランクフルト・ゲットーがあった場所にあり、近代に入ってゲットーが解体された後も、ユダヤ人社会の中心的な地区であった。広場には正統派のシナゴーグが建っていたが、これは「水晶の夜」で破壊された後、市に強制的に買い上げられた。一帯は連合軍の爆撃により完全に破壊され、戦後は更地となり、シナゴーグのあった場所はしばらく花の卸売市場となっていた。一九七〇年代末に市がこの場所に消費者センターの建設を計画したため、土地は公営事業者に売却された。

　一九八六年、建設予定地で中世のゲットーの一部である宗教的な沐浴場（ミクヴェ）が発掘された[57]。すると、フランクフルトのユダヤ人の歴史の痕跡を保存するか、計画されていた市の計画を続行するか、全国的な議論が巻き起こった。ゲットー跡を保存すべきだと声を上げ、議論を引っ張ったのは、フランクフルトのユダヤ人共同体というよりは、むしろ新しい価値観の体現者として政治に参加する、緑の党のメンバーを中心としたフランクフルトのリベラルな市民層であった。消費者センターの建設を優先する市と開発業者に、民主的な市民が抵抗するという白黒の構図が前面に押し出される中で、保存を求める運動が盛り上がり、一九八七年夏には建設予定地が活動家によりしばらく占拠されるという事態にまでなった。当時のメディア報道を見ると、「この場所で歴史が消し去られる」（『フランクフルター・アルゲマイネ』紙、一九八六年七月一四日）、「ベルネ広場の穴――過去の克服の一例」（『フランクフルター・ルントシャウ』紙、一九八七年七月一〇日）などの見出しの報道が溢れ、建設問題は過去に対するドイツの姿勢を示すテストケースであると見なされていた[58]。

　これに対して、当のフランクフルトのユダヤ人共同体の指導層は、この問題から距離を置いていた[59]。それには理由があった。ベルネ広場の不動産は戦後初期の返還手続きでユダヤ人側に返還され、かつシナゴーグの物的損害に対する補償もきちんとなされていたため、共同体は所有権を放棄することで市から和解金を受け取り、土地が市の所有にとどまったのである。戦後のフランクフルト市議会は左派系の政党が優勢であり、ナチによる迫害を受けた政治家も少なくなかったため、ユダヤ人の状況にはむしろ同情的で、ベルネ広場周辺の不動産の権利についても、市とユダヤ人共同体は一九五〇年代に公的な文書を交わし、むしろ「太っ腹」な解決がなされていた[60]。和解で支払われた金は、現地のユダヤ人共同体の運営資金とされた。したがってユダヤ人共同体としては、ゲットー跡の保存は考古学的・歴史的には大きな意味があるとはしながらも、ベルネ広場に消費者センターが建設されたとしても、それは法的には問題ないことを理解していたのだった。

「記憶の場」の再発見において、ユダヤ人は当事者であるように見えて、じつはアクターではなく、これを牽引したのは六八年世代のドイツ市民であった。最終的に市は、ゲットー跡がそのまま展示される形で博物館を建設した。また博物館の近くに、フランクフルトから移送され殺害されたユダヤ人を追悼するメモリアルが、「水晶の夜」の四〇周年にあたる一九八八年に完成した。しかし当のユダヤ人が議論の背景にとどまったことにより、実際にはより複雑であったフランクフルトの戦後処理の歩み——戦後のユダヤ人共同体の復活はドイツの補償なしではありえなかった——は見えないままであった。

独善的な傾向がなかったとは言えないにせよ、ドイツの想起文化の成立において六八年世代が果たした役割はじつに大きなものであった。ベルネ広場の一件は、犠牲者の想起を、加害者側の社会が明示的に引き受けた最初の例のひとつに数えてよい。戦後支配的であった犠牲のナラティブは社会的支持を失い、過去への反省に立つ、より内省的なナラティブへと転換した。こうした流れの中で、一九八〇年代末に「加害者として」国家的にホロコーストを位置づける要請が生まれ、それが一九九〇年代にベルリンのホロコースト記念碑建設の議論へと結晶化してゆくのである。

国家化される想起

ホロコースト記念碑建設の議論が始まったのは、一九八八年であった。連邦議会がその建設を決定したのは一〇年以上が経過した一九九九年である。ボンからベルリンに首都機能が移転したのも一九九九年秋だ。過去の克服の集大成として、きわめて「西ドイツ的」な文脈の中から生まれてきた記念碑建設案であったが、ドイツが統一を果たしたことで、これは国民統合の一局面へと変化した。長い議論を経て二〇〇五年に完成するこの記念碑が、ドイツの民主主義の象徴である連邦議会のすぐ隣に位置していることに読み取れるように、ここにはドイツ国家によるホロコーストの位置づけが示されている。

ホロコースト記念碑に関する議論は、ドイツにまさに「記憶ブーム」をもたらした。第二次世界大戦に関し、大量の歴史研究、回想録、ドキュメンタリーなどが生み出され、消費され、新たに建設されたメモリアルや博物館に人が群がる状況が生まれた。ボンが「記念碑の首都」になることは決してなかったことからも、こうした変化の背景には明らかに政治的要因がある。それは対内的な要因と、対外的な要因に分けられるだろう。

国内要因としては、統一後、とくに旧東ドイツ地域で政治イデオロギーの崩壊や経済格差への不満からネオナチなどの極右勢力が躍進し、外国人や難民を襲撃するなどの暴力行為が頻発したことがあった。極右による刑事犯罪は一九九二年にピークを迎え、ホイヤースヴェルダやロストックで見られたように、放火され燃え上がる難民や外国人の集合住宅を笑いながら遠巻きに眺める市民や、威圧的にナチ式敬礼をするネオナチの映像は、世界にショックを与えた。統一に際し、諸外国からドイツの大国化とナショナリズムを警戒する発言が相次いでいただけに、こうした状況は時期尚早な統一への批判へと転化しかねず、政府は極右の抑え込みに神経をとがらせた。ナチに抵抗した労働者の国という自己定義に安住してきた旧東ドイツ市民は、ホロコーストに対する当事者意識を欠き、また共産主義による長い締め付けゆえに、アイデンティティを民族主義に求める傾向があった。過去の反省にもとづく歴史認識を共有しない国民を、いかに連邦共和国的な民主主義的社会に統合するかという問題が認識された。

こうした中で、ホロコーストが東西ドイツ共通の過去として位置づけられるようになるのである。アライダ・アスマンの言葉を借りると、ホロコーストがいわば連邦共和国の「ネガティブな建国神話」として提示されたのであった[61]。統一という新しい状況において、ホロコーストの歴史は他者への寛容やマイノリティへの配慮といった、民主主義的市民の育成のための手段である。ナチズムは悪の参照軸として提示され、ネオナチはまさに過去の教訓から「学ばない」者たちとして否定される。良識ある市民であれば、このような輩には抵抗しなければならない。こうしたメッセージは、メディアと教育、記念行事などを通して繰り返される。一月二七日のアウシュヴィッツ解放の日も、一九九六年より正式に「ナチズムの犠牲者の記念日」として位置づけられた。連邦議会での黙禱が実施され、首相談話が発表されるようになり、想起はこの時代のひとつのキーワードとなった。国家的に想起への動機づけがなされる中で、本来は下からのイニシアチブとしての性格を強く持っていた過去との取り組みは、九〇年代以降は、むしろ上からの「過去政策（Vergangenheitspolitik）」の性格を示すようになるのである。

極右の伸長という国内要因に対して、対外的要因としては、一九九〇年代後半より補償問題が再燃し、世界的なうねりとなったことが挙げられる。講和条約不在を理由に棚上げされてきた強制労働の問題や、ユダヤ人から強奪された財産の返還問題がふたたび息を吹き返したのである。これらが従来の国際法上の賠償ではなく、私法によるアメリカでの集団訴訟《クラスアクション》という新しい手段により闘われ、またこうしたやり方が、冷戦に勝利したと見なされたアメリカの価値観と人権意識が求めた過去との対峙の仕方であったという点において、ドイツはこれに対応するより他のない状況に置かれた。

それまで補償とは、基本的にはナチ国家の後継者としての連邦共和国政府の責任であり、個人に直接関わる問題とは必ずしも感じられてはいなかった。もちろん補償はすべて税金を原資としていたが、国民にとっては予算配分の問題にすぎなかったので、イスラエルに対して払った時も、近隣の西欧諸国に対して払った時も、市民が自分の財布から直接支払っている感覚は希薄であった。しかしこの集団訴訟において訴えられたのは、ユダヤ人財産をため込んでいるとされた銀行や保険会社、また強制労働を使用した産業界や農業経営者――そこには個人農家や教会組織なども含まれていた――つまり日々の「職場」に他ならなかったため、必然的に当事者意識を掻き立てられるものとなった。ここではナチズムとドイツ社会一般の共犯性が問われており、「普通のドイツ人」の責任がふたたび問い直されたのであった。

こうした中、二一世紀を目前にドイツ政府・企業と、集団訴訟の原告らが和解を合意し、翌二〇〇〇年に前者が一〇〇億マルクを拠出して、補償財団「記憶・責任・未来」が設立されたことは知られているだろう。本来は民間企業の出資と個人の寄付のみで基金を立ち上げるはずであったので、強制労働を使った企業だけでなく、まったくナチズムと関係のない戦後生まれの企業も基金への参加を強く求められた。個人に対しても、作家ギュンター・グラスが全国民に二〇マルクずつの寄付を呼びかけたように、加害者の子孫である国民として、過去を引き受けることを求められたのである。国が国際法上義務を負うから補償するというのではなく、ドイツ社会全体を当事者として、負の遺産を解体する意志を示すことが重要とされたのだ。実際には、資金集めは難航し、結局政府が半分の五〇億マルクを出す結果となったのだが、二〇世紀に生じた問題は、二〇世紀中に解決するという掛け声のもと、補償問題の「最終的な解決」に向けて官民一丸とならざるをえなかった経験は、想起の文化を支配的な風潮とする追い風となった。

この時期、久しく語られなかった、連合軍による爆撃の死者や被追放民などの「ドイツ人の犠牲者」にふたたび光があてられるようになったのは偶然ではない。二〇〇〇年代の補償は、戦後ドイツによる最終的な過去の清算という大きな文脈で展開し、ここで過去を引き継ぐ意志を明白にしたドイツは、自らの犠牲について語る権威も獲得したのである。社会としてナチズムの遺産を引き受ける姿勢が、正面切って語るには躊躇されてきたドイツ人犠牲者の苦痛への言及を可能としたのだ。こうして想起は国家的なプロジェクトに昇華し、言ってみれば、ホロコーストは統一ドイツの「大きな物語」の中に取り込まれていった。これは、ＥＵのエンジンとしてますます政治的重みを増したドイツの、完全な復権を意味していた。

こうした形の想起は、加害という原点に立ち戻るネガティブな想起であるように見えて、最終的には国民に対してポジティブなものとして作用する。なぜならここにおける想起は、過去への反省を促すものであると同時に、困難な過去と勇気をもって対峙することにより、ドイツは民主主義的な国家へと生まれ変わったという、肯定されるべき過去を想い起こすことでもあるためだ。二〇一五年一月二七日のアウシュヴィッツ解放七〇周年に際し、大統領ガウクは、「アウシュヴィッツを欠くドイツのアイデンティティはありえない」と語っているが、そこにはまさにふたつの意味が込められていた。ひとつは加害の事実を忘れることはできないということ、もうひとつは、ドイツは過去を乗り越えて民主主義的な社会を築いたという明らかな自負である。物理的にも加害者世代が消滅直前にある現在、ドイツにおけるホロコーストの想起は、国民にむしろポジティブな自己評価をもたらすものとなっている。たとえばある調査では、過去の克服と関連して、七六％のドイツ人がドイツは他国に比べてとても道徳的な国であると考えている。また、一八歳から二九歳の層では、七九％が今でもユダヤ人に対する犯罪を非難されることに腹が立つと答えている。[62] ここでは過去の犯罪と、現在の自分は完全に切り離されている。つまりドイツではこうした想起において犠牲者と加害者の関係性はすでに超克されており、一種、加害者不在の想起が生み出されているのだ。

それゆえにナチズムの過去について語ることは、民主主義的な国民として当然の「マナー」と考えられるに至り、これは学校教育などにおいてはあまりにも自明視されているがゆえに、今さらその是非が問われることはない。加害をつねに想起させる文化を自虐的として拒絶する当事者世代も、今ではほとんどいない。ナチの蛮行を想起させる記念碑が氾濫する社会において、ドイツ市民がさしたる罪悪感を呼び起こされることもなく、風景の一部としてこれらを受け入れるに至っているのは、彼らが当事者ではないためだけではない。まさにこうした記念碑が、長く困難であったが、最終的には成功したと考えられている連邦共和国の過去の克服の歩みを証言するものとして存在しているためなのだ。ベルリンのホロコースト記念碑に観光客が群がるのを見て、外国人が自分たちの罪を非難しにきたと眉をひそめる者はもはやいないであろう。ホロコーストの想起は、今やドイツの民主主義の証である。皮肉なことに、ドイツの戦後民主主義の源泉を、ナチズムの克服という意味で、ホロコーストという悲劇に求める解釈さえ可能なのである。この想起は、もはやネガティブではない。

世界的記憶レジームの構築

想起の文化は、二〇〇〇年代にはドイツにとどまらず、ヨーロッパ全体に拡散した。その理由は、補償問題を通して、ドイツ以外のヨーロッパ諸国もホロコーストの従犯であったことが判明したためだ。冷戦の終結は旧共産圏の文書館の扉を開き、ホロコースト研究が飛躍的に進展する中で、他民族や他国家によるホロコーストへの関与が次々と明らかにされたのである。

まず東欧諸国では、ファシストとこれに抵抗した労働者・共産主義者という神話が崩れ、じつはかなりの数に上った対独協力者や、土着の反ユダヤ主義の存在が認識された。次に西欧諸国では、フランスは言うに及ばず、スイスやスウェーデンといった中立国でさえ、ナチ国家との関係においては無罪ではないことが判明した。ドイツ同様に、各国の銀行、保険会社、鉄道会社、美術館などに対して、アメリカで多くの集団訴訟が起こされた。このため多くの国が歴史家委員会を設立し、自国政府と企業がどの程度ホロコーストに関与していたのか解明することを迫られた。この結果、ホロコーストはじつは「全ヨーロッパ的プロジェクト」であったと認識されるようになった。どの社会にもユダヤ人の悲劇から利益を得た人びとがおり、こうした広範な共犯がヨーロッパ規模でのホロコーストの展開を可能としたことが理解されるようになったのだ。この新しい歴史認識は、ヨーロッパ全体で第二次世界大戦の記憶に対する変化をもたらし、新しい想起の実践を生み出していった。これが二一世紀になって全ヨーロッパ的な想起の文化が登場し、ホロコーストの世界的な「記憶レジーム」と呼べるものが生まれる要因であった。

ただし、補償に関連した政治の動きが、どのように社会の記憶のあり方に影響するのか、具体的な関連性を可視化することは容易ではない。あえてこれを試みるなら、想起を社会に浸透させるためにつぎ込まれる予算、新しく建設された記念碑の数、歴史研究を行う機関への助成など、想起がなされる制度的土台に注目する必要がある。こうした物的側面に注目すると、補償と想起のある程度の関連性は見えてくる。

たとえば、「記憶・責任・未来」補償財団の基金の七%にあたる三億五八〇〇万ユーロ（一ユーロ＝一二〇円計算で約四三〇億円）は、「記憶と未来」基金として、強制労働の犠牲者個人に対する支払いとは別枠で、歴史研究、次世代のための政治教育、文化事業、そして死者の記念事業などに使うことが法律で定められている[63]。この基金だけでもすでに相当な規模であるが、基金には利子もつくため、利子分もさまざまな事業に使われる。これまでにじつに多岐にわたるプロジェクトが助成を受けており、元強制労働者をドイツに招待したり、ドイツ＝ポーランド間の青年交流や強制労働に関する特別展示などが行われてきた。とくに歴史研究と記念事業は、継続的に助成されている。こうした事業が、より多くの人びとにナチズムとホロコーストの歴史を再認識する機会を与えていることは言うまでもない。補償問題の解決は、未来への記憶の伝達を条件とした和解であったと言える。

記念・想起事業への補償金の分配は、ドイツ以外の国でも見られる。たとえば傀儡ヴィシー政権がユダヤ人迫害に力を貸したフランスでは、ドイツと同様、国と企業を相手方とする和解が成立し、補償金の一部で二〇〇〇年に「ショアー基金」が設立されている。ショアー基金は、生存者の生活支援だけでなく、その記憶の伝達、ホロコーストの記念、歴史教育、スタディツアーの実施等も行っている。シンポジウムの開催、ホロコースト教育者の養成、ドキュメンタリー映画（時にはフィクション映画も）の制作なども補助している。また博物館やメモリアルの建設も行い、パリ郊外の強制収容所で、フランスからアウシュヴィッツなどへの移送の中継点となったドランシーに、ショアー・メモリアル・センターが総合教育研究施設として二〇一二年に開館している。このショアー基金の二〇一五年の活動報告によると、この年基金は大小二六五のプロジェクトを助成し、その総額は約一〇三四万ユーロ（一ユーロ＝一二〇円計算で約一二億四〇八〇万円）にもなっている。そのうち記憶とその伝達に関連するプロジェクトに対し一三％（約一三四万ユーロ）、ホロコースト教育に一〇％（約一〇〇万ユーロ）、反ユダヤ主義とホロコーストに関する研究に対し二％（約二三万ユーロ）を出資している。[64] これはフランスの例だが、類似の財団は規模は異なれどヨーロッパ中に存在し、活動している。ホロコーストの記憶の維持と伝達のためにつぎ込まれる資金は、相当なものである。

記憶の伝達を重要なものと位置づけ、これに資金も出すという点においては、戦後、ユダヤ人は一貫してきた。ユダヤ人の補償請求の窓口として一九五〇年代より補償金を受け取ってきた対独物的損害請求会議は、設立当初から補償金の一部を死者の記念に回し、ホロコーストの研究・教育の推進、記憶の保持に努める機関に対して補助金を出してきた。ヤド・ヴァシェムの建設や、同時期のパリのホロコースト・メモリアルの建設にも出資したことはすでに述べた。現在もホロコースト研究に関わる世界中の文書館、研究所の多くは、請求会議の補助を受けている。また、出版事業に対しても助成を行い、出版社が見つからなかったヒルバーグの『ヨーロッパ・ユダヤ人の絶滅』が、請求会議からの出版助成を得て日の目を見たことは有名な話だ。[65] また、前章で見た青少年のアウシュヴィッツへの訪問行事に対しても、部分的に補助している。

請求会議が補償金を直接的な被害者の救済以外の用途に配分することに対しては、批判もあった。文化事業に回す金があるなら被害者に渡すべきであるという、ある意味では正論とも言える意見は、とくに犠牲者の側から聞かれた。ただし請求会議は、受給者を犠牲にして補償金から記念事業へ金を回しているわけではない。請求会議は補償の代表受取人でありかつ分配人であるため、常時数十億円の単位で資金管理を行っている。したがって個人への補償金分配までにつく利子分もかなりの額になり、こうした派生的収入を運用することで、職員の給与や記念事業の費用も一部ねん出される。また多くの財団がそうであるように、株式などへの投資も行っている。皮肉な言い方をすると、ホロコーストの想起を金銭的に支えてきたものは当初からドイツの補償であり、ドイツは自分たちの加害を世界の記憶にとどめる事業に、ずっと出資してきたということだ。

請求会議による助成は、現在では以前とは異なる意味を持つようになっている。なぜなら、半世紀以上経過した後の補償では当事者の大半はすでに死亡しており、受給資格がある者は減少しているため、より公共の利益になる形で、また未来へ記憶が伝達されるように、使うことが求められるからだ。したがって助成の内容も時代とともに形態を変えてきており、かつては書籍の出版助成や記念碑の建設を中心としていたが、現在ではデータベースの作成や文書館史料のデジタル化などへと移行しつつある。また映像記録としてのドキュメンタリーのみならず、フィクションとしてのホロコースト映画にも助成がなされていることは指摘に値するだろう。生存者不在の時代を意識した記憶の伝達・形成が始まっているのだ。

ホロコースト研究に補助金が付き、研究者の交流がなされ、その成果が出版され、メモリアルが建設される――こうした循環は、ヨーロッパに「ホロコースト公共圏」とでも呼べる空間を生み出しており、ホロコーストの位置づけに関するヨーロッパ的コンセンサスが形成されている。

その出発点として、二〇〇〇年一月にストックホルムで四六カ国の代表が参加して開かれた、国際ホロコースト会議がある。スウェーデン政府が呼びかけた「ホロコースト教育・記憶・研究のための国際協力タスクフォース」（以下、タスクフォース）がその基盤となり[66]、ホロコースト記念・教育において国際的な協調が打ち出された。会議にはヨーロッパ諸国のみならず、アメリカ、イスラエルの外相級の指導者も参加し（アメリカは大統領ビル・クリントンも出席した）、まさにホロコーストの記憶の継承のために世界のリーダーが顔をそろえる異例の会議となった。閉会にあたり次のような「ストックホルム宣言」が採択されている。

ホロコーストは、文明が依って立つ基盤を根本から変えた。前例なきホロコーストの性格は、つねに普遍的な意味を持ち続けるであろう。［…］ナチにより計画され、実行されたホロコーストの巨大さは、われわれの集合的記憶に永遠に焼き付けられなければならない[67]。

タスクフォースに参加する国々は、学校や大学でのホロコースト教育の推進を図らねばならず、また研究の活発化のために歴史文書の公開も求められている。さらに記憶の維持とホロコーストの記念にも、積極的に努めなければならない。ストックホルム宣言には、次のようにもある。「われわれはホロコーストの犠牲者を記念し、国レベルでのホロコースト記念日の実施のような、ホロコーストの適切な想起を推奨する[68]」。現に、欧州評議会は二〇〇五年の一月二七日に、つまりアウシュヴィッツ解放の六〇周年の日だが、ホロコーストはヨーロッパ史の一部であるという認識を共同決議においてうち出した。国連も二〇〇五年一一月に、一月二七日を「ホロコーストの犠牲者を想起する国際デー」と公的に位置づけた。

今やホロコーストは、人権意識や法の支配をはかるバロメーターとなったのである。ＥＵが価値の共同体としても位置づけられる中、ホロコーストの記憶がヨーロッパの共通項のひとつとして位置づけられるようになったのだ。こうしたヨーロッパ的記憶の政治共同体に参加することは、ＥＵ加盟を視野に入れた東欧の旧共産主義諸国にとっては非常に重要であった。価値の共同体は、取りも直さず経済の共同体ともつながっているためである。こうしてホロコーストの記念は政治的なアピールの場となり、実際にここ二〇年ほどで東欧各地に次々とホロコースト研究所やユダヤ博物館が生まれている。ホロコーストが一種の政治的な「踏み絵」と化したことは否定できない。トニー・ジャットがすでに二〇〇五年に書いたように「『ホロコースト』を認めることが、われわれの現代ヨーロッパへの入場券」となったのである。(69)

歴史家アロン・コンフィノは、著書『基礎となる過去』の中で、近代ヨーロッパの原点にあるとされてきたのはフランス革命であったが、これが今やホロコーストに取って代わられる可能性があると主張している。(70)二一世紀に入り、ヨーロッパの政治文化においてホロコーストの「記憶レジーム」が生まれたのである。これは、より大きな価値体系の一部である。人権の擁護、政治的和解、紛争予防など、二一世紀の世界が重要だと見なすさまざまな価値の中に、ホロコーストの記憶の継承が位置づけられたのであった。

第7章　記憶のその先へ

現在われわれは、ホロコーストの加害者、犠牲者ともにほぼ不在となる最後の一〇年を生きていると言ってよい。二〇一五年の時点で、イスラエルに一四万三九〇〇人、アメリカに九万八四〇〇人の生存者が暮らしていたと推測される。[71] 旧ソ連地域を中心としたヨーロッパ、オーストラリアや南米にも生存者はいるが、多くはない（ここで「ホロコースト生存者」とは、一九四五年半ば以前にナチ支配下の国で、もしくはナチ支配から逃れるために移動した先で生まれたユダヤ人のことを指し、強制収容所の生還者に限定されない）。一〇年後の二〇二五年には、イスラエルで四万六九〇〇人が、アメリカでは三万六八〇〇人がまだ生存していると予測されるが、二〇年後、二〇三五年の予測はもはやない。一九四〇年生まれで終戦時点で五歳の子供であったとしても、二〇三五年には九五歳であるので、この時点でホロコースト生存者は世界中でも数えるほどしか存在しないであろう。

他方、加害者の側は、すでにほぼ当事者不在の時代に入っている。刑事的な意味でホロコーストに関与可能であった年齢を一六歳以上としても、すでに圧倒的大多数はこの世にいない。加害者の消滅は犠牲者の消滅より早く、ドイツはすでに実質的に加害者不在の社会となっているが、加害国としての位置づけは変わらず、犠牲者への贖罪と想起は続く。

こうした時代における記憶の問題は、当事者が生存する時代のそれとは本質的に性格が異なる。アスマン夫妻の記憶論に戻ると、脳に記録された生物学的な記憶は、コミュニケーションを通して数世代の間は世代を越えて共有され、生きた社会的記憶としてとどまるが、世代の交代により必然的に消えてゆく。そしてこれ以降はメディアや文学、記念碑などを通して想起される文化的記憶へと移行するという。アライダ・アスマンは、ホロコーストの記憶は文化的記憶への移行がすでに始まっていると見なしている。それは、さまざまな表象を通して維持され、テキストや写真、博物館の展示品、映画や小説といったフィクションもその維持のための基盤となる。

　ここではもはや犠牲者の記憶と加害者の想起を区別することが意味をなさないどころか、何が「真正《オーセンティック》な」記憶なのかという問い自体も成り立たなくなりつつある。現代社会におけるホロコーストの記憶とは、グラデーションの色の帯のようなものであり、どこからどこまでが真実で、どこからフィクションが始まるのか、区別できない。一方の極には真正なる歴史遺物が位置し（たとえば囚人の腕の入れ墨、集団埋葬地の骨片など）、もう一方の極には想像の産物が位置している（ホロコースト映画、小説、シンボルなど）。記憶の出自はますます雑多になり、こうした多種多様なものに依拠して記憶は維持される。ホロコーストの記憶がこうした形態に移行しつつある今、これまでは議論されてこなかったさまざまな問題が認識されつつある。ここでは、ホロコースト当事者不在の時代が必然的にもたらす、記憶の新しい形について考える。

ホロコースト証言《テスティモニー》

ホロコースト生存者がそれほど遠くない将来に不在となるという認識が生まれ、一九九〇年代に始まったのが、オーラルヒストリーの収集である。これに対して、加害者のオーラルヒストリーは、原則存在しない。ドイツでは謀殺とその幇助の時効は廃止されているので、証言すれば訴追される可能性があるためだ。

一九八〇年代初頭にイエール大学などが証言を集めるプロジェクトを立ち上げていたが、こうした取り組みを世界的に認知させたのは、映画監督スティーヴン・スピルバーグが設立した「ショアー・ヴィジュアル・ヒストリー基金」であった。スピルバーグは映画『シンドラーのリスト』（一九九三年）を撮った際に、体験者の証言を残す必要性を痛感し、一九九四年に「ショアー生存者プログラム」を立ち上げ、人生の晩年を迎えた生存者の証言の収集を開始した。一九九〇年代に約五万三〇〇〇件の証言が集められ、これは現在南カリフォルニア大学で研究者らに公開されている。[72]その他にもさまざまな機関が独自にオーラルヒストリーを収集しており、これまでに集められたホロコースト証言は現在一〇万件を超えると言われる。

しかし生存者証言をいかに位置づけ、歴史認識に反映させるかについては、証言の収集が始まった当初は明白ではなかった。歴史理解を深めることを第一の目的とするのか、それとも犠牲者を悼み記憶することが主たる目的なのか、このふたつは相互補完的なのか、それとも相対するのか、合意がない中で収集が始まった。歴史学においては、史料としての証言の利用には強い留保があった。一九世紀のランケ以来の実証史学の伝統は、記憶という頼りないものを手段として過去を理解することには否定的であり、困難な状況で判断力が低下する人間的な人間よりも、むしろ抹殺されるべきヨーロッパ・ユダヤ人の総数を一一〇〇万人と記したヴァンゼー会議の議事録や、ユダヤ人を運ぶ列車の時刻表のような紙に書かれたものの方が、「客観的」な歴史を伝えると考えた。たとえば、ホロコースト研究の金字塔である『ヨーロッパ・ユダヤ人の絶滅』を著したラウル・ヒルバーグは、生存者の証言の価値には非常に懐疑的であり、その記憶はあまりにも不正確であると考えていた。実際、これまでにユダヤ人虐殺の実行者を裁く裁判が数多くあったが、ニュルンベルク裁判も然り、一九四〇年代、五〇年代ではホロコースト生存者の証言は証拠としてあまり採用されてこなかったのである。被害者の客観性に対する疑念、又聞きの可能性などを考慮しても、人間の記憶に対する不信が先に立った。記憶は首尾一貫せず、時には「事実」とされることに真っ向から挑戦する。したがって歴史家は、記憶に依拠しない「実証的な」ホロコースト像を打ち立てることに専心し、微に入り細を穿つ研究を重ねてきたのである。

歴史家がホロコースト証言を過去の再構成の手段として採用するにあたり示す懸念とは、証言の性格そのものに由来する。つまり、証言とは物語（ナラティブ）であり、証言者とは物語る人（ストーリーテラー）であるという点である。記憶とはそもそも選択された情報であり、人はすべての出来事に対し同じような心理的距離を保っているわけではない。また、相当な時間が経過した後に語るという行為そのものに、ナラティブは影響される。生存者が人生の幕が降りる前に証言を残そうと思い立ったのなら、次世代へのメッセージが強く意識され、記憶はさらに選択的に抽出されるだろう。つまりオーラルヒストリーとは、過去について語るのと同じくらい、その人の現在について語るものである。

また外部的な要因、たとえば証言のために与えられた時間、質問者の問いかけ、もしくはその日の気分や体調など単なる偶然などによって、生存者の語りに方向性が与えられる可能性はある。たとえばスピルバーグのビデオ証言の収集にあたっては、証言者に戦前の状況、戦中の体験、そして戦後の三つの時期について語るように促す指針がある。(73) このため、幸福であった戦前とホロコーストにおける悲惨な体験が対置され、さらにこれが解放とその後の生活の再建（多くはアメリカでの成功）の物語へとつながるため、歴史を個人の手に取り戻すはずのオーラルヒストリーが、じつは、より広範に受け入れられるナラティヴの創造を生んでしまう可能性もある。

さらに、生存者たちの間でマスターナラティブ（支配的な語り）が生まれると、特定の話は語られなくなる。たとえば、殺人者に対する復讐願望は、終戦直後にはかなりオープンに口にされ、また実際になされた報復の例もあったが、しばらくするとほとんど語られなくなった。またあえて調査もされなかったため、現在も復讐の実態はほとんど知られないままとなっている。[74] 出来事から時間が経過し、生存者の社会的地位も回復し、加えて犠牲者としてのユダヤ人像が社会に浸透すると、「目には目を」といった復讐心に満ちたユダヤ人は望まれなくなり、むしろ「和解」や「赦し」といった、ある意味ではキリスト教的な超越性が求められるようになるためである。

また女性に対する性暴力、ユダヤ人自身による嬰児殺しについて、生存者の口は重い。ホロコースト証言のジェンダー的側面を分析したゾーエ・ワックスマンが興味深い例を指摘している。潜伏中に生まれたわが子を手にかけざるをえなかったある母親の記憶においては、嬰児殺しは他の人間の仕業として記憶されていたという。自分が赤子を窒息死させた事実は、複数の目撃証言があるにもかかわらず、周りの人間に取り上げられたまま帰ってくることのなかった子供の話として語られていた。[75]

さらに、ユダヤ人同士の裏切りについての話は回避されるようになる。ナチに協力することで生き残ったユダヤ人たち――ユダヤ人評議会のメンバー、ユダヤ人警察、内通者、収容所のカポなど――の問題は、生存者の間の暗闇であり、このテーマは一九六〇年代にはすでにタブーとされるようになっていた。[76] 生存者とは、生き残ったという事実によりすでに道義的な権威を与えられた者たちであり、その品位を貶めるような事実はしまい込まれた。アーレントによるユダヤ人評議会批判が、同胞からの激しい怒りを呼んだことが思い出されるだろう。ユダヤ人が自らを救うために同胞を死に追いやることもあったという事実は、とくに非ユダヤ人社会に対しては、語るべきことではなかったのである。

つまり証言とは、単なる体験談ではない。語ることの周辺には、ホロコースト生存者に対する社会の理解や期待、支配的な歴史認識、ユダヤ人共同体内の人間関係など、さまざまな要素が介在している。三〇年以上にわたりホロコースト生存者のインタヴューを手掛けてきたヘンリー・グリーンスパンは次のように指摘する。

> 生存者が、聞き手が欲している、もしくは聞きたいと思っていると考えることに合わせて話をすることがあるか？　そう、時にはすることもある。生存者は、聞き手の関心とほとんど無関係に話をすることがあるか？　そう、時にはそうする。生存者は、聞き手の想定に正面から挑戦する——抗議するために——語ることがあるか？　そう、これも時には事実である。生存者の語りは聞き手に影響され、また生存者が抱く聞き手に関する認識によっても影響される。しかし、こうした影響が個々のケースでいかに表出するかを予測するのは非常に難しい。[77]

また、集団の中だけでなく個人のレベルでも、本人の個人史におけるマスターナラティブが形成される。これは特定の証言者の語りを、一定期間にわたって観察することで明らかになる。証言する人は外部に対して何度も証言をする傾向があり（これに対し、語らない人はまったく語らない）、証言を時間軸で追うと、その人の中で語りのパターンが生まれてゆく様子を確認することができる。雑多な体験の中から、印象深かった出来事、心を揺さぶる話、そしてその時代が欲すると生存者が理解したものが選び出され、並べられ、順序を与えられ、構成されてゆく。繰り返し語ることで「無駄な」部分が削がれ、語りのスタイルは洗練され、時には笑いを誘う小話も差し込まれ、聞き手を飽きさせない「お話」に仕上がってゆくのである。

もちろん、ここには後から付け加えられた知識も織り込まれている。ただし、記憶から後づけの情報を締め出すことは本質的に不可能である。とくにホロコーストにおいてはそうである。なぜなら、ホロコーストが展開していたその瞬間を生きていた人間には、自分の置かれた状況を説明することはできない。自分はどうしてここに連れてこられたのか。他の場所、他の時点ではなくて、なぜ今殺されようとしているのか、その当時はまったく分からなかった。ホロコーストに飲み込まれた人びとは、いわば、ひとつひとつの点である。これに対し、ホロコーストをヨーロッパ各地で同時に進行していた事象として、点ではなく面で明らかにすることができるのは、後世の人間のみである。歴史研究により当事者の知りようのなかった事実が掘り起こされ、複数の出来事の関連性が浮かび上がり、ホロコーストのさまざまな側面が説明可能となる。

生存者はこうした情報を取り込み、記憶の断片はつなぎ合わされ、意味を与えられる。これによってナラティブが修正されることもある。他の生存者の証言に触れることで自分の体験が再確認され、歴史の説明と合致しない記憶はしまい込まれることもある。後に見た写真や訪れた場所のイメージが、記憶に整合性を与える。記憶は社会に溢れるホロコースト情報を通してつねに更新され、語ることで上書きされている。徐々に記憶の出自は雑多なものへと変質してゆく。純粋に知覚と体験のみにもとづく記憶は、もはや生存者の間ですら存在しない。

トラウマ研究の世界的権威、ボリス・シリュルニクが自分の幼少期のホロコースト体験と記憶の問題について記している。彼はフランスにおけるユダヤ人の一斉検挙を間一髪で逃れた経験を持つ人物だが、当時子供であった自分が「見た」と記憶していたものは、後で調べてみるとかなり事実とは異なることが分かったという。たとえば彼は救急車のベッドの下に自分をかくまって助けてくれた看護婦をブロンドだと記憶していたが、実際に会ってみると黒髪であり、さらに救急車だと思っていたものはドイツ軍の小型トラックであったり、ドイツ人医師などいなかったという。しかしシリュルニクはこうした記憶が「嘘」であったとは考えていない。自分の体験を自分自身に説明するために、また整合性を持たせるために、後から記憶が形づくられていったのだと考えている。(78)

したがって、生存者の証言はどこまで「真正」か、どこまで「信用できる」のかという問いは、ホロコースト証言に内在する問題としてつねに意識されてきた。しかし、証言は語ることで収斂されてきた虚構かというと、決してそうではない。本人の中には非常に深く刻印された体験があり、こうした核となる記憶は、新しい情報が加えられても、決して書き換えられることはないからだ。それを証明するような研究が、最近、実証的なホロコースト研究で知られるクリストファー・ブラウニングにより発表されている。彼はほぼ生存者証言のみから、ポーランドのスタラホヴィッツェ労働収容所の歴史を再構成したのである。ブラウニングは、この特定の労働収容所の生存者コミュニティにおいては、かつての被収容者同士が接触することによりマスターナラティブが生まれ、集団の記憶は時間とともに均質化するだろうと予測していた。ブラウニングが驚きをもって発見したのは、生存者の証言は出来事から長い時間が経過してもほとんど「ぶれる」ことがなく、非常に安定していたという事実であった。(79)

では、こうした証言の安定性はいかに説明されるのだろうか。前述のグリーンスパンは、生存者が語るものは、「記憶」という言葉で最も適切に表現されるとは限らないと指摘している。なぜなら「生存者の最も深い考察は、彼らが『記憶』していることについてではなく、彼らが『知って』いること、骨の髄から『知って』いることについてである」ためだという[80]。人間がその知覚、精神、存在全体で「知った」ことは、どれだけ時間が経っても、その人に深く刻み込まれ、消えることがない。

したがってホロコースト証言を留保なしで一〇〇％事実として採用することには問題があるが、最初から証言に不信の目を向ける理由にはならない。それにもかかわらず、体験者が語る記憶にはこれまでもさまざまな攻撃が加えられてきた。一九八〇年代以降、「アウシュヴィッツにガス室はなかった」といった類の主張を展開するいわゆるホロコースト否定論者の問題が顕在化したが、こうした輩が最初にやり玉に挙げたのは、生存者証言の中に散見される矛盾や思い違いであった。否定論者はこうした記憶の齟齬を逐一取り上げ、ナラティブの修正点と思われるものを「発見」し、それ見たことかと指し示した。そして、証言は一貫性を欠くゆえ、そのようなことを語る人間自体がそもそも信用できないとして、体験者の人格を否定してきたのである。

証言者に対して向けられる悪意は、なにもホロコーストに限ったことではないだろう。アジアのケースでは、例えば元慰安婦に対する人格攻撃が蔓延している。証言の性格、その重層性を理解することと、証言そのものを最初から疑ってかかることは、次元の違う問題である。これを意図的に混同する者には、むしろ何か他の動機、多くは史実の否定の意図がある。証言の意図的な過小評価は、単純に悪意ある行為である。

ただし、歴史事象が過去に遠ざかるに従い、その記憶の出自は雑多となってゆき、フィクションとノンフィクションの境界が薄れているのも事実である。この点について、近年の「ポストメモリー」の議論を見てみよう。

ポストメモリー

「ポストメモリー」とは、いわゆるホロコースト「第二世代」「第三世代」と呼ばれる、生存者の子供や孫たちの間で使われるようになった言葉である。彼らにはホロコーストの実体験はもちろんない。親子の間であっても記憶がＤＮＡのように遺伝しないのは言うまでもないので、厳密な意味において、世代を越えて記憶が共有されることはない。しかしホロコースト体験者に非常に近い場所でその記憶に触れてきた人、つまりその家族においては、ホロコーストの「記憶のようなもの」が生まれると言われている。

生存者の子供たちに親のトラウマが引き継がれているという指摘は、早くは一九六〇年代から心理学的臨床研究においてなされてきた。なぜなら生存者はあまりにも過酷な体験をしたために、表面的には普通の市民生活を送っているように見えても内面に深い傷を負っており、非常に強い強迫観念にとらわれていたり、何をするにも極端だったりすることが多い。こういった水面下のトラウマは、家族のような親密な関係において表出する。ホロコースト生存者の家庭では、子供が凍えていないか気にかけるあまり、夏でも厚着を強いる母親や、生活のすべてにおいて強制収容所が参照点として存在し、子供の「普通」の悩みや苦しみにまったく理解を示さない親の例に事欠かない。

こうした親から迫害の経験を繰り返し聞かされることによって、もしくは意識的に隠蔽されることによって、生存者の子供たちは親の抱えるトラウマを自分の中に引き受けるようになる。子供たちは、困難な親を理解したいという願望から、彼らの生きざまを決定づけた根源的な苦痛を共有したいと願うようになるのだ。彼らが見たもの、体験したことを知ることで、生存者という人間を理解する鍵を得られるのではないかと考える。歴史書を読み漁り、あらゆる手段で親の体験に近づこうとし始める。徐々に、共有されることのない過去への屈折した憧憬が生まれてくる。

ホロコースト生存者の親と子供の間のこうした困難な関係は、文学の世界ではよく扱われてきたテーマである。子が親を選べないように、彼らは親の過去からも逃れることができない。オランダの小説家、カール・フリードマンの『ナイトファーザー』（一九九一年）は、「私には収容所《キャンプ》がある」を口癖に生き、家族にその体験を語り続ける父親に対し、子である私が収容所に対する執着を増幅させてゆく話である。(81)以下は、「素敵」と題された一章である。

〔兄の〕マックスが水たまりの水を飲んでいる。泥の中に寝そべって、ストローで茶色の水を吸い上げている。

「どんな味？」とたまらずに聞く。考え込むように目を閉じて、吸い続ける。

「なんてことを！」遠くから母が叫ぶ。「病気になるわよ！」

まだシモンと私の番になっていなかったのに、家に入らないといけない。

夜、マックスが気分が悪いと言いだした。お腹を押さえてうなっている。「虫を飲んだんだと思う。中で動いてるよ！」

泥水を飲んだって、収容所はない。コートなしで外で遊んでも、ずっと手を洗わなくても、収容所はない。パパはどうやって収容所を手に入れたのかしら。私が知っている他の人とは違うからかもしれない。パパが違うんだから、ママも違うんだと思う。二人が違うんだから、マックスも、シモンも、私も、他の子供とは違うんだと思う。家では気づかないけれど、学校では分かる。

「空を飛んでるのね！」私の描いた絵を覗き込んで、先生がほほ笑む。

「飛んでるんじゃありません」、先生に言う。「絞首刑にされているんです。ほら、もう舌が青いでしょ、死んでるんです。囚人は罰で死体を見させられます。父もここにいます。耳の大きい人です」。

「素敵ね」、先生が言う。

「そうでもないんですけど」私は返す。「みんな飢えているのに、長いことスープを待たなきゃいけないんです」。先生はもう次の机に移っている。

「キノコの上の二人の妖精ね」、先生は手をたたきながら言う、「すごく素敵だわ！」

私は絵になぐり描きをして、紙を裏に向ける。妖精二人の何が素敵だっていうのかしら。こっちはもっとたくさん描いてる。ほら雪の中に五人、監視塔の上にも一人。


フリードマンの小説は、生存者である父親をモデルとしている。彼はナチ時代にオランダで地下に潜伏していたところを逮捕され、東部の強制収容所に送られた。赤軍に解放されて帰還するものの、肺を病み、終戦から一〇年ほどは病院とサナトリウムを出たり入ったりの繰り返しだったという。フリードマンは「あとがき」でこう書いている。

ついに父が完全に回復したとき、結核よりたちの悪い病気が、記憶の病が、現れた。まるでサナトリウムでの長い滞在が、瓶の中から魔神を解き放ったようだった。父は戦争を忘れることができなかった。収容所での自分の経験を、私の母だけでなく、私たち子どもにも、ほとんど絶え間なく話し続けた。私たちはそれぞれに反応したが、私たち誰もが、これによって生涯、傷を負った。子供は空っぽの容器のようなもので、中では音が雷のように鳴り響く。飢えや、辱めや、殺人の話を、子供にどうすればいいというのか。いつお話が終わって現実が始まるのか。私たちにはもはや分からなかった。(82)

ホロコーストの体験は、生き残った者の人格の一部を破壊する。フリードマンの家庭において展開された光景は、多くの生存者の家庭で大なり小なり繰り返されたものであった。こうして生存者の子供たちは、自分自身はホロコーストを知らないにもかかわらず、その記憶を半ば自らのものとして内面化してゆく。ホロコースト体験者の記憶に似て非なるこの「何か」を、アメリカの英文学者、マリアンネ・ヒルシュは「ポストメモリー」という言葉で表現した。彼女はこの言葉を次のように定義している。

「ポストメモリー」とは、先の世代の個人的・集合的・文化的トラウマに対する「後の世代」の関係性を意味し、また自分たちがともに育ったお話やイメージ、もしくは周囲の人間の振る舞いを通してのみ「記憶」される経験との関係性のことである。こうした経験は彼らにあまりにも深く、また親密に伝えられるため、まさに自分の記憶であるかの「ように」思われてくる。ポストメモリーの過去へのつながりは、実際には記憶ではなく、想像上の営みによって、投影によって、そして創造によって媒介されている。(83)

その意味で、ポストメモリーとはまさに「ポスト記憶」、つまり記憶の「後に来るもの」である。取り込まれてゆく記憶という意味では、「後づけの記憶」と呼ぶこともできるだろう。

ポストメモリーは、生存者の家族や親類といった親密な関係の中で、もしくはユダヤ人共同体など、生存者と接する機会の多い集団の中で生まれると考えられる。したがってこれは原則的にはユダヤ人の間の問題である。ところが、ホロコースト情報が溢れる現代においては、時にはホロコーストの過去を自ら編み出す者がいる。後づけの記憶を、自分のものとし、ホロコースト生存者に「なりすます」者が現れたのである。

過去を詐称する人

一九九五年、マイダネクとアウシュヴィッツというふたつの絶滅収容所を、子供として生き残ったというビンヤミン・ヴィルコミルスキーという人物が、幼少期の記憶を記したとする自伝『断片』を発表し、数々の賞を受賞した。彼はリガのゲットーで生まれ、ホロコーストで家族をすべて失うが、自分だけ生き残り、戦後スイス人家庭に養子として迎えられたと語った。この本が有名になると、ヴィルコミルスキーを知っているという人が世界中から名乗り出てきた。終戦直後にクラクフの孤児院で一緒だったと言う人がいたり、イスラエルからはビンヤミンはホロコーストで死んだと思っていた自分の息子かもしれないと言う人が現れて、ＤＮＡテストまで実施された(84)。

ヴィルコミルスキーには、写真のように鮮明だがとぎれとぎれの映像と、聴覚など体の感覚にもとづいた記憶しかないという。彼は「この切れ切れの記憶を、わたし自身とわたしの幼少期を究明するために書いた」と言う(85)。彼は、所々抜け落ちている自分の過去に対してなんらかの意味を与えようと格闘する「子供の生存者（チャイルド・サバイバー）」として、とくにユダヤ人社会の中で広い共感を呼んだ。

ヴィルコミルスキーは、自分がいかに生き残ったかについては、詳しく語っていない。そもそも幼い子供であったし、自分がどこに連れて行かれたのかよく分かってはいなかったので、もっともなことである。ただし、本全体は、われわれがよく知っており、見たことのある風景がちりばめられている。収容所のバラックを濡らす冷たい雨がつくった黒いぬかるみ。手押し車に積まれた死体の山。犠牲者の服が大量に保管されている倉庫。ヴィルコミルスキーはこの倉庫で服の選別を行う女たちにより、服の山の中に隠されて、ガス室送りを逃れたという。そこで読者は推測する。その場所は、アウシュヴィッツ＝ビルケナウで「カナダ」と呼ばれた保管庫に違いない。ここで働いていた人間は、生き残る可能性があったと言うではないか。こうしてヴィルコミルスキの記憶の断片は、われわれが有する知識によって補完される。

ヴィルコミルスキーの記憶の真正さに疑義を申し立てたのは、歴史家たちであった。子供がふたつの絶滅収容所を生き残る可能性の低さが指摘された。歴史家ヒルバーグも、当初からヴィルコミルスキーの偽証を疑っていた人の一人だった。そうこうするうちに、ヴィルコミルスキーは本名をブルーノ・グロジャンといい、ユダヤ人でさえなく、非嫡出子として戦時期をスイスで育ったことをジャーナリストにより暴露された。

ヴィルコミルスキーの事件の後に、ミーシャ・レヴィ・デフォンスカというベルギー人が書いた『狼と生き残る（Survivre avec les loups）』がヨーロッパでベストセラーとなった。(86) 一〇歳にも満たないユダヤ人少女がナチから逃れ、ひとり森に潜伏し、東へと移送された両親を探して時には狼の間で暮らしながら旅を続けるという話である。『ミーシャ――ホロコーストと白い狼』（二〇〇七年）として映画化もされた。ミーシャは、両親と生き別れたベルギーから、歩いてアルデンヌの森を越えてドイツに入り、ワルシャワ・ゲットーにさえ至り、その中に一時的に潜り込むことさえもし、最後はイタリアを経てベルギーに戻る。生きるために盗み、動物の死肉も食べ、ドイツ兵も殺す、壮大な生き残りの物語である。実話という触れ込みであったが、これも創作であったことが判明した。実際には、デフォンスカはカトリックのキリスト教徒で、戦争中、彼女はベルギーを離れたことはなかった。レジスタンスの闘士から対独協力者へと身を貶した両親を失い、裏切り者の子供として社会から白眼視される中、叔父に育てられるという不幸な少女時代を送った人物であった。

本が創作であることが知られても、デフォンスカはこれが「自分の」物語である点については譲らなかった。親を失った悲しみ、裏切り者の子供として受けた辱め、こうしたつらい子供時代から逃れる手段が、自分をユダヤ人の孤児として想像することであったとしても不思議ではない。デフォンスカは、時に空想と現実の区別がつかなくなり、狼に守られ生き残った話は彼女の中では現実であり、それを信じていたと語っている。繰り返しこの物語を語ることで、空想の過去は彼女の中である種の記憶へと結晶化していったのだろう。

ヴィルコミルスキーとデフォンスカの前にも、またその後にも、ホロコースト生存者としての過去を詐称した人間はいる。ただし、こうした偽証の問題は通常、ナチ迫害に対する補償金の不正受給という形で現れてきた。長いユダヤ人補償の歴史では、必ず一定の割合で偽証にもとづく補償金詐取が発生してきた。それは補償金給付に条件があるためで、これを満たすように強制収容所での収容期間を数カ月足したり、いたことのない収容所にいたことにしたりする虚偽申請は、数として確定はできないが、つねにあった。戦後ドイツのユダヤ人新聞を追うと、時々こうした詐欺事件が話題になってきたことが分かる。

これに対してヴィルコミルスキーやデフォンスカのケースは、もちろん金の問題もあるが、むしろ犠牲者としての社会的認知の問題と関連している。彼らはなぜホロコースト生存者というアイデンティティを選び取ったのかと問うとき、そこには現代社会が規範として求めてきた犠牲者への自己移入と、ひとつのステイタスとしての生存者の位置づけが浮かび上がる。偽りの語り部は、社会的注目という見返りを得るのであり、こうした人たちを記憶の代弁者として持ち上げてきた社会の側にも問題はある。

ただし、生存者への「なりすまし」を可能とする技術的側面について考えると、この背景にはホロコーストに関する情報が非常に簡単に手に入るようになり、情報量も飛躍的に拡大したという現代の事情がある。現にわれわれは、歴史的事象としてのホロコーストに関しては、かなり詳細な情報を持つに至っている。中でもゲットーや強制収容所の実態が、近年よく分かるようになった。ワシントンのホロコースト博物館による大規模な調査では、町や村の一角につくられたような比較的小規模なゲットーから、アウシュヴィッツのような絶滅収容所まで、ナチの強制収容施設はヨーロッパ全土で四万カ所以上もあったことが判明しており(87)、専門家であれば、どの時点でどの収容所にどれほどの数のユダヤ人が収容されており、その後彼らがどこに移送されて殺害されたのか、その運命もかなり詳細に分かる。つまり、歴史的知識のある人間であれば、じつに本当らしく聞こえる、架空のホロコースト体験を創作することが可能なのである。

偽生存者を通して見えてくるのは、皮肉にも現代社会において受容されているホロコーストの記憶が、すでに事実も想像も玉石混交で混ざり合う雑多な情報のコラージュであるという事実である。それゆえに、ホロコーストの記憶においては、「真正」であることが求められるのである。

真正さとフィクション

ホロコーストの記憶の何が「事実」で、何が「想像」なのか、その境界は渾然としている。それだからこそわれわれは、どこかに「真正な」ホロコーストの記憶があるように思い、これを追い求めてきた。

しかし、自分がホロコーストとして理解しているものが本当は何に由来しているのか、もはやその起源を特定することはできない。

たとえば、終戦直後の強制収容所の解放のイメージがある。縞の囚人服を着た骸骨のような人びとが鉄条網の後ろからうつろな目でこちらを見つめる、よく知られたイメージだ。われわれはこの中にホロコーストの象徴を認めている。しかし、この写真や映像がどこで撮られたのか、どの時期のものなのか、写っている人は本当にユダヤ人なのか（アメリカ軍が解放した南ドイツでは、ダッハウのように多くの政治犯が収容されていた場所もある）確認することはない。

じつは、解放直後のイメージの源泉は、連合軍が記録した映像である。東部の絶滅収容所を解放した赤軍は、アウシュヴィッツの解放の際に記録映像を撮り、アメリカ軍も南ドイツを解放した時に撮ったフィルムから独自にドキュメンタリー映画を制作している。映像が撮られた理由とはまさに、口で言っても信じてもらえない可能性があるからであった。このため、ニュルンベルク国際軍事法廷では『ナチ強制収容所』（一九四五年）と題されたアメリカ軍による記録映像が「証拠」として上映され、またドイツ市民にナチの犯罪を直視させるために、『死の工場』（一九四五年）という記録映画が街々を巡回した。(88)こうした終戦当初の白黒映像が、後の多くのドキュメンタリーやホロコースト映画の参照点となった。つまり、現在われわれがホロコースト映画において目にする収容所の風景は、こうした初期の映像の焼き直しである。

強制収容所跡地の建造物についても同じだ。かつての強制収容所は、今や非常に多くの訪問者が訪れる場所となっており、中でもアウシュヴィッツの訪問者数は年間一五〇万人を超える。現在、各地の収容所で見学可能となっているバラックは、ほとんどが戦後のレプリカ（複製）である。ただし、訪問者はこの点を確認する必要があるとは考えない。強制収容所を「見る」という体験においては、バラックのすえたような匂いや、冷え冷えとする空間などは、訪問者の中で「本物」の強制収容所の物理情報として整理されてゆく。

ホロコーストの社会的記憶において、すでにフィクションとノンフィクションは混在している。しかし、記憶がハイブリッドになればなるほど、逆説的にも、「真正な」ものに対する要請は高まる。雑多であるがゆえに、真正なるものの価値が上がる。それゆえに、参照点はあくまで本物でなければならない。そしてホロコーストが多分に道義的な性質を有するがゆえに、真正でないものに対する批判も強まる。この「本物」への強迫観念をもっとも典型的に示すのが、博物館の展示品である。

ヤド・ヴァシェムとともにホロコースト博物館の代表とも言えるワシントンのホロコースト記念博物館は、一九九四年の開館に先立ち、「真正な」歴史遺物を入手するためにヨーロッパで大規模な収集活動を行った。折しも、ホロコースト否定論が社会問題化していた時期であったため、博物館は本物が持つ力に語らせることにこだわったという。ワシントンで展示されている靴、囚人服、バラックの寝台などは、アウシュヴィッツ゠ビルケナウをはじめとする東欧諸国の記念館から分けてもらったものである。「労働は自由にする」と謳う門の鉄の装飾のように、本物が手に入らないようなときは、現地で実物の型を取り複製をつくった(89)。

中でもワシントンの博物館が重視したのが、ホロコーストの象徴である「本物」の鉄道貨車を入手することであった。鉄道と貨車は、ヒルバーグの研究においても、ランズマンの映画『ショア』(一九八五年)においても、産業的な虐殺において中核的な意味を持つものであり、破壊に向かう復路のない旅の象徴である。ワシントンの他にも、フロリダのピータースバーグのホロコースト博物館、ダラスのホロコースト記念センター、そしてもちろんヤド・ヴァシェムも、当時使われたとされる貨車を展示している[90]。

ここで留意すべきは、貨車の真正性とは、ドイツ製であるとか、ナチの時代にヨーロッパで使われたといった事実にあるのではなく、「殺害するために使われた」という点から派生していることだ。それ以外の属性は貨車を「本物」にしない。それゆえに博物館開館のための準備チームは、戦時中に人の移送に使われたとのお墨付きを得て、ポーランド政府から貨車を譲り受けた。ところが、積荷のコンテナがアメリカに着いて驚いたことには、ポーランド側の「善意」で貨車は奇麗に赤く塗装し直されていた。貨車の真正性は大きく損なわれ、専門家に依頼して塗装を落として元の状態に戻すこととなった。加えて、この特定の貨車が実際に絶滅収容所へのユダヤ人の移送に使われたかどうかは、結局、確定することができず、それゆえ貨車の説明文では、当時はユダヤ人の移送に「このような貨車が使われた」と表現されるにとどまっている（傍点は筆者）。

真正性への追求は、逆説的にも記憶のハイブリディティを明らかにする。過去を想うことを重視する社会において、体験しえないものを想起するには想像力に頼る他ないという単純な事実に、われわれは立ち戻る必要がある。想像するために、戦争の映画を見、博物館や史跡を訪れるのだ。さまざまな現代の利器さえ使って、われわれは想像している。中でもコンピューターは、ホロコーストに関するフィクションとノンフィクションの境界を曖昧にする、まさにその要因となっている。コンピューター・グラフィックス（ＣＧ）やデータ解析などの現代のテクノロジーが、われわれの想像に科学的な手段を与えているのだ。たとえば行動部隊により大量射殺の犠牲者が埋められたとされる場所や、証拠隠滅のために破壊された絶滅収容所などでは、現在、考古学的な調査が進められているが、ここでは従来の考古学の手法に則って殺害現場が発掘されるだけではない。正統派のユダヤ教徒の犠牲者が多い東欧の殺害現場では、死者の永遠の眠りを妨げてはならないという宗教的な理由により、集団埋葬地の発掘に強い反発が出ることがある。こうした禁忌に触れず、死者の尊厳を守りつつ調査をするために、電波探知機やドローンなどの技術が使われている。レーダーで地中にどのようなものが埋まっており、地層がどのように変形しているか、可視化することができる。これに当時の航空写真と、現在のドローンで撮影した写真とを重ね、また植生の変化や地表の陥没具合も考慮することで、その場所を掘り返さずともかなりの情報が明らかになる。[91]何体分くらいの遺骨があるのか、どのように人が折り重なっているのかが分かるだけでない。地中の遺骨を、立体としてコンピューター画面上に現出させることも可能なのだ。それは、多少グロテスクな比喩を使うと、妊婦の超音波検査で胎児の姿が浮き上がるのと似ている。つまり、実際にそうするかしないかという倫理的な議論を別にすれば、原始人の骨やエジプトのミイラにCGで肉をつけて再現するのと同じように、死者の表情を取り戻すということさえも、現在の技術では可能なのである。巨大な悪の姿を想像するという点において、タブーはますますなくなりつつある。

未来の記憶

こうした出自のハイブリッドな記憶が、次世代のホロコーストの社会的記憶をさらにハイブリッドにする可能性は、すでに現実のものとなっている。その証左となるデータがある。二〇一四年にフランスのショアー基金と政治イノベーション基金が共同で、三一カ国で三万人を超える若者（一六歳〜二九歳）を対象に行ったアンケート調査である。[92]ドイツやフランス、アメリカ、イスラエル、日本、中国などの三一カ国の若者が、どのような形で過去を理解しているか、またどのような手段を通して想起している

（表①）質問「あなたは第二次世界大戦に関する知識を何から得ましたか」（複数回答あり）

	全体	ドイツ	イスラエル	オーストリア	フランス	ロシア	アメリカ	中国	日本
学校	83	91	83	88	87	88	83	62	87
ノンフィクション作品 *	46	39	36	48	41	56	34	50	26
インターネット	29	24	25	28	12	25	27	44	19
家族（祖父母，両親）	27	30	33	35	34	35	22	6	12
フィクション作品 **	26	17	13	19	26	39	21	48	17
博物館・展示	16	18	28	17	14	16	19	15	4
史跡訪問	14	20	20	21	23	8	11	10	8
友人との議論	11	10	8	12	6	5	10	12	5
記念や式典	8	1	28	2	14	8	3	13	2

（表②）質問「あなたはホロコーストに関する知識を何から得ましたか」（複数回答あり）

	全体	ドイツ	イスラエル	オーストリア	フランス	ロシア	アメリカ	中国	日本
学校	76	87	81	83	83	68	80	53	78
ノンフィクション作品 *	48	39	38	45	50	54	39	51	32
フィクション作品 **	31	18	11	23	37	41	26	53	24
インターネット	29	22	18	22	12	38	23	46	18
家族（祖父母，両親）	18	17	32	20	20	16	16	4	5
博物館・展示	16	20	31	20	17	9	22	13	4
史跡訪問	15	30	25	33	16	5	11	8	3
友人との議論	12	9	7	11	6	10	10	12	3
記念や式典	9	5	39	6	14	6	4	12	2

単位はパーセント．

* 本，ドキュメンタリー，証言など．** 本，映画．

のかを調査し、これによりどのような記憶が未来へと伝達されてゆくのかが明らかにされる。報告書は、まさに『未来の記憶』と題されており、将来的にどのような歴史像が「歴史」として残るのか知るうえで、非常に興味深い結果が示されている。

まず、第二次世界大戦に関する認識では、「第二次世界大戦中に起こった出来事で、最も重要なものを三つ挙げなさい」という質問に対して、「ナチによるユダヤ人の抹殺」を全体の六六％の回答者が挙げており、「広島と長崎への原爆の投下」が六五％、「真珠湾攻撃」が三四％と続く。スターリングラードの戦いは、大きく水をあけられている。つまり、第二次世界大戦と言えばホロコースト、という認識のパターンが定着していることが分かる。ただしこの質問をドイツとフランスに限ってみると、どちらの国でも「ナチによるユダヤ人の抹殺」が最初に来るが（独七三％、仏八八％）、二番目に多い回答はドイツでは「原爆の投下」が五八％であるのに対し、フランスでは七七％が「一九四四年の連合軍のフランス上陸」を挙げており、国による歴史像の違いが明らかになる。日本の若者の場合、同じ質問に対して八一％が「原爆の投下」を挙げており、ホロコーストに関しては六〇％である。

さらに「第二次世界大戦に関する知識を何から得たか」の問いに対しては（複数回答あり）、全体では「学校」（八三％）、「本やドキュメンタリー、証言などのノン・フィクション」（四六％）、「インターネット」（二九％）、「祖父母や両親などの家族」（二七％）、「本や映画などのフィクション」（二六％）、「博物館や展示」（一六％）、「史跡の訪問」（一四％）、「友人との議論」（一一％）、「記念や記念式典」（八％）と続く（表①）。

興味深いのは、これが「ホロコーストに関する知識を何から得たか」という質問になると、「学校」（七六％）が最初に来るのは当然としても、二番目が「ノン・フィクション」（四八％）、三番目に「本や

（表③）質問「若者に歴史を知ってもらうのに最もよい手段は何だと思いますか」

（複数回答あり）

	全体	ドイツ	イスラエル	オーストリア	フランス	ロシア	アメリカ	中国	日本
学校	66	69	66	73	74	64	68	46	62
ノンフィクション作品 *	52	46	45	50	51	56	38	58	49
史跡訪問	29	51	39	49	47	22	39	16	21
フィクション作品 **	27	27	23	31	29	43	28	50	32
博物館・展示	26	31	35	25	23	25	40	40	15
インターネット	16	14	26	15	11	27	23	37	33
家族（祖父母，両親）	14	34	33	36	35	28	22	8	15
記念や式典	8	8	25	8	15	25	7	28	8

単位はパーセント．
* 本，ドキュメンタリー，証言など．** 本，映画．

映画などのフィクション」（三一％）が入り、順番が入れ替わることである（表②）。項目ごとに見ると、国によりホロコースト情報を得る回路の違いが浮き彫りになり、たとえばドイツでは史跡訪問による知識獲得が比較的多いのに対し、イスラエルでは記念や式典の割合が他と比べるとかなり高い。さらにフィクション作品に情報源を求める傾向は、学校を主たる情報源として挙げた割合が低い国において相対的に高く、表②にある中国（「学校」五三％、「フィクション」五三％）やロシア（「学校」六八％、「フィクション」四一％）、表にはないが、トルコ（「学校」四七％、「フィクション」三八％）やスペイン（「学校」六七％、「フィクション」四三％）など、関連性の存在を示唆している。これに対し、フィクションを情報源として挙げた割合が三一カ国中で最も低かったのは、イスラエル（一一％）とドイツ（一八％）であったという点が、教育現場での情報伝達が機能している事実を示すだろう。また、ドイツやオーストリアなど、国内の強制収容所跡地などへの訪問が頻繁に実施される国では、こうした機会が情報提供の場となっていることが分かる。

では、こうした若者の歴史認識のあり方を意識した際、これからわれわれは記憶をどのように伝達してゆけばよいのだろうか。

この結果からは、歴史認識そして記憶の伝達の主たる現場が相変わらず教育であることは明らかだが、教育と同様に国家が歴史認識の戦略的な場所と位置づけてきた記念や式典の実施が、若者の間ではそれほど重視されていないことが分かる。確かにイスラエルや中国など、官製の記念が現在も一定の役割を果たしている国においては、これを歴史認識の伝達の手段とすることに了解があるように見受けられるが、制度化された記念行事の果たす役割は、国家が重要だと考えるほどには、人びとに影響を与えていないようだ（表③参照）。

こうした調査から推測できるのは、未来の記憶は、まさに現在われわれが触れる機会の多いもの、学校で教えられるもの、インターネットで検索できるもの、こうした一部の記憶に絞り込まれてゆくだろうということだ。ここにおいてホロコーストの記憶は、確実に次世代へと継承されてゆくだろう。そのような政治的な意思があり、それを支える価値観があり、伝達のための制度的基盤が存在し、資金がつぎ込まれている。これに対し、露出度の低いもの、教科書に記述されないもの、なんらかの意図で国家的に隠蔽されているものは必然的に脇にやられ、忘却されてゆく。そして当事者の物理的消滅によって、「死んだ」記憶となるのだ。

未来の記憶の形を選択するのは、現在のわれわれである。その先の世代まで伝達されない記憶について、われわれはどう釈明するのだろうか。

おわりに

ドイツ人とユダヤ人の和解をもたらしたものはなんであったか。

最初に両者に和解への方向を指し示したのは、冷戦であっただろう。第二次世界大戦という大きな対立を経験した後すぐに、新しい対立へと突入し、昨日の敵が今日の味方になったヨーロッパにおいては、先の大戦の犠牲者や犠牲国との政治的和解は、新たな同盟を築く前提条件であった。敗戦国ドイツの安全保障は単独では成立せず、より大きな同盟を前提とし、この中でドイツは早急に地位を確立する必要があった。そのためには各国との協調を妨げる政治的、心理的障害を取り払わねばならず、謝罪と補償はその手段のひとつであった。具体的に誰を補償するのか、もしくは誰を補償しないのかを決めたのは、冷戦の対立構図であり、ドイツは政治的に緊急性の高い相手、もしくは政治的に「近い」相手から補償し、和解してきたのである。したがって、最初にユダヤ人との和解のための補償を打ち出した。その次には、本書では扱わなかったが、フランスやベルギーをはじめとする近隣の西欧諸国への補償が続いた。このため政治的に「遠い」国のナチ犠牲者は、補償から取り残された。東欧のナチ犠牲者に対する補償が本格化するのは冷戦終結後であり、強制労働の補償が決着したのは二〇〇〇年、そしてこれまで最も「遠い」犠牲者集団であるとされてきた元ソ連兵捕虜に対する補償が決まったのは、二〇一五年のことである。

これに対しアラブ諸国の中の孤島であったイスラエルは、西欧へのつながりを確保することが生命線となった。アメリカには自国の人口を大きく上回るユダヤ人社会が存在したが、安全な場所で裕福に暮らす同胞はイスラエルへ金を送ることはできても、武器を送ることはできなかった。ここでかつての加害者は、イスラエルを助けるべき義務を有する者たちであった。ドイツによる「償い」はユダヤ人国家の存続を可能とすべきものという点でイスラエルの側に疑念はなく、安全保障においてドイツから特別な配慮がなされることは当然と考えた。補償も含めドイツによる支援がイスラエルの軍事大国化につながるという批判があったが、支援の意図はまさにアラブ諸国側が危惧するその状態、つまり国力の強化によるユダヤ人の安全の確保にあったのである。ただしＮＡＴＯ内でのドイツの再軍備がなければ、ドイツによるイスラエルへの軍事支援もなかったと言え、両者の関係構築はアメリカを中心とした西側戦後体制の構築という、より大きな文脈の中で理解する必要がある。西側陣営はドイツによるイスラエルへの軍事支援をある程度容認してきたが、それは最終的には自分たちの利益となることが理解されていたためだ。

こうした関係性においては、互いの関係構築が政治経済や安全保障上の利益をもたらすゆえに、それ自体が和解を前進させる力学を生む。互酬関係の維持という自己保存が生まれる。もちろん、六〇〇万人が殺害された後で、和解が政治的・軍事的利益のみから説明されると言うつもりはない。利害関係のみから導かれる政治は道義的権威を欠くだろう。しかし全体を眺めるとき、冷戦が両者を和解の方向へ押し出したのは明らかであり、上から示された和解のモデルは、時間をかけて市民レベルに浸透していった。

ただし、和解のためのリアルポリティクスは、アメリカ的なパワーポリティクスと同じではなかった。現在「リアルポリティクス」という言葉は、パワーポリティクスとほぼ同意義で使われているが、本来は似て非なるものである。本書の初めに紹介した、レアルポリティーク（リアルポリティクス）という言葉の生みの親であるロッハウは、一八四八年革命の失敗の経験から、理想や理念だけでは国家建設とその運営は不可能であるとし、安定した自由主義的な国家を現実するには、さまざまな社会勢力を国家に取り込むことで均衡を達成することが重要と考えた。彼はそのための現実的な方策の必要性を訴えたのである。ただしこの時ロッハウは、政治的打算においても道義は一定の場所を占めるべきであると考えていた。しかし国家運営においては、道義的に妥協せざるをえない局面は必ず生じるとして、その限界も認識していた(1)。

ドイツ人とユダヤ人が実践してきたのは、こうしたリアルポリティクスであったと思われる。政治的判断は一定のモラル、道義的要請に堪えうるものでなくてはならなかったため、ドイツはつねにナチズムの犯罪を悔い償うという大原則から出発した。ただし敗戦国家の再建を妨げない範囲で、また過去との対峙を好まない国民を圧迫しない程度に、そして可能ならばそこから一定の政治経済的利益を引き出す形で、和解を追求してきたのである。ドイツの「和解政策」が安全保障と連動していたのは事実だが、ドイツが時間をかけて補償対象を拡大し、その時代のモラルが求めるものに応えようとしたのもまた事実である。

こうした過程で重要であったのは、和解が最終的にはナチズムにより失われたドイツの国家的名誉を回復するものと考えられた点である。首相アデナウアーや大統領ホイス、そして野党のシューマッハーら戦後初期の政治家の言説を追うと、「名誉」という言葉が重要な位置を占めていたことが分かる。一定の道義を自らに課した政策を取ることでのみ、ドイツの名誉は回復されるのである。その意味でイスラエルとの補償協定は、道義的義務を果たすことでドイツの汚名を雪《そそ》ぎ、国際社会に堂々と復帰することに他ならず、またイスラエルへの軍事支援は、威信失墜したドイツの軍隊の名を高めるはずであった。無作為であることが名誉の挽回を妨げるという理解が、むしろ積極的な決断へとつながってきたのだ。多くの場面で政治家は、「ドイツの名誉」という言葉を使って反対派を牽制した。国家的名誉というむしろナショナリスティックな感情に訴えることで、じつは過去への反省に乏しい政治的右派までを、和解の政治プロジェクトに取り込むことが可能となった。ある意味ではドイツにおいては保守・反共勢力が和解をその始まりにおいて主導したことが、冷戦の文脈における犠牲者との関係構築を容易にしていた。

これに対し、ユダヤ人にとってのリアルポリティクスとは、当面はユダヤ人国家の存続を最優先とし、苦痛の記憶を飲み下すことと、これを人びとに甘受してもらうことにあっただろう。個人における道義と、国家や民族にとっての道義は必ずしも重なり合わない。怒りや嫌悪などの感情は、国レベルで表向きの和解が達成された後も持続する。「殺人者の国」の助けなどいらないと拒絶した多くの者たちに目をつむっても、イスラエルは仇敵がさし伸ばした手を取ることとした。絶滅の対象とされた民族が、「ユダヤ人の土地」で子を産み育て、次世代へ命をつないでゆくことこそ、ヒトラーの目論見に最終的に打ち勝つことになると考えたからである。

イスラエルが一九六七年の六日間戦争に勝利した時には、その建国期はすでに終わっていたと言え、これ以降は「生き残ること」は「優位を保ち続けること」へと変容していった。この頃にはすでに基盤ができ上がっていたドイツ＝イスラエル関係は、続く冷戦を背景に、より複雑化しながら前進を続けた。

こうして上からもたらされた和解は犠牲者のニーズを満たし、生活の安定と身の安全の保障は、ユダヤ世界によるドイツ連邦共和国への一定の評価へとつながった。ナチによるユダヤ人虐殺は許しがたいものであった、しかし戦後ドイツはもはやナチではないという公的な解釈が、個々の生活レベルでも実感されるに至ったのである。

イスラエルやアメリカのユダヤ人社会の姿勢が軟化することは、「殺人者の国」に居残ったとして同胞から白眼視されていたドイツのユダヤ人に対する姿勢の軟化も意味し、これはドイツ国内のユダヤ人社会の安定化をもたらした。政府により保護され、ドイツのユダヤ人共同体は消滅することなく冷戦の終結と統一を迎えることができた。もちろんドイツ人はみなが民主主義的に生まれ変わっていたわけでもなかったが、一九八〇年代以降、戦後世代が社会の中枢を占めるようになったことで、一九五〇年代、六〇年代とはまったく異なる政治文化を持つ社会が形成された。そこにおいてユダヤ人に対する配慮は規範となり、政治における言説や教育を通して主流化した。こうした中、一九九〇年代に旧ソ連からロシア系ユダヤ人を大量に受け入れたことで、ドイツのユダヤ人社会の復活は現実のものとなった。

こう見ると両者の和解は、ドイツ人とユダヤ人どちらの側にも最初から和解達成のための明確なヴィジョンがあったと言うよりは、国際的・国内的な状況が変化する中で、何が最も望ましいかより、何が実現可能かを問い、全体としての利益を優先してきた結果として和解がついてきたと言ったほうが実像に近い。したがって時には明らかに道義が後回しにされる状況も発生した。それがパレスチナ問題と、ドイツ国内の労働移民の統合問題に見られる矛盾であった。前者においては、イスラエルへの物的・軍事的支援がパレスチナ問題の長期化へつながる可能性が認識されていたが、和解のプロジェクトが優先され、これがドイツにとっての道義であると解された。後者においては、ユダヤ人マイノリティを特別な集団として位置づけ、彼らに対する配慮を基本合意として政治を行ってきたことにより、複数の移民集団の中でシチズンシップの階層化のようなものが生じてしまった。

後者の問題は、今後ドイツ社会を不安定化させかねない要素だと指摘したい。近年、中東からの難民流入によって噴出したイスラム教徒の移民・難民に対する拒否の源流をたどると、長期にわたるムスリム労働移民の構造的な周縁化が見えてくる。これは、ユダヤ人集団が対照的にも社会の中枢に統合されてきた事実と重ねて考える必要があるだろう。そして、マジョリティ社会・ユダヤ人マイノリティ・ムスリム労働移民という三層構造は、ドイツに限らず、ヨーロッパ全体に存在する。ユダヤ人が移民社会の上位に位置する構図は、ドイツ以外にもむしろフランスのような国で、より先鋭化して現出しているように思う。

再度、戦後の西欧社会におけるユダヤ人の地位の根拠を問うと、それはひとつにはホロコーストへの罪悪感であり、ふたつには冷戦の力学であり、またユダヤ人社会が民主主義の写し鏡として機能してきた点にもあるだろう。先の大戦でヨーロッパに悲劇をもたらした人種主義や排外主義を否定し、民主主義的な社会をつくろうと思えば、まずユダヤ人への対応が問われたのだ。ユダヤ人は民主主義のバロメーターとされ、その物差しは標準化した。この基準の正しさは、冷戦の相手方である東欧の共産主義国家がユダヤ人を抑圧する体制であったことによっても証明されたように思われた。こうした尺度は、現実のみならず、過去に対する解釈においても適用された。したがって記憶の伝達においては、とくに一九八〇年代以降、ますますホロコーストが中心に据えられるようになり、これがヨーロッパ的アイデンティティの中核に位置づけられるに至った。ユダヤ人社会の再生は、まさに戦後西欧社会の勝利のしるしと見なされた。このため、この頃すでに顕在化していた労働移民の社会統合における問題は、ムスリム労働移民と、社会の中枢に成功裏に統合されたユダヤ人集団との違いを際立たせる結果となった。こうした視点に立つと、ユダヤ人社会の復活を通じて見えてくる移民のシチズンシップの階層化の問題は、ドイツだけでなくヨーロッパ全体の今後を読み解くうえでも、重要な鍵となるだろう。

最後に、本書の執筆にあたりお世話になった方々にお礼を申し上げたい。

まず、日本記者クラブの中井良則氏、石川洋氏のお二人に心より感謝申し上げる。本書は、二〇一五年に日本記者クラブ主催のドイツ゠イスラエル訪問団に参加して得られた知見に大きく助けられた。両国の政治家や専門家らの話を聞く中で、和解というものがいかに社会において実体化されているか実感した。何かと強烈な訪問団で、その数々のハプニングは、何年経ってもにやにやしながら思い出すことと思う。

次に同僚の櫻井大三氏。第4章において法学の観点から貴重な助言を頂いた。

そして、みすず書房の中川美佐子氏。本書は、まさに中川さんとの二人三脚で完成した。最後はガス欠に陥り、走れなくなった車をゴールまで押してくれたのが中川さんであった。

最後は私の家族。もはや私は本の後書きくらいでしか懺悔できなくなっており、家族内ではすでに諦められているが、なんとか耐えてくれている夫と子供たちに感謝です。

索　引

ア行

カ行

サ行

タ行

ナ行

ハ行

マ行

ヤ行

ラ行

ワ行

注

第1部

(1) “Verantwortung, Vertrauen, Solidalität: Rede von Bundeskanzlerin Angela Merkel am 18. März 2008 vor der Knesset in Jerusalem”: https://www.bundesregierung.de/Content/DE/Bulletin/2008/03/26-1-bk-knesset.html.（2016年9月20日閲覧）

(2) ただし現在は，2003年に創設された国際刑事裁判所への被疑者の引き渡しを可能にするために，基本法16条2項には第2文が新設されている．

(3) 佐藤健生「ドイツの戦後補償立法とその実行について」ベンジャミン・B・フェレンツ『奴隷以下――ドイツ企業の戦後責任』住岡良明・凱風社編集部共訳（凱風社，1993年）427頁．ドイツの賠償と補償の相互関係については，佐藤健生／ノルベルト・フライ編『過ぎ去らぬ過去との取り組み　日本とドイツ』（岩波書店，2011年）所収の論文，コンスタンティン・ゴシュラー「第二次世界大戦後のヨーロッパの協調において補償が果たした役割」が詳しい．

(4) Rolf Vogel (Hrsg.), *Der deutsch-israelische Dialog: Dokumentation eines erregenden Kapitels deutscher Außenpolitik, Bd. 1*, München: K.G. Saur, 1987, S.38.

(5) *Ibid.*, S.33–34.

(6) 終戦からイスラエル建国に至るまでのホロコースト難民については，拙著『戦後ドイツのユダヤ人』（白水社，2005年）や野村真理『ホロコースト後のユダヤ人――約束の土地は何処か』（経済評論社，2012年）を参照．

(7) Howard M. Sachar, *A History of Israel from the Rise of Zionism to Our Time*, 2nd Ed., New York: Alfred A. Knopf, 1996, p.395.

(8) Dina Porat, *Israeli Society, the Holocaust and its Survivors*, London, Portland OR: Vallentine Mitchell, 2009, pp.344–345.

(9) Sachar, p.404.

(10) Regierungserklärung von Bundeskanzler Adenauer, 20 September 1949, in: Klaus Maier/Bruno Thoss (Hrsg.), *Westintegration, Sicherheit und Deutsche Frage. Quelle zur Außenpolitik in der Ära Adenauer*, Darmstadt: Wissenschaftliche Buchgesellschaft, 1994, S.15–25.

(11) L. Sandy Maisel, ed., *Jews in American Politics: Essays*, Lanham: Rowman and Littlefield, 2004, p.35. 大統領周辺には財務長官のヘンリー・モーゲンソー・ジュニアや，アメリカ・ユダヤ人会議会長のステファン・ワイズといった指導者がいた．

(12) Central Zionist Archives (CZA), World Jewish Congress, British Section (C2), 713, *World Jewish Affairs*, News Bulletin No. 242, “Germany must repudiate pernicious Nazi doctrine in parliament and deeds,” December 23, 1949.

(13) Vogel, S. 45–47.

(14) 再軍備については，岩間洋子『ドイツ再軍備』（中央公論社，1993 年）が詳しい．

(15) World Jewish Congress, *Resolutions adopted by the Second Plenary Assembly of the World Jewish Congress, Montreux, Switzerland, June 27th–July 6th*, 1948, p.8.

(16) CZA, C2, 712, *World Jewish Affairs, News Bulletin*, No.207, "World Jewish Congress Formulates new Statement of Policy on Germany," April 25, 1949.

(17) CZA, Nachum Goldman Papers (Z6), 322, "Resolution adapted at the Meeting of the European Members of the World Executive held in Paris 25th–28th August," 1949.

(18) Thomas Alan Schwartz, *America's Germany: John J. McCloy and the Federal Republic of Germany*, Cambridge: Harvard UP, 1991, p.176.

(19) Yeshayahu A. Jelinek, "Israel und die Anfänge der Shilumim," in: Ludolf Herbst/ Constantin Goschler (Hrsg.), *Wiedergutmachung in der Bundesrepublik Deutschland*, München: Oldenbourg, 1989, S.132.

(20) Vogel, S.47.

(21) 補償交渉の過程については，板橋拓己『アデナウアー――現代ドイツを創った政治家』（中公新書，2014 年）148–160 頁参照．

(22) Hans Georg Lehmann, *Deutschland-Chronik 1945 bis 1995*, Bonn: Bundeszentrale für politische Bildung, 1996, S.83.

(23) CZA, Z6, 322, "Minutes of the Enlarged Meeting of the European Members of the World Executive on 25th–28th August," 1949.

(24) ミッションの代表を務めたのはフェリックス・シナー（シュネーバルク）で，ナチの政権掌握後にパレスチナに移住したシュトゥットガルト出身のドイツ系ユダヤ人である．

(25) Niels Hansen, *Aus dem Schatten der Katastrophe: Die deutsch-israelitische Beziehungen in der Ära Konrad Adenauer und David Ben Gurion*, Düsseldorf: Droste, 2002, S.455.

(26) Tom Segev, *The Seventh Million: The Israelis and the Holocaust*, New York: Owl Books, 1991, p.241. 邦訳はトム・セゲフ『七番目の百万人――イスラエル人とホロコースト』脇浜義明訳（ミネルヴァ書房，2013 年）．

(27) Yeshayahu A. Jelinek, *Deutschland und Israel 1945–1965: Ein neurotisches Verhältniss*, München: Oldenburg, 2004, S.259–260.

(28) Norbert Frei/Jose Brunner/Constantin Goschler, *Die Praxis der Wiedergutmachung: Geschichte, Erfahrung und Wirkung in Deutschland und Israel*, Göttingen: Wallstein 2009, S.669.

(29) 学術的にも，パレスチナ人寄りの研究者は，そうした論陣を張ってきた．たとえば以下の論文を参照．Kenneth M. Lewan, "How West Germany Helped to Build Israel," *Journal of Palestine Studies*, 4/4, 1975.

(30) イスラエルによるパレスチナ難民の土地の接収については以下を参照．Michael R. Fishbach, *Records of Dispossession: Palestine Refugee Property and the Arab-Israeli Conflict*, New York: Columbia University Press, 2003; サブリ・ジュリス『イスラエルの中のアラブ人――祖国を追われた人々』若一光司・奈良本英佑訳（サイマル出版会，1975 年）．

(31) Fishbach, p.188.

(32) Yeshayahu A. Jelinek (Hrsg.), *Zwischen Moral und Realpolitik: Deutsch-israelische*

Beziehungen 1945-1965: Eine Dokumentensammlung, Gerlingen: Bleicher, 1997, S.33. 補償による武器購入の懸念についてドイツ政府は，購入物資に武器が含まれていないかを監督すればよいという立場を取り，最終的には中立的第三者の監査役を置くことで合意している．

(33) "Agreement between the Federal Republic of Germany and the State of Israel," in: Nana Sagi, *German Reparations: A History of Negotiations*, Jerusalem and New York, Magnes Press and St. Martin's Press 1986, pp.212-229.

(34) 武井彩佳『ユダヤ人財産は誰のものか——ホロコーストからパレスチナ問題へ』（白水社，2008 年）237-239 頁．

(35) Fishbach, pp.189-191; Jelinek, *Deutschland und Israel*, S.232-233.

(36) Vogel, S.97-98.

(37) ジェリス，103 頁．

(38) Jelinek, *Deutschland und Israel*, S.223.

(39) Segev, p.241.

(40) Roni Stauber, "The Impact of the Sinai Campaign on the Relations between Israel and West Germany," *Modern Judaism*, 33/3, 2013, p.238.

(41) Hansen, S.442-443.

(42) シモン・ペレス『ユダヤの挑戦』古崎博訳（読売新聞社，1971 年）38 頁．

(43) ペレス，40-42 頁；David Th. Schiller, "Anfänge der Rüstungskooperation zwischen Israel und der Bundesrepublik Deutschland in der Zeit vor der Aufnahme diplomatischer Beziehungen," in: Milena Uhlmann, *Die deutsch-israelischen Sicherheitsbeziehungen: Vergangenheit, Gegenwart, Zukunft*, Berlin: BWV, 2008, S.116.

(44) Michael M. Laskier, "Israel and Algeria amid French Colonialism and the Arab-Israeli Conflict, 1954-1978," *Israel Studies* (*IS*), 6/2, 2001, p.2.

(45) ペレス，82-83 頁．

(46) 同書，85 頁．

(47) Hansen, S.490.

(48) Shlomo Shpiro, "Intelligence Service and Foreign Policy: German-Israeli Intelligence and Military Co-operation," *German Politics*, 11/1, 2002, p.31.

(49) Hansen, S.493.

(50) 『アデナウアー回顧録 I・II』佐瀬昌盛訳（河出書房，1968 年）．

(51) Werner Sonne, *Staatsräson? Wie Deutschland für Israels Sicherheit haftet*, Berlin: Propyläen, 2013, S.43.

(52) ペレス，102 頁．

(53) William Glenn Gray, "Waffen aus Deutschland? Bundestag, Rüstungshilfe und Waffenexport 1961 bis 1975," *Vierteljahreshefte für Zeitgeschichte* (*VfZ*) 64, 2016, H2, S.338.

(54) Sonne, S.43. 他の研究者の推定も，2.5 億マルクから 3 億マルクの間である．

(55) Yeshayahu A. Jelinek/ Rainer A. Blasius, "Ben Gurion und Adenauer im Waldorf Astoria: Gesprächsaufzeichnungen vom israelisch-deutschen Gipfeltreffen in New York am 14. März 1960," *VfZ*, 45, 1997, S.314.

(56) Sonne, S.59.

(57) ゲーレンの経歴については，ラインハルト・ゲーレン『諜報・工作――ラインハルト・ゲーレン回顧録』赤羽龍夫監訳（読売新聞社，1973年）を参照.

(58) Shlomo Shpiro, "Friends in the Dark: The First Decade of German-Israeli Intelligence Coopertaion," in: Uhlmann, S.79.

(59) *Ibid.*, S.81.

(60) イェリネクの指摘によると，アデナウアーとブレンターノのやり取りを分析する限り，じつはドイツ政府は科学者らがエジプトでミサイル開発に従事することに一定の利益を見出していたという．表立って長距離ミサイルの開発ができないドイツにとって，エジプトは実験場の意味があったという．ただし，ミサイルの性能は低く，打ち上げにも至らなかった（Jelinek, *Deutschland und Israel*, S.419–420）.

(61) シラクサの王ディオニシオスの廷臣ダモクレスが，王の栄華をほめそやしたところ，王は彼を天井から髪の毛一本で剣がつるされている玉座に座らせ，常に危険があることを悟らせたという逸話による.

(62) Shpiro, "Intelligence Service and Foreign Policy" の他にも，次を参照. Otfried Nassauer /Christopher Steinmetz, "Rüstung Kooperation zwischen Deutschland und Israel," 2003, Berlin Information Center for Transatlantic Security (BITS), http://www.bits.de/public/pdf/rr03-1.pdf.

(63) BITS の報告書の他にも，Shlomo Shpiro, "Cold War Rader Intelligence: Operation 'Cerberus,'" *Journal of Intelligence History*, Volume 6, Number 2, 2006, pp.73–74.

(64) Nassauer/Steinmetz, S.8.

(65) Roni Stauber, "Realpolitik and the Burden of the Past: Israeli Diplomacy and the 'Other Germany,'" *IS*, 8/3, 2003, p.107.

(66) *Ibid.*, p.115.

(67) Hansen, S. 483.

(68) ドイツによるイスラエルへの潜水艦の供与については，『シュピーゲル』誌が特集を組んでいる. *Der Spiegel*, Nr.23, 2012, S.20–33.

(69) 立山良司編著『イスラエルを知るための60章』（明石書店，2012年）183, 194頁.

(70) Benjamin Pinkus, "Atomic Power to Israel's Rescue: French-Israeli Nuclear Cooperation, 1949–1957," *IS*, 7/1, 2002 を参照.

(71) Jelinek, *Deutschland und Israel*, S.316.

(72) Zaki Shalom, "Document: David Ben-Gurion and Chancellor Adenauer at the Waldorf-Astoria on 14 March 1960," *IS*, 2/1, 1997, p.51.

(73) Jelinek, "Ben Grion und Adenauer im Waldorf Astoria," S.314; *Spiegel*, S.25.

(74) *Spiegel*, S.24.

(75) Shalom, p.52.

(76) SIPRI, "Trends in International Arms Transfer 2014," http://books.sipri.org/files/FS/SIPRIFS1602.pdf.

(77) Bundesministerium für Wirtschaft und Energie, *Bericht der Bundesregierung über ihre Exportpolitik für konventionelle Rüstungsgüter im Jahre 2014*, S.33.

(78) Bertelsmann Stiftung, *Deutschland und Israel heute: Verbindende Vergangenheit, trennende Gegenwart?*, Gütersloh, 2015, S.42–49, 69.

第2部

(1) Robert Weltsch, “Judenbetreuung in Bayern,” *Mitteilungsblatt*, 10 Mai, 1946.

(2) 本章は，拙稿「アファーマティブ・アクションの政治——ユダヤ人に対する入国管理を中心に」『ドイツ研究』第30号（2016年）31-46頁と，拙稿「『ドイツ人』と『ユダヤ人』の境界——基本法116条1項『ドイツ民族所属性』をめぐって」大内宏一編『ヨーロッパ史の中の思想』（彩流社，2015年）333-360頁を基にしている．

(3) Central Zionist Archives (CZA), L47 (Jewish Agency Office in Frankfurt), 25, Control Council, “Law No. 1, Repealing of Nazi Laws.”

(4) CZA, L47, Military Government-Germany, Supreme Commander's Area of Control, “Law No. 1, Abrogation of Nazi Law” and “Regulation under Law No. 1.”

(5) *Bundegesetzblatt* (*BGBl*), 1949/1950, S. 15-16.

(6) ドイツ民族性とドイツ国籍，領土問題との関係については，広渡清吾「領土と国籍・市民権——『ナショナルなもの』を考える」『ドイツ研究』48号（2014年）56-72頁や，佐藤成基『ナショナル・アイデンティティと領土——戦後ドイツの東部国境をめぐる論争』（新曜社，2008年）などを参照.

(7) ロジャース・ブルーベイカー『フランスとドイツの国籍とネーション　国籍形成の比較歴史社会学』佐藤成基・佐々木てる監訳（明石書店，2005年）199頁.

(8) Office of Advisors on Jewish Affiars, *Conference on “The Future of the Jews in Germany,”* Heidelberg. Sept. 1, 1949, p.21.

(9) Michael Brenner, “Wider den Mythos der ‘Stunde Null’ — Kontinuitäten im innerjüdischen Bewußtsein und deutsch-jüdischen Verhältnis nach 1945,” *Menora* 2, 1992, S.168.

(10) “Pogromstimmung in Deutschland,” *AUFBAU*, 1. August 1947, S.2.

(11) Karl Marx, *Brücken Schlagen: Aufsätze und Reden aus den Jahren 1946 bis 1962*, Hans Lamm/Herman Levy (Hrsg.), Düsseldorf, 1962, S. 89-90; Georg Heuberger (Hrsg.), *Wer ein Haus baut, will bleiben: 50 Jahre Jüdische Gemeinde Frankfurt am Main. Anfänge und Gegenwart*, Frankufrt am Main: Societäts Verlag, 1998, S.171.

(12) Irmela von der Lühe / Axel Schildt / Stefanie Schüler-Springorum (Hrsg.), “*Auch in Deutschland waren wir nicht wirklich zu Hause.*” *Jüdische Remigration nach 1945*, Göttingen: Wallstein, 2008, S.25.

(13) Bundesentschädigungsgesetz (BEG), *BGBl*, I/1956, S. 583-584.

(14) Hary Maòr, *Über den Wiederaufbau der jüdischen Gemeinden in Deutschland seit 1945*, Mainz 1961, S. 45.

(15) Bundesminister der Finanzen in Zusammenarbeit mit Walter Schwartz, *Die Wiedergutmachung nationalsozialistischen Unrechts durch die Bundesrepublik Deutschland*, Bd. V, *Das Bundesentschädigungsgesetz. Zweiter Teil*, Hans Giessler/Otto Grins/Richard Hebenstreit/Detlev Kaulbach/Heinz Klee/Herman Zorn (Hrsg.), München: C. H. Beck, 1983, S. 337.

(16) Maòr, S.47.

(17) Lühe / Schildt / Schüler-Springorum (Hrsg.), S. 19.

(18) BEG, *BGBl*, I/1956, S.563-564.

(19) Norbert Frei/Jose Brunner/Constantin Goschler, *Die Praxis der Wiedergutmachung: Geschichte, Erfahrung und Wirkung in Deutschland und Israel*, Göttingen: Wallstein 2009, S.669.
(20) Maòr, S.44.
(21) Walter W. Jacob Oppenheimer, *Jüdische Judend in Deutschland*, München: Juventa, 1967, S.26–27.
(22) Michael Brenner (Hrsg.), *Geschichte der Juden in Deutschland von 1945 bis zur Gegenwart*, München: C.H. Beck, 2012, S.45. 1950年6月30日以前にドイツに居住したことのある無国籍の外国人が対象となった.
(23) Dieter Graumann, *Nach-geboren, Vor-belastet?: Die Zukunft des Judentums in Deutschland*, München: Kösel, 2012, S.16.
(24) 基本法第116条第1項「この基本法の意味におけるドイツ人とは,法律に別段の定めがある場合を除き,ドイツ国籍を有するか,あるいはドイツ民族への所属性を有し,難民か被追放民,あるいはその配偶者もしくは直系卑属として1937年12月31日の時点でドイツ帝国の領土に受け入れられていた者のことである」.
(25) たとえば,ナチ時代に「ドイツ人」になったドイツ系住民が,戦後「ポーランド人」として,ポーランド国家に取り込まれてゆく過程については,以下を参照. Hugo Service, *Germans to Poles: Communism, Nationalism and Ethnic Cleansing after the Second World War*, Cambridge: Cambridge UP, 2013.
(26) アウスジードラーについては,以下を参照. 佐藤成基「国境を越える『民族』——アウスジードラー問題の歴史的経緯」『社会志林』第54巻第1号(2007年). 近藤潤三『ドイツ移民問題の現代史——移民国への道筋』(木鐸社, 2013年). アウスジードラーとは具体的には,一般的な追放措置の終了後,ポーランド領となったドイツ東部領,ダンツィヒ,エストニア,ラトヴィア,リトアニア,ソ連,ポーランド,チェコスロヴァキア,ハンガリー,ルーマニア,ブルガリア,ユーゴスラヴィア,アルバニアを去る「ドイツ民族所属性」の保持者のことである.
(27) Gesetz über die Angelegenheiten der Vertriebenen und Flüchtlinge (BVFG), *BGBl*, Teil 1/1953, S.201–221.
(28) 負担調整法と被追放民法における被追放民の定義は全く同一である. Gesetz über den Lastenausgleich, *BGBl*, I/1952, S.449.
(29) BVFG, S.203. 注の(24)を参照.
(30) BVFG, S.204.
(31) たとえば連邦行政裁判所の1967年の判決を参照. *Entscheidungen des Bundesverwaltungsgerichts*, (BVerwG), VIII C30 64, Bd. 26, Berlin: Carl Heymann, 1967, S. 349.
(32) Jannis Panagiotidis, "'The Oberkreisdirektor Decides Who is a German.' Jewish Immigration, German Bureaucracy, and the Negotiation of National Belonging, 1953–1990," *Geschichte und Gesellschaft*, 38, H. 3, 2012, S. 505. また連邦憲法裁判所が,被追放民認定が却下された複数のユダヤ人による訴えに対して,まとめて判断を示している. *Entscheidungen des Bundesverfassungsgericht* (BVerfG), Nr. 9, Bd. 59, Tübingen: J. C. Mohr, 1982, S. 128–172. 拙稿「『ドイツ人』と『ユダヤ人』の境界」において,裁判事例の分析を行った.

(33)　補償との関連については，拙稿「アファーマティブ・アクションの政治」38-39頁を参照.

(34)　Brenner (Hrsg.), *Geschichte der Juden in Deutschland*, S. 300.　統一前後の時期でも，フランクフルト市議会は，ユダヤ人移民をアウスジードラーとして認定しやすくするように働きかけている.

(35)　Dmitrij Belkin / Raphael Gross (Hrsg.), *Ausgerechnet Deutschland! Jüdisch Russische Einwanderung in die Bundesrepublik*, Berlin: nicolai, 2010, S.80.

(36)　Panagiotidis, S.522-523.

(37)　正式には「人道的救済措置の枠組みで受け入れられた難民に対する法的措置（Gesetz über Maßnahmen für im Rahmen humanitärer Hilfsaktionen aufgenommene Flüchtlinge)」という.

(38)　Douglas B. Klusmeyer/Demetrios G. Papademetriou, *Immigration Policy in the Federal Republic of Germany: Negotiating Membership and Remaking the Nation*, New York: Berghahn, 2009, p.191.

(39)　分担難民としてのユダヤ人の受け入れについては，Franziska Becker, *Ankommen in Deutschland: Einwanderungspolitik als biographische Erfahrung im Migrationsprozess russischer Juden*, Berlin: Dietrich Reimer Verlag, 2001, S.46-49.　拙稿「可視化するドイツのユダヤ人社会――ロシア系ユダヤ人の移住とその後」『学習院女子大学紀要』第12号（2010年）27-44頁を参照.

(40)　Bundesministerium des Inneren, *Migration und Integration. Aufenthaltsrecht, Migrations- und Integrationspolitik in Deutschland*, 2014, http://www.bmi.bund.de/SharedDocs/Downloads/DE/Broschueren/2014/migration_und_integration.pdf?__blob=publicationFile, S.142-143.（2015年9月 17 日閲覧）; Anordnung des Bundesministeriums des Innern gemäß §23 Abs. 2 des Aufenthaltsgesetzes über die Aufnahme jüdischer Zuwanderer aus der ehemaligen Sowjetunion mit Ausnahme der Baltischen Staaten vom 24. Mai 2007 zuletzt geändert am 13. Januar 2015 in der Fassung vom 21. Mai 2015. http://www.bamf.de/SharedDocs/Anlagen/DE/Downloads/Infothek/JuedischeZuwanderer/anordnung-bmi.pdf?__blob=publicationFile.（2015年9月26日閲覧）滞在法の解説と全訳は，戸田典子「ドイツの滞在法――『外国人法』からEU『移民法』へ」『外国の立法』第234号（2007年）を参照.

(41)　Yossi Harpaz, "Rooted Cosmopolitans: Israelis with a European Passport : History, Property, Identity," *International Migration Review* (*IMR*), vol.47, Nr. 1, 2013, p.170.　パスポート申請の増加については，2015年7月に筆者がテルアビブのドイツ大使館公使代理と面会した際に確認した.

(42)　Werner Sonne, *Staatsräson? Wie Deutschland für Israels Sicherheit haftet*, Berlin: Propyläen, 2013, S.238.

(43)　この点については，Yoav Sapir, "Berlin, Berlin! Junge Israelis und die deutsche Hauptstadt," *Aus Politik und Zeitgeschichte*, 6/2015・2, Februar 2015.

(44)　石川真作『ドイツ在住トルコ系移民の文化と地域社会――社会的統合に関する文化人類学的研究』（立教大学出版会，2012年）53頁.

(45)　こうした観点からの研究としては，以下を参照.　Christian Joppke, *Selecting by Origin:*

Ethnic Migration in the Liberal State, Cambridge: Harvard UP, 2005; Daniel Levy/Yfaat Weiss, *Challenging Ethnic Citizenship: German and Israeli Perspectives on Immigration*, New York: Berghahn, 2002.

(46) ルーマニア・ユダヤ人のイスラエルへの出国については Radu Ioanid, *The Ransom of the Jew: The Story of Extraordinary Secret Bargain Between Romania and Israel*, Chicago: Ivan R. Dee, 2005 が詳しい.

(47) 拙著『ユダヤ人財産はだれのものか』を参照.

(48) たとえば，連邦補償法による財産損害の補償は，1件につき最大7万5000マルクまでしか認められないと規定されていたが，宗教共同体がその維持のために必要とする場合は，この額を超えて損害賠償を求めることが可能であった.

(49) Charles I. Kapralik, *Reclaiming the Nazi-Loot: The History of the Work of the Jewish Trust Corporation for Germany*, London, JTC, 1962, p.3

(50) 塩津徹『ドイツにおける国家と宗教』(成文堂，2010年) 114-116頁.

(51) 1938年3月28日の「ユダヤ教宗教団体の法的地位に関する法律」により，地位を取り消された.

(52) Heuberger (Hrsg.), S.20.

(53) Juliane Wetzel, *Jüdisches Leben in München 1945-1952: Durchgangsstation oder Wiederaufbau?*, Diss. Uni. München, 1987, S.34-35.

(54) 各州がユダヤ教団の州連盟と結んだ協約が内務省のHPに公開されている. http://www.bmi.bund.de/DE/Themen/Gesellschaft-Verfassung/Staat-Religion/Juedische-Gemeinschaft/Vertraege-juedischenGemeinschaft/vertraege-juedischengemeinschaft_node.html. (2016年8月17日閲覧)

(55) "Staatsvertrag über die Beziehungen des Landes Berlin zur Jüdischen Gemeinde zu Berlin," *Gesetz-und Verordnungsblatt für Berlin*, 50 Jahrgang Nr. 8, 18. Februar 1994.

(56) 在独ユダヤ人中央評議会のHPで文書を見ることができる. http://www.zentralratdjuden.de.

(57) Zweites Gesetz zur Änderung des Staatsangehörigkeitsgesetzes, 13. November 2014, *BGBl*, I/2014, S. 1714.

(58) Simon Green, "Between Ideology and Pragmatism: The Politics of Dual Nationality in Germany," *IMR*, Winter 2005: 39, 4, p. 927.

(59) 石川，185頁.

(60) 塩津，119頁.

(61) 石川，第5章を参照.

(62) 塩津，116頁.

(63) Bundesministerium des Inneren, *Antisemitismus in Deutschland. Erscheinungsformen, Bedingungen, Präventionsansätze. Bericht des unabhängigen Expertenkreises Antisemitismus*, Berlin, 2011, S.34; Juliane Wetzel, " 'Informierter Verdacht': Antisemitismus unter Muslimen in Deutschland als empirisches Problem und mediale Zuschreibung," in: Richard Gebhardt /Anne Klein/Marcus Meier (Hrsg.), *Antisemitismus in der Einwanderungsgesellschaft: Beiträge zur kritischen Bildungsarbeit*, Weinheim: BELTZ Juventa, 2012, S.29-43.

(64)　「ユダヤ・キリスト教的伝統」言説への批判では，Marcus Meier, "'Unsere kulturelle Wurzel ist die christlich-jüdische Tradition': Fallstricke und blinde Flecken in der Bekämpfung des Antisemitismus," Gebhardt/Klein/Meier (Hrsg.), S.106–122 を参照.

(65)　石田勇治・福永美和子編著『想起の文化とグローバル市民社会——現代のドイツへの視座Ⅰ歴史学的アプローチ』(勉誠出版，2016年) 363頁．芝健介『ニュルンベルク裁判』(岩波書店，2015年) 245，247頁.

(66)　たとえば，山本光英『ドイツ謀殺罪研究』(尚学社，1998年) を参照.

(67)　石田勇治・武内進一編著『ジェノサイドと現代世界』(勉誠出版，2011年) 77頁.

(68)　Völkerstrafgesetzbuch vom 26. Juni 2002 (BGBl. I S. 2254).

(69)　"International cooperation in the detection, arrest, extradition and punishment of persons guilty of war crimes and crimes against humanity," Adopted by General Assembly resolution 3074 (XXVIII) of 3 December 1973.

(70)　Nazis and Nazi Collaborators (Punishment) Law, 5710-1950, Section 1.

(71)　「ユダヤ人に対する犯罪」とその管轄権の問題については，アイヒマンの事例に限定されるが，アーレントが『イェルサレムのアイヒマン』のエピローグにおいて扱っている．ハンナ・アーレント (大久保和郎訳)『イェルサレムのアイヒマン——悪の陳腐さについての報告』(みすず書房，1969年).

(72)　ただしドイツはICCの設立にともない，基本法16条を改正し，ドイツ人被疑者のICCへの引き渡しについては認めている.

(73)　Laurence Douglas, *The Memory of Judgement: Making of Law and History in the Trials of the Holocaust*, Yale UP, 2001, p.117.

(74)　参照，Michael J. Bayzler/Julia Y. Scheppach, "The Strange and Curious History of the Law Used to Prosecute Adolf Eichmann," *34 Loy. L.A. Int'l & Comp. L. Rev*, 417 2011–2012.

(75)　Dieter Pohl, *Verfolgung und Massenmord in der NS-Zeit 1933–1945*, Darmstadt 2003, S. 29.

(76)　50万人は，ペーター・ライヒェル『ドイツ　過去の克服——ナチ独裁に対する1945年以降の政治的・法的取り組み』小川保博／芝野由和訳 (八朔社，2006年) 77頁に挙げられている数である.

(77)　Andreas Eichmüller, "Die Strafverfolgung von NS-Verbrechen durch west-deutsche Justizbehörden seit 1945," *VfZ*, 4/2008, S.628–629.

(78)　芝，233頁.

(79)　行動部隊裁判に関してはHilary Earl, *The Nuremberg SS-Einsatzgruppen Trial, 1945–1958: Atrocity, Law and History*, Cambridge: Cambridge UP, 2009が特化して扱っている.

(80)　Laura Jockusch, "Justice at Nuremberg?: Jewish Responses to Nazi War-Crime Trials in Allied-Occupied Germany," *Holocaust and Genocide Studies*, vol. 19, Nr.1, Fall 2012, p.108.

(81)　Jörg Osterloh/Clemens Vollnhals, *NS-Prozesse und deutsche Öffentlichkeit: Besatzungszeit, frühe Bundesrepublik und DDR*, Göttingen:Vandenhoeck & Ruprecht, 2011, S. 361.

(82)　センターのHPより．http://www.zentrale-stelle.de/pb/,Lde/Startseite/Einrichtung/Taetigkeit+in+Zahlen.

(83)　実際に起訴には至らなかったが，なんらかの捜査が開始された件数を確定するこ

とは困難である．数え方が実務家や歴史家により異なるためであるが，表は現在のセンター長であるシルムの論文によっている．Kurt Schrimm/Joachim Riedel, "50 Jahre Zentralstelle in Ludwigsburg: Ein Eafahrungsbericht über die letzten zweieinhalb Jahrzehnte," *VfZ*, 4/2008, S.258.

(84)　Andreas Eichmüller, "Die Strafverfolgung von NS-Verbrechen durch west-deutsche Justizbehörden seit 1945," *VfZ*, 4/2008, S.626.

(85)　山本，14 頁.

(86)　同書，8 頁.

(87)　櫻庭聡『ドイツにおける民衆扇動罪と過去の克服——人種差別表現及び「アウシュヴィッツの嘘」の刑事規制』（福村出版，2012 年）．1960 年の民衆扇動罪導入時の 130 条は次のようなものであった．

第 130 条　公共の平穏を乱すのに適した態様で，他人の人間の尊厳を，(1) 住民の一部に対する憎悪をかきたてること，(2) これに対する暴力的もしくは恣意的措置を誘発すること，または (3) これを罵倒し，悪意で軽蔑し，もしくは中傷すること，によって攻撃した者は，3 カ月以上の軽懲役に処される．また罰金も併科されうる（櫻庭，91–92 頁）．1973 年に人種憎悪を煽る出版物を禁止する刑法 131 条が設けられたが，後に 130 条に統合された．

(88)　1950 年代前後のドイツ社会におけるナチ勢力については，石田勇治『過去の克服』（白水社，2014 年）116–122，141–143 頁.

(89)　同書，139–140 頁.

(90)　Statistisches Bundesamt, *Rechtspflege, Fachserie 10, Reihe 3, Strafverfolgung*, 2014, Wiesbaden, S.28．ネット上でも見られる．https://www.destatis.de/DE/Publikationen/Thematisch/Rechtspflege/StrafverfolgungVollzug/Strafverfolgung2100300147004.pdf?__blob=publicationFile.

(91)　LG Bochum, Urteil vom 09. September 2005, 1 KLs 33 Js 248/04, juris.

(92)　VG Köln, Beschuluss vom 09. November 2005, 20 L 1794/05, juris. ドイツの「集会法」は，犯罪を構成する意見が表明されるような集会を禁止することができる．

(93)　P・ヴィダル＝ナケ『記憶の暗殺者たち』石田靖夫訳（人文書院，1995 年）を参照.

(94)　親告罪であると，起訴に時間がかかり効果も薄いので，1985 年の改正で公共の場で侮辱発言を行う者に対しては，訴えがなくても検察による告訴が可能となった．

(95)　櫻庭，100–104 頁.

(96)　Guenter Lewy, *Outlawing Genocide Denial: The Dilemmas of Official Historical Truth*, Salt Lak City: Utah UP, 2014, p.11.

(97)　Statistisches Bundesamt, *Rechtspflege, Fachserie 10, Reihe 3, Strafverfolgung*, S.28–29.

(98)　Ivan Hare/James Weinstein, *Extreme Speech and Democracy*, Oxford UP, 2009, p.520.

(99)　金尚均編『ヘイト・スピーチの法的研究』（法律文化社，2014 年），とくに櫻庭総による 7，8 章と，金尚均による 9 章を参照.

(100)　Joachim Neander, "Mit dem Strafrecht gegen die 'Auschwitzlüge': Ein halbes Jahrhundert (§) 130 Strafgesetzbuch 'Volksverhetzung,'" *theologie. geschichte. Zeitschrift für Theologie und*

Kulturgeschichte, Bd. 1, 2006, S.286–287.

(101)　Douglas, *The Memory of Judgement*, pp.220–221.

(102)　櫻庭，110頁，OLG Celle, Beschluss vom 13. Dezember 1993-3 Ss 88/93-jurisも参照．

(103)　Neander, S.277.

(104)　*Entscheidungen des Bundesverfassungsgerichts*, Bd. 90, 241, I, Tübingen: J.C. Mohr, S.247–248.

(105)　Ludovic Hennebel/Thomas Hochmann, eds., *Genocide Denials and the Law*, New York: Oxford UP, 2011, pp.195–198.

(106)　Douglas, *The Memory of Judgement*, p.244.

(107)　ホロコースト否定を行った警察官に対する懲戒処分の例として，たとえばVG Berlin, Beschuluss vom 05. April 2007-80 Dn 43.06-jurisを参照．

(108)　Eric Stein, "History against Free Speech: The New German Law against the 'Auschwitz' and other 'Lies,'" *Michigan Law Review*, vol. 85, No.2, 1986, pp.294–296.

(109)　Verwaltungsgerichtshof Baden-Württemberg, Urteil vom 16. Juni 1997, D17 S 24/96, juris.

(110)　Resolution adopted by the UN General Assembly on Holocaust denial (A/RES/61/255, 26 January 2007).

(111)　正式には，「刑事法による人種主義と外国人嫌悪の特定の形態・表現と闘う評議会枠組み決定」(Framework decision on combating certain forms and expressions of racism and xenophobia by means of criminal law).

(112)　Hennebel/Hochmann, p.189 .

(113)　Council Framework Decision of 28 November 2008; Pech, p.189.

(114)　European Commission, "Report from the Commission to the European Parliament and the Council on the Implementation of Council Framework Decision 2008/913JHA on combating certain forms and expressions of racism and xenophobia by means of criminal law", Brussel, January 27, 2014. http://ec.europa.eu/justice/fundamental-rights/files/com_2014_27_en.pdf. 参照，Hare/Weinstein, pp.541–545.

(115)　フランスの否定論者ロジェ・ガロディによる人権救済の訴えでは，ナチの政策を正当化したり，ホロコーストのような歴史的事実を否定する行為は，欧州人権条約の保障する表現の自由に当たらないとする判断が示されている．以下を参照．櫻庭，第7章．光信一宏「ホロコースト否定論の主張の禁止と表現の自由——2003年6月24日の欧州人権裁判所ガロディ判決（Garaudy c. France 24 juin, 2003)」『愛媛法学会雑誌』第35巻第1・2・3・4合併号（愛媛法学会，2009年).

(116)　デムヤニュクの裁判に関しては，Lawrence Douglas, *The Right Wrong Man: John Demjanjuku and the Last Great Nazi War Crimes Trial*, Princeton: Princeton UP, 2016が網羅しており，事実関係は本書に依拠した．

(117)　アメリカに移住したナチ犯罪者に対する米司法省の対応については，エリック・リヒトブラウ『ナチスの楽園——アメリカではなぜ元SS将校が大手を振って歩いているのか』徳川家広訳（新潮社，2015年）を参照．原題は『隣のナチ（*The Nazis Next Door*)』．

(118)　デムヤニュクが勤務した絶滅収容所は「ポーランド総督府」に位置し，ここは外

国領土とは見なされていなかったため，ドイツに属地的な管轄権があると見なされた．また犠牲者には旧ドイツ国籍者も含まれていたため，属人的にも管轄権があるとされた．

(119) Thilo Kurz, “Paradigmenwechsel bei der Strafverfolgung des Personals in den deutschen Vernichtungslagern?,” *Zeitschrift für Internationale Strafrechtsdogmatik*, 3/2013, S.122.

(120) Kurz, S.123; Osterloh/Vollnhals, S.359–360.

(121) Christian Fahl, “Möglichekeiten und Grenzen der späten Ahndung von Teilnahmehandlungen in Auschwitz: Vorüberlegungen zum Prozess gegen einen SS-Sanitäter in Auschwitz,” *HRRS: Onlinezeitschrift für Höchstrichterliche Rechtsprechung zum Strafrecht*, 5/2015, S.216.

(122) たとえば，Peter Black, “Foot Soldier of the Final Solution: The Trawniki Training Camp and Operation Reinhard,” *Holocaust and Genocide Studies*, vol. 25, Nr. 1, Spring 2011.

(123) 東欧の対独協力者については以下を参照．Martin Dean, *Collaboration in the Holocaust: Crimes of the Local Police in Belorussia and Ukraine, 1941–44*, New York: St. Martin's Press, 2000.

(124) LG München II, Urteil vom 12. Mai 2011, 1 Ks 115 Js 12496/08, juris.

(125) Fahl, S.217.

(126) 裁判については以下を参照．Peter Huth (Hrsg.), *Die letzten Zeugen: Der Auschwitz-Prozess von Lüneberg 2015. Eine Dokumentaion*, Stuttgart: Reclam, 2015.

第3部

(1) M・アルヴァックス『集合的記憶』小関藤一郎訳（行路社，1989 年）．

(2) アスマン夫妻による記憶論については，アライダ・アスマン『想起の空間——文化的記憶の形態と変遷』安川晴基訳（水声社，2007 年）所収の訳者解説「文化的記憶のコンセプトについて」によく整理されている．ホロコーストとの関係では Aleida Assmann, *Der lange Schatten der Vergangenheit: Erinnerungskultur und Geschichtspolitik*, München: C.H. Beck, 2006 を参照．

(3) 「忘却の穴」の議論については，高橋哲哉『記憶のエチカ——戦争・哲学・アウシュヴィッツ』（岩波書店，2012 年）第 1 章を参照．

(4) 全米最大のコレクションを有するニューヨーク市立図書館は，約 700 冊を所蔵し，大半はデータ化され，オンラインで閲覧可能である．対してヤド・ヴァシェムは，より広くメモリアルブックをとらえ，1400 冊以上をこの範疇で数えている．Rosemary Horowitz ed., *Memorial Books of East European Jewry: Essays on the History and Meanings of Yizker Volumes*, Jefferson, NC: Mc Farland, 2011, p.29.

(5) Jack Kugelmass / Jonathan Boyarin, *From the Ruined Garden: The Memorial Books of Polish Jewry*, 2nd, expanded Ed., Bloomington: Indiana UP, 1998, p.46. プシェデチのメモリアル・ブックはニューヨーク公立図書館のサイトでオンライン閲覧可能である．

(6) フランスは約 30 万人から 1950 年の 23 万 5000 人へ，オランダでは 15 万人から 2 万 7000 人へ，ベルギーでは 9 万人から 4 万 2000 人へと減少した．Ronald W. Zweig, *German Reparations and the Jewish World: A History of the Claims Conference*, 2nd Ed., Frank

Cass: Portland OR, 2001, p.47.

(7)　Mooli Brog, "In Blessed Memory of a Dream: Mordechai Shenhavi and Initial Holocaust Commemoration Ideas in Palestine, 1942–1945," *Yad Vashem Studies*, 30, 2002 を参照.

(8)　Roni Stauber, *The Holocaust in Israeli Public Debate in the 1950s: Ideology and Memory*, London and Portland, OR: Vallentine Mitchell, 2007, pp.19–20.

(9)　Dalia Ofer, "We Israelis Remember, But How? The Memory of the Holocaust and the Israeli Experience," *Israel Studies* (*IS*), 18/2, 2013, p.74.

(10)　ホロコーストがイスラエルでどのように位置づけられてきたかは，トム・セゲフ『七番目の百万人』脇浜義明訳（ミネルヴァ書房，2013 年）が詳しい.

(11)　ホロコースト記念日の日付をめぐる議論は，セゲフ，518–521 頁.

(12)　Daniel Gutwein, "The Privatization of the Holocaust: Memory, Historiography, and Politics," *IS*, 14/1, 2009, p.37.

(13)　Stauber, *The Holocaust in Israeli Public Debate*, p.52; Dina Porat, *Israeli Society, the Holocaust and its Survivors*, London and Portland, OR: Vallentine Mitchell, 2008, p.409.

(14)　James E. Young, *The Texture of Memory: Holocaust Memorials and Meaning*, New Haven: Yale UP, 1994, pp.289–292.

(15)　Laura Jockusch, *Collect and Record! Jewish Holocaust Documentation in Early Postwar Europe*, Oxford: Oxford UP, 2012, pp.74–81.

(16)　Zweig, p.20

(17)　Martyrs' and Heros Remembrance (Yad Yashem) Law 5713-1953. https://www.yadvashem.org/yv/en/about/pdf/YV_law.pdf; Stauber, *The Holocaust in Israeli Public Debate*, p.50, Porat, *Israeli Society* p.406.

(18)　Jockusch, p.81.

(19)　Jeffrey C. Blutinger, "Yad Vashem and the State of Holocaust Education in Israeli Schools in the 1960s," *Jewish Social Studies*, 21/1, 2015, pp.128–129.

(20)　Dalia Ofer, "The Past That Does not Pass: Israelis and Holocaust Memory," *IS*, 2009, 14/1, p.9,

(21)　Julia Resnik, "'Sites of memory' of the Holocaust: shaping the national memory in the education system in Israel," *Nations and Nationalism*, 9(2), 2003, p.309.

(22)　Idit Gil, "Teaching the Shoah in History Classes in Israeli High Schools," *IS*, 14/2, 2009, p.4. 1999 年以降は，中等教育の 11，12 年生（高校 2，3 年生にあたる）の歴史の授業 85 時間のうち，45 時間がナチズム，第二次世界大戦，ホロコーストに充てられるようになっている.

(23)　Arye Naor, "Lessons of the Holocaust Versus Territories for Peace, 1967–2001," *IS*, 8/1, 2003, p.140.

(24)　*Ibid.*, p.136.

(25)　セゲフ，571 頁.

(26)　ヤアコヴ・カッツ，ツヴィ・バハラハ『イスラエル――その人々の歴史 II』池田裕・辻田真理子訳（帝国書院，1982 年）. 1982 年出版のイスラエル歴史教科書の全訳である.

(27) ポストシオニズム論争の争点については，Laurence J. Silberstein, *The Postzionism Debates: Knowledge and Power in Israeli Culture*, New York and London: Routledge, 1999 がよく整理されている．他には，Yoav Gelber, *Nation and History: Israeli Historiography Between Zionism and Post-Zionism*, London and Portland, OR: Vallentine Mitchell, 2011.

(28) 川喜田敦子『ドイツの歴史教育』(白水社，2004 年) 54–55 頁．

(29) http://www.kkl.org.il/eng/tourism-and-recreation/forests-and-parks/martyrs-forest.aspx. (最終閲覧 2016 年 1 月 12 日)

(30) 参照，Yael Zerubavel, "The Forest as a National Icon: Literature, Politics, and the Archaelogy of Memory," *IS*, vol.1, No.1, 1996.

(31) Hasia Diner, *We Remember with Reverence and Love: American Jews and the Myth of Silence after the Holocaust 1945–1962*, New York: NYUP, 2009, p.43.

(32) Jackie Feldman, *Above the Death Pits, Beneath the Flag: Youth Voyages to Poland and the Performance of Israeli National Identity*, New York: Berghahn, 2008, p.58; Alon Lazar/Julia Chaitin/Tamar Gross/Dan Bar-On, "Jewish Israeli Teenagers, National Identity, and the Lessons of the Holocaust," *Holocaust Genocide Studies* (*HGS*), 18/2, 2004, p.190.

(33) Feldman, p.59.

(34) Lazar/Chaitin/Gross/Bar-On, p.199.

(35) http://motl.org/. (2016 年 12 月 20 日閲覧)

(36) https://www.hmh.org/ed_butterfly1.shtml. (2016 年 8 月 17 日閲覧)

(37) Daniel H. Magilow, "Counting to Six Million: Collecting Projects and Holocaust Memorialization," *Jewish Social Studies* (*JSS*), 14/1, 2007, p.25.

(38) Harold Marcuse, "Holocaust Memorials: The Emergence of a Genre," *The American Historical Review*, 115/1, 2010, p.65.

(39) Angelika Königseder/Juliane Wetzel, *Lebensmut im Wartesaal: Die jüdischen DPs (Displaced Persons) im Nachkriegsdeutschland*, Frankfurt/Main: Fischer, 1995, S.253.

(40) Bayerischen Verwaltung der staatlichen Schlösse, Gärten und Seen (Hrsg.), bearbeitet von Constanze Werner, *KZ-Friedhöfe und -Gedenkstätten in Bayern*, Regensburg: Schnell & Steiner, 2011, S.60.

(41) Young, pp.61–62; Ulrike Puvogel/ Martin Stankowski (Hrsg.), *Gedenkstätten für die Opfer des Nationalsozialismus: Eine Dokumentation, Band 1*, Bonn: Bundeszentrale für politische Bildung, 1995, S.123.

(42) Hagit Lavsky, *New Beginnings: Holocaust Survivors in Bergen-Belsen and the British Zone in Germany, 1945–1950*, Detroit: Wayne State UP, 2002, p.211.

(43) Young, p.63.

(44) Stefanie Zabel/Tetiana Chuvilina/Lilly Maier/Sebastian Brünger/Danika Klein, *Erinnern gegen das Vergessen: KZ-Gedenkstätten als Mahnmale für die Nachkriegsgeneration*, Norderstedt: Science Factory, 2015, S.68–69.

(45) 戦後のノイエンガメ収容所跡地の変遷については，Puvogel/Stankowski, S. 234–239. 邦語では飯田収治「ドイツの『過去』をめぐる忘却・記憶・学習：ノイエンガメ元強制収容所記念遺跡の成立と展開」『人文論究』54(4)，2005 年を参照．

(46)　公共財産の返還については，拙著『ユダヤ人財産は誰のものか』を参照.
(47)　Ulrike Haß, "Mahnmaltexte 1945 bis 1988: Annäherung an eine schwierige Textsorte," *Dachauer Hefte* 6, 1990, S.143-145.
(48)　松本彰『記念碑に刻まれたドイツ――戦争・革命・統一』(東京大学出版会，2012年) 第5章を参照.
(49)　収容施設としてのフリートラントの歴史は，Sascha Schießl, *Das Tor zur Freiheit: Kriegsfolgen, Erinnerungspolitik und humanitärer Anspruch im Lager Friedland (1945-1970)*, Göttingen: Wallstein, 2016 を参照.
(50)　"Fatales Versäumnis," *Jüdische Allgemeine*, Nr. 28, 14. Oktober 1955.
(51)　このような経緯については Birgit Schwelling, "Gedenken im Nachkrieg: Die 'Friedland-Gedächtnisstätte,'" *Zeithistorische Forschungen*, H.2, 2008 を参照.
(52)　Schwelling, S.203.
(53)　香川檀『想起のかたち――記憶アートの歴史意識』(水声社，2012年) 111頁.
(54)　石田勇治・福永美和子編著『想起の文化とグローバル市民社会』(勉誠出版，2016年) 65頁.
(55)　参照，Puvogel/ Stankowski (Hrsg.).
(56)　Marcuse, p.53.
(57)　"Börneplatz 1977-1987," *Jüdische Gemeindezeitung Frankfurt*, 7/8, 1987.
(58)　*Ibid.*
(59)　Georg Heuberger (Hrsg.), *Wer ein Haus baut, will bleiben: 50 Jahre Jüdische Gemeinde Frankfurt am Main. Anfänge und Gegenwart*, Frankufrt am Main: Societäts Verlag, S.28.
(60)　*Ibid.*, S.175. ほかには，Ayaka Takei, *The Jewish People as the Heir: The Jewish Successor Organizations (JRSO, JTC and the French Branch) and the Postwar Jewish Communities in Germany*, Ph.D Thesis, Waseda University, 2004.
(61)　Aleida Assmann, *Das neue Unbehagen an der Erinnerungskultur: Eine Intervention*, München: C.H. Beck, 2013, S.67-69.
(62)　Bertelsmann Stiftung, *Deutschland und Israel heute: Verbindende Vergangenheit, trennende Gegenwart?*, 2015, S. 14, S.22-30.
(63)　Michael Jansen/Günter Saathoff, *Gemeinsame Verantwortung und moralische Pflicht: Abschulssbericht zu den Auszahlungsprogrammen der Stiftung "Erinnerung, Verantwortung und Zukunft,"* Göttingen: Wallstein, 2007, S.145-149.
(64)　Fondation pour la Mémoire de la Shoah, "Rapport d'activité 2015" (http://www.fondationshoah.org/FMS/IMG/pdf/ra_fms_2015.pdf)　(2016年8月19日閲覧)
(65)　Marilyn Henry, *Confronting the Perpetrators: A History of the Claims Conference*, London and Portland, OR: Vallentine Mitchell, 2007 の第9章を参照.
(66)　当初タスクフォースは，数年間の活動を予定する暫定的な組織とされていたが，2012年末より「国際ホロコースト記憶アライアンス (International Holocaust Remembrance Alliance：IHRA)」として，永続的な活動を行う組織体へと生まれ変わっている.
(67)　Larissa Allwork, *Holocaust Remembrance between the National and the Transnational: The Stockholm International Forum and the First Decade of the International Task Force*, London:

Bloomsbury, 2015, p.5.

(68) *Ibid.*, p.6.

(69) トニー・ジャット『ヨーロッパ戦後史（下）1971-2005』（みすず書房，2008年）451頁.

(70) 参照，Alon Confino, *Foundational Past: The Holocaust as Historical Understanding*, Cambridge: Cambridge UP, 2012.

(71) イスラエルの数は2010年の統計，アメリカは2009年の統計からの推測である. Myers-JDC-Brookdale Institute, "Holocaust Survivors in Israel: Population Estimates, Demographic, Health and Social Characteristics, and Needs," Jerusalem, 2010; Ron Miller/Pearl Beck/Berna Torr, "Jewish Survivors of the Holocaust Residing in the United States: Estimates and Projections, 2010-2030," 2009. 現在生存している人の大半は，幼少期にナチズムを体験したいわゆる「チャイルド・サバイバー」である.

(72) 5万3000件のうち，おもに英語による1600件の証言が現在オンラインで無料閲覧できる．データベースとして利用を契約した大学図書館や研究所などの機関で，全コレクションへのアクセスが可能である．2015年末の時点で13カ国51の機関がフル・アクセス権を持ち，部分的なアクセス権を持つ機関は世界中で200を超える．フル・アクセスの場合，年間利用料は1万5000ドルとなっている．https://sfiaccess.usc.edu/Documents/VH%20Acces%20OverviewRoadmap.pdf.

(73) USC Shoah Foundation, "Interviewer Guidelines," 2012, https://sfi.usc.edu/content/interviewer-guidelines.

(74) Berel Lang, "Holocaust Memory and Revenge: The Presence of the Past," *JSS*, 1996, 2/2.

(75) Zoë Vania Waxman, *Writing the Holocaust: Identity, Testimony, Representation*, Oxford: Oxford UP, 2006, pp.140-142.

(76) Laura Jockusch/Gabriel N. Finder, *Jewish Honor Courts: Revenge, Retribution, and Reconciliation in Europe and Israel after the Holocaust*, Detroit: Wayne State UP, 2015, p.3.

(77) Henry Greenspan, *On listening to the Holocaust Survivors: Beyond Testimony*, 2nd ed., St. Paul: Paragon House, 2010, p.43.

(78) ボリス・シリュルニク『憎むのでもなく許すのでもなく——ユダヤ人一斉検挙の夜』林昌宏訳（吉田書店，2014年）44-46頁.

(79) Christopher R. Browning, *Remembering Survival: Inside a Nazi Slave-Labor Camp*, New York: W. W. Norton, 2010.

(80) Greenspan, xiii.

(81) Carl Friedman, *Nightfather*, New York: Persea Book, 1994. 原書はオランダ語（1991年）.

(82) *Ibid.*, p.135.

(83) Marianne Hirsch, *The Generation of Postmemory: Writing and Visual Culture after the Holocaust*, New York: Columbia UP, 2012, p.5.

(84) ヴィルコミルスキー事件については多数の論文があるが，代表的にはLawrence L. Langer, *Using and Abusing the Holocaust*, Bloomington:Indiana UP, 2006の4章を参照.

(85)　ビンヤミン・ヴィルコミルスキー『断片——幼少期の記憶から 1939-1948』小西悟訳（大月書店，1997 年）179 頁.
(86)　ミーシャ・レヴィ・デフォンスカ『ミーシャ——ホロコーストと白い狼』仏蘭西俱楽部監訳（ミュゼ，2009 年）.
(87)　ワシントンのホロコースト博物館による収容所とゲットーのエンサイクロペディアの刊行が続いており，現在 2 刊まで出ている．The United States Holocaust Memorial Museum, *Encyclopedia of Camps and Ghettos, 1933–1945*, Bloomington, Indiana UP, 2009.
(88)　Daniel H. Magilow/Lisa Silverman, *Holocaust Representations in History: An Introduction*, London/New York: Bloomsbury, 2015, chap.2.
(89)　Jeshajahu Weinberg/Rina Elieli, *The Holocaust Museum in Washington*, New York: Rizzoli International Publications, 1995, pp.57–59.
(90)　真正性の問題については Oren Baruch Stier, *Holocaust Icons: Symbolizing the Shoah in History and Memory*, New Brunswick, Rutgers UP, 2015. とくに第 1 章が貨車について扱う.
(91)　参照，Caroline Sturdy Colls, *Holocaust Archaeologies: Approaches and Future Directions*, London: Springer, 2015.
(92)　Fondation pour la Mémoire de la Shoah, Fondation pour l'innovation politique, *Future Memories: A Survey on Memories of the 20th Century among 31,172 young people aged between 16 and 29, carried out in 24 languages across 31 countries*, 2015. ショアー基金のサイトで閲覧可能である.

おわりに

(1)　ロッハウのレアルポリティークについては、以下を参照。大内宏一『ビスマルク時代のドイツ自由主義』（彩流社、2014 年）; John Bew, *Realpolitik: A History*, Oxford: Oxford UP, 2015.

著者略歴

（たけい・あやか）

早稲田大学第一文学部史学科卒業．同大学より文学博士取得．専門はドイツ現代史，ユダヤ史，ホロコースト研究．現在，学習院女子大学国際文化交流学部准教授．著書に『戦後ドイツのユダヤ人』（白水社 2005），『ユダヤ人財産はだれのものか――ホロコーストからパレスチナ問題へ』（白水社 2008），訳本にダン・ストーン著『ホロコースト・スタディーズ――最新研究への手引き』（白水社 2012），監訳書にウェンディ・ロワー著『ヒトラーの娘たち――ホロコーストに加担したドイツ女性』（明石書店 2016）がある．

武井彩佳

〈和解〉のリアルポリティクス

ドイツ人とユダヤ人

2017年1月13日　印刷
2017年1月23日　発行

発行所　株式会社 みすず書房
〒113-0033　東京都文京区本郷5丁目32-21
電話　03-3814-0131（営業）03-3815-9181（編集）
http://www.msz.co.jp

本文組版　キャップス
本文印刷・製本所　中央精版印刷
扉・表紙・カバー印刷所　リヒトプランニング

Printed in Japan
ISBN 978-4-622-07921-7
［わかいのリアルポリティクス］
落丁・乱丁本はお取替えいたします